중국이 세계를
지배하는 날

TECH TITANS OF CHINA

중국이 세계를 지배하는 날

압도적인 힘으로 세계 경제 패권을 거머쥘
차이나 테크 타이탄이 몰려온다

레베카 A. 패닌 지음 | 손용수 옮김

한스미디어

테크 타이탄을 통해
미리 엿보는 중국의 시대

이승훈(가천대학교 경영대학 교수, 『플랫폼의 생각법』 저자)

『중국이 세계를 지배하는 날Tech Titans of China』은 중국의 테크 기업에 대한 이야기다. 알리바바, 텐센트, 바이두, 메이투안 디엔핑, 디디추싱, 센스타임 등 현재 중국을 이끌고 있는 테크 기업의 이야기를 차근차근 풀어주고 있다. 또 중국의 테크 기업들이 어디까지 왔는지, 그리고 왜 멀지 않은 미래에 세계를 지배할 수 있는지도 설명하고 있다.

중국이라는 나라는 세 가지 측면에서 테크 기업에게 기회의 나라이다. 첫 번째는 새로운 것이 등장하기 좋은 시장 환경이라는 것을 꼽을 수 있다. 전자상거래부터 인공지능까지 중국이라는 시장은 새로운 것을 언제든지 받아들일 준비가 되어 있다. 기존 산업이라는 것이 의미 있게 존재하지 않기에 산업을 새로이 만들려는 시도는 언제나 환영받는다.

둘째는 정부라는 아주 밀접한 파트너의 존재다. 중국 정부는 기술 개발부터 시장 조성까지 다양한 영역에서 기업과 긴밀하게 협력한다. 물론 미국의 기존 강자들이 중국에 진입하지 못하도록 막아주는 역할도 한다. 연구개발 영역을 지정하기도 하고 규제를 유연하게 만들기도 하고 규정의 집행을 유예하기도 한다.

마지막으로 역설적이지만, 대규모의 해외자금이 중국 테크 기업의 성장을 기다리고 있다. 2018년 나스닥에 상장한 중국 기업 숫자는 32개이고, 이 책에 언급된 다수의 기업은 나스닥에 상장했다. 2019년 6월 기준 미국 증권시장에 상장되어 있는 중국 기업의 숫자는 모두 156개이고, 이들의 시장가치를 모두 합하면 1.2조 달러에 달한다. 한국의 사업 환경과는 아주 대조적인 세 가지 요소가 분명하게 보인다.

이 책의 저자는 중국과 미국의 비교를 통해 중국이 세상을 지배할 시기가 머지않아 도래할 것이라 본다. 국가 단위 연구개발 비용, 슈퍼컴퓨터 숫자, 이공계 졸업생 수, 인터넷 사용자 수 등 다양한 지표에서 중국은 이미 미국을 뛰어넘었다. 그리고 그 격차는 더 벌어질 것으로 예상된다. 인공지능과 같은 수많은 종류의 빅데이터가 요구되는 영역에서 정부라는 유연한 파트너의 존재는 더 큰 차이를 만들어낼 것이기 때문이다.

미·중 무역 분쟁이 구글의 드래건 프로젝트를 중단시켰고 화웨이의 구글 사용을 막았다. 과거 G2 간의 협력이 전쟁으로 변해가고 있다. 한국은 이미 미국과 중국이라는 두 강대국 사이에서 여러 번의 양자택일을 강요받았었고, 앞으로 기술이라는 영역에서 어떤 선택이 요구될지 알 수 없는 상황이다. 이 상황은 필연적이다. 우리는 미국과 중국의 테크타이탄의 변화와 진보를 이해하고 있어야 한다. 애플, 아마존, 구글, 페이스북 등 미국의 기술기업, 플랫폼 기업에 대한 이야기는 우리가 이미 충분히 알고 있고, 그들에 대한 이야기들은 지금도 매일매일 우리에게 들려온다. 하지만 상대적으로 중국 테크 기업에 대해서는 아는 것이 별로 없다. 이 책은 중국의 테크 기업들에 대한 소개와 그들이 앞으로 만들어낼 변화에 대한 글이다.

저자는 게리 리셜의 이야기를 인용하면서 세계와 세계적 기업들에게 경종을 울리고 있다. 이 이야기는 한국 정부와 기업들도 꼭 들어야 한다.

"혁신의 관점에서 어떤 일이 일어나고 있는지, 또는 중국 기업가들에게 어떤 일이 일어나고 있는지 이해하지 못한 채 오늘의 중국을 이해하려고 하는 사람은 경솔하다."

위챗WeChat을
쓰십니까?

"위챗WeChat(중국의 인터넷 기업 텐센트의 모바일 인스턴트 메신저 서비스-옮긴이)을 쓰십니까?" 나는 늘 이 질문을 받는다. 나는 중국에서는 자주, 그리고 실리콘 밸리Silicon Valley에서도 가끔 위챗을 사용한다. 위챗은 미국과 중국의 기업가와 벤처 투자자들로 구성된 내 실리콘 드래건Silicon Dragon(전 세계의 실리콘 밸리에서 일어나는 혁신과 투자 관련 뉴스를 전하고, 이벤트 기획과 연구를 행하는 단체. 이 책의 저자 레베카 패닌이 설립했다-옮긴이) 커뮤니티와 연락하는 가장 쉬운 방법이기 때문이다.

중국에서 만든 슈퍼 앱인 이 위챗을 사용해서 단체나 일대일로 문자나 채팅을 하거나, 동료에게 송금을 하거나, 청구서 요금을 내거나, 수 초 내에 대출을 받을 수 있으며, 영화 관람권 구입, 근처 친구 찾기, 식료품 주문, 패션 쇼핑, 그리고 동영상과 뉴스, 이모티콘, 사진 게시 등도 할 수 있다. 명함도 필요 없다. 스마트폰에서 바코드

같은 QR코드를 교환하면 바로 연결
된다. 위챗은 매우 혁신적이다. 페이
스북Facebook과 트위터Twitter, 스카이
프Skype, 왓츠앱WhatsApp, 인스타그램
Instagram, 아마존Amazon의 기능 등을
결합해놓은 앱이다.

위챗은 전 세계에서 10억 명이 넘게
사용하고 있으며, 일에서든 놀이에서
든 이 앱을 대적하기 힘들다. 샌프란시스코의 한 벤처 투자자는 베이
징에서 추진하는 투자 거래의 주요 계약 조건을 오로지 위챗에서 작
성했다. 선전의 한 콘퍼런스에서 연설하는 베이 에어리어Bay Area 벤처
투자자 주위 팬들은 스마트폰에서 이 투자자의 위챗 QR코드를 스캔
함으로써 그와 즉시 연결할 수 있었다. 중국의 주요 도시에서는 걸인
들도 QR코드 기능이 있는 스마트폰을 들고 다니면서 구걸한다. 중
국에서 현금과 이메일은 이제 과거의 유물이 되었다.

위챗은 서구에서는 아직 보기 드문 진전으로 미래를 바꾸고 있는
중국의 많은 혁신 사례 중 하나에 불과하다. 중국 전자상거래 스타트
업인 핀뚜어뚜어Pinduoduo는 모바일 온라인 쇼핑을 소셜 네트워크를
통해 가족·친지와 함께하는 정말 재미있는 경험으로 만든다. 중국의
15초짜리 비디오 스트리밍 앱인 틱톡TikTok은 10대 초반의 아이들이
즐겨 사용하며, 온라인 공연자들을 부유한 유명인으로 만들기도 한
다. 틱톡은 유튜브YouTube와 인스타그램을 모방한 앱이다. 세계에서

가장 가치 있는 중국 인공지능AI 스타트업 센스타임SenseTime은 도심 거리의 보안 검색에 얼굴인식 기술을 사용한다. 중국의 전기차 메이커인 니오NIO는 테슬라Tesla를 이길 수도 있다.

중국은 미국의 오랜 지배를 견제하는 기술 세계를 창조하고 있다. 전자제품과 스마트폰의 작동을 가능하게 하는 반도체 등 기반 기술 분야에서는 미국 반도체 기업들이 중국 대표 기업들을 이겼지만 모바일 결제, 전자상거래, 전기차, 그리고 온라인 실시간 방송 등 많은 분야에서 중국은 미국을 훨씬 앞서 있다.

중국이 한때 서양 기술 아이디어를 베낀 적이 있었다. 하지만 이제 아니다. 중국은 미국보다 먼저 인류 최초로 달 반대편에 우주선을 착륙시켰다. 중국의 한 과학자는 자신의 연구로 세계 최초로 유전자 편집 아기가 탄생했다고 주장한다. 상하이와 중국 남부 기술 중심지인 선전의 모든 버스는 전기로 간다. 중국의 한 로봇 치과의사가 처음으로 환자에게 3D 치아 임플란트 시술을 했다. 얼굴인식 시스템이 교차로 LED 스크린에서 무단 횡단자를 잡아내고 위챗을 통해 위반 사실을 추궁한다. 가로등 기둥에 달린 센서가 오염 데이터를 수집해서 관련 정부 기관에 보내고, 이 기관은 이 데이터를 바탕으로 오염이 너무 심할 때는 주민들이 실내에 머물도록 권고한다. 중국은 200억 달러를 들여 홍콩과 마카오, 중국 본토의 주하이珠海시를 연결하는 50km가 넘는 세계 최장 해상 교량을 설계했다.

중국의 미래 기술 발명가들이 열정을 불태우고 있다. 미국의 기업계와 정계 지도자들이 중국을 무시하는 것은 이제 현명한 처사가 아니다. 중국은 기술적으로 발전했고, 수 세기 전에 한때 세계를 선도했던 자국의 경제적 지위를 회복하기 위해 노력하고 있다. 중국 기업가 정신의 열기는 뜨겁고 식을 기미가 보이지 않는다. 무역과 기술 주도권을 두고 양국 간에 갈등이 고조되고 있지만, 중국의 혁신 속도는 빨라지고 있다. 중국의 게임 체인저game changer들은 이미 미국과 대등한 수준이며, 때에 따라서는 미국을 앞서고 있다. 이런 변화를 인정하지 않으면 급변하는 디지털 시장에서 발 빠르게 움직이는 경쟁자에게 우위를 빼앗기게 될 것이다.

중국이 세계 기술 경쟁에서 이길 수도 있다는 예측은 한때 터무니없는 이야기로 여겨졌다. 하지만 내가 중국 신흥 실리콘 밸리의 첫 연대기인 『실리콘 드래건』을 쓴 지 10년이 조금 넘는 동안 세계 2위 경제대국과 기술 제국으로 몸집을 키운 중국을 더는 과소평가할 수 없다.

오늘날 많은 중국 젊은이는 아마존의 제프 베조스Jeffrey Preston Bezos나 페이스북의 마크 저커버그Mark Elliot Zuckerberg, 애플Apple의 고 스티브 잡스Steve Jobs보다 바이두Baidu, 알리바바Alibaba, 텐센트Tencent를 창업한 로빈 리Robin Lee, 잭 마Jack Ma, 포니 마Pony Ma를 자신들의 본보기로 삼는다.

첨단 기술 중국이 인공지능, 생명공학, 친환경 에너지, 로봇공학, 초고속 이동통신 등 첨단 기술 분야에서 빠른 속도로 차세대 신제품을 발명하고 있다. 중국은 5G(5세대) 무선 표준에서도 앞서가고 있는데, 이는 파급효과 면에서 구텐베르크의 인쇄기 발명과 비교된다.

중국은 기술을 활용해서 앞서려는 적극적인 노력으로 운송, 상업, 금융, 의료, 엔터테인먼트, 통신 등 중국 경제 전반을 근본적으로 재편하고 있다. 오늘날 중국 소비자들은 최신 기기를 요구하고, 이들 중 다수는 그 어느 때보다도 아이폰X를 살 만한 경제적 여유도 있다.

중국의 첨단 기술 거인들은 수년간 경쟁이 극심한 중국 내수시장에서 우위를 지켜왔다. 이제 이들은 실리콘 밸리가 작동하는 원리를 터득했기에 자신들의 노하우와 자본, 규모의 경제를 이용해서 전 세계에서 '불 뿜는 용'이 되려고 야심 차게 노력하고 있다. 이들은 세계무대에 올라 월스트리트와 미국 정·재계, 학계와 언론으로부터 인정받고 있다. 중국인들의 성공 사례 몇 가지를 들어보면 다음과 같다.

- 미국 첨단 스타트업 인수, 샌드힐로드Sand Hill Road의 벤처 투자사와의 공동 투자, 미국의 지배에 대응하기 위한 동남아와 이스라엘 진출
- 가상 선물virtual gift(주로 인터넷을 통해 주고받는, 물건 자체가 아닌 물건의 사진으로 구성된 선물–옮긴이), 소셜 커머스, 인공지능 기반 뉴스와 비디오 앱, 원스톱 슈퍼 앱 등 서구에서도 모방하는 중국 혁신 비즈니스 모델을 빨리 찾아내서 대중화하기
- 신규 참여자가 진입할 수 없는 모바일 결제, 온라인 쇼핑, 배달, 게임 및 비디오로 구성된 소비자와 기업을 위한 대규모 생태계 구축
- 스마트 시티, 스마트 홈, 스마트 직장 및 스마트 카 기술 확보 및 사용

중국이 세계를 지배하는 날

• 전기차와 자율주행차, 심부름하는 휴머노이드 로봇의 대량 상용화를 위한 미래 창조, 인공지능과 빅데이터big data 기술을 결합한 암 진단 및 치료 개선 등

중국은 세계의 저비용 생산국 또는 서구 인터넷과 모바일 브랜드를 노골적으로 베끼는 복제기라는 과거 이미지를 벗어던지고 오늘날 기술 중심 세계에서 18~19세기 산업혁명 이후 지금까지 볼 수 없었던 파괴적 혁신의 진원지가 되었다. 중국의 규모와 혁신, 실행 속도, 그리고 중세 시대 중국을 찾았던 마르코 폴로를 깜짝 놀라게 했던 부와 권력과 진귀한 발명품(예컨대 종이, 화약, 나침반 등 3대 발명품)의 영광을 되찾겠다는 확고한 투지는 타의 추종을 불허한다. 중국의 타고난 창의적 재능은 인류에게 비단과 화약, 종이, 나침반, 주조 활자, 주판 등의 발명품을 가져다주었고, 앞으로도 더 많이 기여할 것이다. 중국 베이징과 상하이, 선전, 항저우의 창조적 클러스터는 일과 놀이, 생활 방식, 네트워크 연결 등을 위한 미래 창의성과 속도, 상업화 등에서 미국 실리콘 밸리와 실리콘 비치Silicon Beach(로스앤젤레스의 샌타모니카 비치, 베니스 비치 등을 중심으로 형성된 IT 벤처기업 허브–옮긴이), 실리콘 앨리Silicon Alley(뉴욕 맨해튼의 뉴미디어 벤처기업 밀집 지역–옮긴이)에 도전하고 있다.

처음으로 중국의 기술 혁신이 실리콘 밸리를 앞지르고 있으며, 그것도 빠른 속도로 진행되고 있다. 몇 가지 사례를 들면 다음과 같다.

- 언제, 어디서나 편리하게 사용할 수 있는 텐센트의 소셜 메시징 앱 위챗의 개인 그룹 메시징 기능을 페이스북이 모방한다.
- 중국 남부 선전에 있는 세계 최강 드론drone 제조사 DJI가 세계 드론 시장을 선도하고 있다.
- 알리바바의 '신유통New Retail'(온라인과 오프라인을 결합한 미래형 소매 유통 방식–옮긴이)은 디지털 기술과 로봇을 시장에 선보여 아마존과 월마트Walmart보다 고객이 더 편리하고 효율적으로 쇼핑할 수 있게 한다.
- 화웨이Huawei의 고급 스마트폰은 고급 기능과 가격 면에서 아이폰 X와 비교해도 손색이 없는 것으로 평가되고 있으며, 미국에서는 보안상 이유로 중국제 전화기가 사실상 금지돼 있지만 세계적으로 인기가 있다.
- 애플은 중국 스마트폰 제조사 샤오미Xiaomi의 비즈니스 모델을 모방한 콘텐츠를 아이폰에 탑재했다.
- 중국의 드론 스타트업 이항EHang 덕분에 승객들은 단지 만화영화 〈젯슨 가족The Jetsons〉에 나오는 판타지가 아니라 실제로 드론 택시를 타고 짧은 거리를 비행할 수 있게 되었다.
- 중국의 전기차용 배터리 교환소가 전기차 운행 거리를 빠르게 확장하며 자율주행차 덕분에 운전자는 손가락 하나 까딱하지 않아도 되지만, 이런 기술이 미국에서는 아직 주류가 아니다.
- 중국의 위챗페이WeChat Pay와 알리페이Alipay 모바일 결제가 유용성

과 보급 면에서 애플페이Apple Pay와 구글페이Google Pay를 제쳤다.

- 온디맨드on-demand(모바일을 포함한 IT 기술 인프라를 통해 소비자의 수요에 맞춰 즉각적으로 맞춤형 제품과 서비스를 제공하는 경제활동—옮긴이) 주문과 스쿠터를 이용한 빠른 테이크아웃 주문 배달이 레스토랑에서 외식을 하거나 집에서 음식을 준비하는 생활 방식을 바꾸고 있으며, 중국에서 점점 더 늘어나는 이런 추세가 미국으로 흘러들기 시작했다.
- 중국에서는 위챗 메시징과 채팅을 주로 사용하며, 이메일이나 전화 통화는 거의 사라졌다.

빠르게 변화하는 중국 디지털 시장에서는 새로운 사업 아이디어와 온라인 유행이 빠르게 인기를 얻는다. 호불호가 명확하고, 가만히 있지 못하는 젊은 세대 사이에서 모바일 앱은 일주일 안에 사라질 수 있다. 유행에 극히 민감하고 어릴 때부터 디지털 환경에서 자란 이른바 '디지털 네이티브digital native'로서의 특징을 지닌 밀레니얼 세대와 Z세대(1990년대 중반에서 2000년대 초반에 걸쳐 태어난 젊은 세대—옮긴이) 젊은 이들은 대부분 10대와 20대, 30대들이다. 이들 인구가 미국에서는 전체 인구의 3분의 1에 불과하지만, 중국에서는 인구의 과반을 차지한다. 이들은 어떤 새로운 기술 방식도 빠르게 수용한다. 몇 가지 예를 들어보자.

- 중국 메시지 앱 위챗을 중국 인구의 절반이 사용하는 데는 불과 3년밖에 걸리지 않았고, 지금은 거의 모든 사람이 사용한다.

- 2년 전 중국에서 붐이 일었던 비디오 스트리밍 시장에서 온라인 콘텐츠 제작자와 유명 인사, 주요 오피니언 리더들에게 가상 선물을 하는 풍습이 유행했지만, 이제 이 개념은 미국에서만 유행하고 있다.

- 거치대가 따로 없는 자전거 공유 사업이 중국 베이징과 상하이에서 시작된 1년여 후 미국 시애틀과 샌프란시스코, 워싱턴DC에 공유 자전거가 불쑥 나타났다.

- 알리바바 계열사인 앤트 파이낸셜 서비스 그룹Ant Financial Services Group에서 운영하는 세서미 크레딧Sesame Credit이라는 시스템은 알리페이 계좌의 잔액, 온라인 친구 수와 영향력, 청구서 결제를 제때 했는지 등 재무 상태에 따라 개개인을 채점해서 개인 신용 평가와 심지어 공항 라운지의 고급 좌석 이용 등 특정한 사회적 편익을 얻는 데 사용할 수 있는 신용 점수를 부여한다. 규제가 느슨한 중국의 개인정보 보호 규칙과 '빅 브러더Big Brother'와 같은 감시 시스템이 중국 밖에서도 채택될 수 있다(하지만 아마도 미국에서는 그렇지 않을 것이다).

- 알리바바의 모바일 쇼핑 앱은 얼굴 스캔을 통해 신차 구매자를 확인하고 무인 차고에서 차량을 인수할 수 있게 해준다. 디트로이트에서도 이런 방식이 통할까?

중국이 세계를 지배하는 날

- 중국에서는 모바일 앱으로 커피를 주문하면, 저렴한 비용으로 밀폐용 컵에 담아 내용물이 흐르지 않게 인공지능이 알려주는 가장 빠른 경로를 따라 모터 달린 자전거인 모페드moped로 빠르게 배달해준다. 하지만 뉴욕은 아직도 자전거 배달이 표준이다.
- 앱이 배터리 수명, 부재중 전화 건수 등 스마트폰의 데이터를 탐색하고, 알고리즘으로 개인의 신용도를 평가해서 은행 이용 실적이 전혀 없는 사람들에게 자동으로 소액 융자를 해줄 수 있다. 미국에서는 이런 방식이 개인정보보호법에 따라 금지될 수 있다.
- 중국 정부가 전기차 급속 충전소를 중국의 주요 도시들에 건설하고 있지만, 미국에서는 전기차 사용이 제한적이다.
- 중국 시골 농부들과 노동자들 사이에서는 짧은 비디오 오락 앱의 통속적인 콘텐츠가 인기를 얻고 있지만, 미국 버지니아 주 와이즈 카운티에 있는 작은 마을 애팔래치아Appalachia와 같이 아직 인터넷이 보급되지 않은 곳도 많다.

지난 20년 동안 나는 중국이 실리콘 밸리보다 규모가 크고 빠르게 변화하고 유행의 첨단을 걷는 기업가 문화로 탈바꿈하는 모습을 자세히 관찰하고 기록해왔다. 나는 바삐 움직이는 중국 인큐베이터incubator(미숙아를 키우듯 갓 창업한 스타트업의 성장을 돕는 업체―옮긴이), 액셀러레이터accelerator(창업 초기를 넘긴 스타트업에 투자해서 육성하는 회사―옮긴이), 콘퍼런스, 워크숍, 그리고 베이징·상하이·홍콩·타이베이에서 열리는 실리콘 드래건 자체 행사를 포함해서 아이디어를 교환하고 스타트업들의 성공을 돕는 각종 교류 행사 등으로 바쁜 나날을 보냈다. 나는 중국의 진취적이고 위험을 무릅쓰는 벤처캐피털 리더들과 젊은 기업들이 크게 성공할 수 있도록 힘이 되어주는 지략이 풍부한 기업가들을 알고 취재했다. 나는 중국의 벤처와 기술 생태계가 베이징의 유명한 기술 중심 칭화대학 옆에 있는 기술의 본산 중관춘 소프트웨어 파크Zhongguancun Software Park에서 전국으로 확산되고 강화되는 것을 보았다. 이런 중국 기술 경제의 미래에 대한 이야기는 특히 서구 저널리스트의 관점에서 경험하고 다루기에 아주 매혹적인 소재다.

"중국이 조만간 실리콘 밸리를 능가할 것이다. 이렇게 말하는 심정

중관춘 소프트웨어 파크

자료: Wikimedia Commons

이 편치 않다. 당신이 어떤 영역을 선택하더라도 중국이 앞서 있다. 일부는 중국 정부

의 국내 기업 보호 정책 때문이라고 주장할 수 있다. 하지만 결국 가장 중요한 것은 미국보다 중국 기업가들이 더 열심히 일한다는 사실이다. 중국은 비슷한 자금 여력이 있으면서 인구가 네 배이고, 따라서 내수시장도 미국의 네 배에 이른다. 게다가 중국은 구매력 있는 중산층이 확대되고 있다." 이 말은 상하이에 기반을 두고 미국과 중국에 적극적으로 투자하는 대표적 벤처 투자사인 치밍 벤처 파트너스 Qiming Venture Partners의 파운딩 매니징 파트너인 게리 리셜Gary Rieschel 의 강한 견해다. 그는 중국의 생명공학 분야 발전은 이미 미국과 대등한 수준이며, 중국이 필연적으로 전기차와 자율주행차 시장을 제패하게 되리라고 전망했다. "상황이 바뀌지 않는 한 시장 규모와 대졸자 수, 기타 중국이 준비해온 모든 인프라를 고려할 때 10년 안에 우리는 '실리콘 밸리의 기업가 정신을 어떻게 살릴 것인가'라는 주제를 놓고 고민하게 될 것이다."

리셜은 상하이에서 8년 동안 일하고 생활하면서 기술로 충만한 중국의 최일선 환경에서 체득한 경험으로 세계 기술 경쟁에서 이기려는 중국의 노력에 대한 원동력을 잘 알고 있다. 일에 중독되고 단호한 중국 기업가들은 신기술을 빠르게 상용화하고 있다. 중국인들은 최신 앱과 게임, 결제 서비스, 소셜 미디어, 온라인 쇼핑 등을 열렬히 받아들인다. 벤처 투자자들은 인공지능, 자율주행차, 전기차 배터리, 생

명공학, 로봇공학, 드론, 증강현실AR: Augmented Reality과 가상현실VR: Virtual Reality 등을 구현하는 첨단 스타트업에 자금을 대고 있다. 세계 최대 규모인 중국 디지털 시장이 인터넷과 스마트폰, 전자상거래, 모바일 결제 분야에서 중국 기업이 빠르게 주류를 이루도록 발전을 촉진하고 있다. 무엇보다 보호무역주의와 민족주의가 일치된 중국 정부 정책이 중국을 세계 최고의 혁신 국가로 나아가게 하고 있다. 미국 기술력에 대한 점점 커지는 중국의 도전을 자칫하면 놓칠 수 있다.

백문이 불여일견이라고 했다. 중국에 가서 직접 보면 거대 도시를 연결하는 중국의 고속철, 잘 포장된 넓은 고속도로, 장대한 교량, 신공항, 고층 빌딩, 화려한 쇼핑몰, 궁전 같은 기업 단지, 전문적으로 설계된 협업 공간 등에 감명받을 수밖에 없다. 중국의 깨끗하고 현대적으로 조성된 중심 업무 지구는 뉴욕과 샌프란시스코, 로스앤젤레스의 중심가를 누추하고 낡은 거리로 보이게 한다. 나는 상하이와 베이징의 건설 크레인이 도시 경관을 바꾸던 때, 시골에서 소달구지가 베이징으로 들어오던 때, 그리고 중국의 인터넷 스타트업들이 엘리베이터도 없는 칙칙한 빌딩에 입주했을 때를 기억한다. 이제 이 스타트업들은 초현대적인 기업 캠퍼스에 들어 있다. 지금은 힐튼과 하얏트, 메리어트 호텔이 고급 건물을 많이 가지고 있지만, 베이징에 서양식 호텔이 몇 개 없었던 시절을 기억한다. 얼마 전까지만 해도 프렌드십 스토어Friendship Store라는 중국 국영 슈퍼마켓이 땅콩 버터를 살 수 있는 유일한 곳이었다. 오늘날 맥도날드와 켄터키 프라이드 치킨은 어디에나 있다. 나이키 신발과 코치Coach 핸드백이 고급 쇼핑몰에서 팔리는 것을 본다.

나는 자전거가 주된 교통수단이었던 때를 기억한다. 그리고 중국의 신차 소유주들로 인해 교통 체증이 너무 심해져 시내를 가로질러 약속 장소로 가는 데 두 시간이 걸린 때도 기억한다. 이제 도로는 공유 자전거와 스쿠터, 그리고 모페드로 넘친다. 교차로에 배치된 인공지능 감시 카메라가 차량 흐름을 모니터하고, 데이터를 수집하며, 사람들을 추적한다. 베이징에 있는 CCTVChina Central Television(중국 국영 텔레비전 방송사)의 바지 모양 건물, 병따개 모양의 상하이 월드 파이낸셜 타워World Financial Towers, 적절한 별명이 붙은 베이징 올림픽 주경기장 버드 네스트Bird's Nest 스타디움 등 경이로운 건축물이 돋보인다. 실리콘 밸리에서 중국이 서구를 따라잡고 있다는 이야기를 듣고 싶은 사람이 거의 없다는 사실을 왜 모르겠는가. 하지만 지금 많은 사람이 이 이야기를 걱정스럽게 하고 있다.

지난 수십 년간 세계 2위의 경제 대국인 중국은 장기 경제 전략 방향을 제조업과 수출 중심에서 소비재 중심으로, 그리고 이제는 기술 국가주의로 전환했다. 중국은 많은 미래 기술 발전에서 앞서고 있지만, 외국의 첨단 기술에 의존하는 반도체와 같은 핵심 기술에서는 뒤처지고 있다. 하지만 중국은 이 격차를 좁히는 것을 국가적 사명으로 하고 있다.

차례

1부

중국은 어떻게 세계를 ──────
지배해가고 있는가

2부

BAT를 뒤쫓는 기업들 ──────

중국은
어떻게 세계를
지배해가고 있는가

1장

모방을 넘어
모방의 대상이 된 중국

　20년도 채 안 되는 기간에 중국의 기술 혁신은 세 단계의 발전 과정을 거치며 진화해왔다. 즉 외국 제품을 모방해 중국제로 만드는 단계에서 중국에서 발명하는 단계로, 그리고 이제 오늘날 목격하는 가장 중요한 추세로 중국을 모방하는 단계에 이르렀다. 이는 거꾸로 미국 기업들이 중국 기술 혁신을 카피한다는 것을 의미한다.

　중국의 1세대 인터넷 기업가들은 야후Yahoo, 아마존, 페이스북, 구글Google, 이베이eBay 등 미국에서 성공한 스타트업을 그대로 가져다 베꼈다. 지적재산권 보호는 거의 이루어지지 않았다. 이제 중국 기술 관료들은 자신들의 파괴적 혁신으로 경계를 허물고 있으며, 이런 혁신을 해외로 가져가고 서구인들이 이를 모방하고 있다. 중국 인터넷 회사들은 이제 내 책 『실리콘 드래건』이 2008년 처음 출판되었을 당시처럼 구글, 페이스북, 유튜브, 아마존의 단순 모방자로 치부되지 않는다.

이제 모바일 1세대를 위해 중국에서 만들어진 선진 비즈니스 모델이 널리 사용되고 있다. 그 예로는 다기능 슈퍼 앱과 모바일 지갑, 모바일 공동 구매, 모바일 비디오와 스트리밍, 모바일 서적, 편집자 없는 모바일 뉴스 앱 등이 있다. 이 화면상의 세계는 이러한 앱의 사회적 공유social sharing 기능을 통해 확장된다.

창업 열망에 있어서 중국에 필적할 수 있는 나라는 없다. 베이징, 상하이, 항저우, 선전, 그리고 기타 중국 중소 도시의 기업가들은 지칠 줄 모르고 끈질기며 성공의 열망에 가득 차 있다. 실패에 대한 두려움은 없다. 오직 좋은 기회를 놓칠까 봐 염려할 뿐이다. 스탠퍼드, 하버드, 프린스턴, 예일 등 서양 명문 대학에서 교육받은 기업가들과 벤처 투자자들, 그리고 MIT, 캘리포니아공대Caltech, UC버클리, 카네기멜런 등 일류 대학 공학부에서 훈련받은 박사들이 계속해서 중국으로 돌아와 자신들의 스타트업을 계획한다. 그리고 미국 유명 기술기업들에서 국제 경험이 풍부한 관리자들을 영입해서 중국 기업의 세계 진출을 도모한다.

미국과 중국 기술계에서 흔히 이야기되는 것처럼 중국 스타트업의 팀들은 보통 하루 12시간, 일주일에 6일 일한다. 이를 '996'(오전 9시부터 오후 9시까지, 일주일에 6일 근무한다는 의미-옮긴이)이라고도 한다. 1990년대 후반 닷컴 붐이 일던 당시 실리콘 밸리에서 밤을 새우던 연구원들을 연상케 하는 대목이다.
당시 중국은 기업가 붐이 막 퍼지기
시작할 무렵이었다. 미국 캘리포니

아 주 멘로 파크Menlo Park에 있는 주요 벤처 투자회사 GGV 캐피털의 매니징 파트너인 한스 텅Hans Tung은 "중국과 미국은 경제 발전 단계와 동기에서 서로 다르다. 중국의 기업가 문화에 비하면 실리콘 밸리는 활력이 없어 보인다"라고 말한다. 일류 투자사 세쿼이아 캐피털Sequoia Capital의 파트너 마이크 모리츠Mike Moritz도 이 말에 동의한다. 그는 매주 보통 80시간씩 일하는 중국 기업가들에 비하면 실리콘 밸리의 기업가들은 '나태하면서 연봉은 많이 받아 가는 사람들'로 보인다고 지적한다.

업무 출장으로 중국을 100번 이상 드나든 나는 중국에 있을 때 종종 베이징이나 상하이에서 주말 아침이나 점심 모임을 가지곤 했다. 스키나 골프, 항해, 금문교Golden Gate Bridge 위 산책 등으로 주말을 보내는 실리콘 밸리에서는 이런 일은 거의 없다. 필요가 발명의 어머니라고 한다. 무엇이 오늘날 중국을 세계 기술 주도권을 향해 전속력으로 달려가게 하는 걸까?

• 중국의 구소련식 13차 5개년 계획(2016~2020)은 중국 공산당 창당 100주년과 때를 같이한다. 이 계획의 골자는 중국 고유의 혁신과 집단 기업가 정신, 연구개발, 특허 등을 가속해서 경제 발전

을 촉진하고, 2020년까지는 혁신 국가로, 그리고 2050년까지는 기술 및 과학 세계 강국으로 발돋움한다는 것이다.

• 국가가 주도하는 청사진인 '메이드 인 차이나 2025Made in China 2025'는 국영기업을 세계적으로 경쟁력 있는 기술 챔피언으로 육성하고, 로봇과 신에너지 자동차, 생명공학, 발전설비, 항공우주 및 차세대 정보 기술 등 신흥 분야에서 기술 주도권을 확보함으로써 기술 격차를 해소한다는 계획이며, 이 모든 것이 세계 패권을 차지하기 위함이다.

• 중국의 '인터넷 플러스Internet Plus' 계획은 모바일 인터넷, 빅데이터, 클라우드 컴퓨팅, 사물인터넷IoT: Internet of Things 등을 제조업과 융합해서 전자상거래와 인터넷 금융 등의 발전을 이루고, 중국 인터넷 기업이 세계 시장에서 경쟁 입지를 다질 수 있도록 하겠다는 계획이다. 이 제안은 인터넷 연결과 빅데이터를 활용해서 의료와 제조, 금융을 최적화하는 데 초점을 맞추고 있다.

• 시진핑 중국 국가주석의 '일대일로Belt and Road' 전략은 미국의 전후 재건 계획 마셜 플랜Marshall Plan(제2차 세계대전 후, 1947년부터 1951년까지 미국이 서유럽 16개 나라에 행한 대외 원조 계획-옮긴이)을 능가하는 것으로, 육상 및 해상 무역의 통로인 21세기 실크로드를 건설해서 주변국들과의 경제 통합을 촉진하고, 중국 상품에 대한 수요를 북돋우며, 상대적으로 낙후한 중국 서부 지방을 발전시키겠다는 원대한 계획이다.

- 국가가 주도하는 150억 달러 규모의 '중국 신시대 기술 기금China New Era Technology Fund'은 스타트업과 첨단 기술에 투자하고, 국내 개발이 불가능할 때 해외로부터 전문 지식을 도입하기 위한 기금이다.

- 중국의 벤처캐피털 시장은 규모와 영향력 면에서 샌드힐로드와 거의 대등하며, 초대형 금융과 전 세계 유니콘 스타트업에 대한 투자 비중 증가로 높이 평가된다. 중국 디지털 콘텐츠 앱 바이트댄스ByteDance는 전 세계 비공개 스타트업 1위에 오른 가장 가치 있는 유니콘 기업이다.

- 텐센트와 알리바바는 마이크로소프트와 애플, 아마존, 페이스북과 어깨를 나란히 하며 시가총액 기준 상위 10위 상장 기업에 들었다. 10년 전만 해도 이 계층에 든 중국 인터넷 회사는 단 한 곳도 없었다.*

- 주요 증권거래소에 상장하는 중국 기술기업 수가 증가하고 있다. 뉴욕에서는 2018년 31개 중국 기업이 85억 달러를 조달했는데, 혁신적인 전기차 제조업체 니오와 소셜 커머스 스타트업 핀뚜어뚜어가 앞장섰다.**

- 중국은 해외 기술 스타트업에 대한 투자를 적극적으로 추진하고

---

* 2018년 미국에서 총 470억 달러를 조달한 190차례 주식 공모 중 중국계 회사의 기업공개가 차지한 비중은 16%였다. 2017년에는 16개 중국 기업이 기업공개해서 33억 달러를 조달했다.

** 중국 거래 업체들은 2018년 미국 내 586개 거래에서 514억 달러를 투자했다.

있다. 2010~2018년 중국 거래 업체들은 전 세계적으로 1315건의 기술 투자를 했고, 금액으로는 998억 달러를 투자했으며, 이 중 상당한 금액을 미국에 투자했다.

- 중국의 국가 연구개발 지출은 1285억 달러로, 1242억 달러인 미국을 앞섰다. 이는 중국이 미국을 뛰어넘을 것이라는 미국 국가과학위원회National Science Board의 예측보다 2년 당겨진 것이다.*

- 화웨이가 연구개발 투자에서 인텔과 애플에 앞선 세계 5위를 차지했다.

- 10년 전 세계 7위에서 오늘날 2위로 올라선 중국의 특허 출원 비중은 전 세계의 21%로, 오랫동안 1위를 차지해온 미국의 22%에 크게 뒤지지 않았다. 현재 추세대로라면 중국이 2년 안에 미국을 추월할 것으로 예상된다. 지금까지 개별 기업으로는 화웨이가 세계 신규 특허 출원 1위를 차지했다. 중국은 전 세계에서 사용 중인 특허 비중에서 2위를 차지했는데, 총 1370만 건의 특허 중 미국 특허가 40%인 데 비해 중국 특허는 29%이다.

- 중국의 STEM(과학, 기술, 공학, 수학) 분야 졸업자는 470만 명으로 미국의 56만 8000명을 앞지르고 있으며, 2030년까지 중국의 STEM 졸업자가 300% 늘어날 것으로 전망한다.

---

* 미국 국가과학위원회는 현재의 연간 성장률이 지속된다면 2019년에 18%인 중국이 4090달러로 4%인 미국을 능가할 것으로 예측한 바 있다. 중국은 연구개발에 대한 국내 총지출에서도 비교적 완만한 수준인 미국에 이어 세계 2위로 올라섰다.

- 중국이 학술 과학 연구 논문에서 새로 미국을 제치고, 세계 이공계 논문 출판의 18.6%를 차지했다. 미국 논문 40만 9000건에 비해 중국 논문은 42만 6000건이다.
- 세계 슈퍼컴퓨터 500대 중 미국이 보유한 슈퍼컴퓨터는 143대인데 비해 중국은 202대로 슈퍼컴퓨터 점유율에서 미국을 앞서고 있다. 이는 중국 기술력 기본 계획에서 아주 중요한 부분이다.
- 중국은 인터넷 사용자 수(8억 2900만 명)와 스마트폰 사용자 수(7억 8300만 명)에서 세계 1위를 달리고 있으며, 각각 2억 9300만 명과 2억 5200만 명인 미국보다 몇 배 많다.
- 미국의 인터넷 보급률은 89%에 달하는 데 비해 중국은 58%에 그쳐 중국은 거대한 숨은 잠재력이 있다.

중국의 엄청난 규모와 빠른 경제 발전은 많은 지표에서 중국이 앞서고 있음을 의미한다. 지난 세기 미국이 산업혁명과 정보혁명을 주도했던 것처럼, 중국이 향후 수십 년간 세계 경제의 주도권을 장악하기 위해 서구에 도전할 기술 업그레이드에 나섰음은 부인할 수 없는 사실이다. 만약 실리콘 밸리가 이러한 대규모 권력 이동의 조짐을 인식하고 이에 대응하지 못한다면 대대적인 재편이 일어날 것이다. 미국이 세계 기술계를 지배하고 있지만 이스라엘 텔아비브, 영국 런던, 인도 벵갈루루 등지에서 다른 실리콘 밸리가 생겨났으며, 이 가운데 가장 강력한 것이 중국이다.

중국이 전 세계적으로 경쟁력 있는 국가 대표 첨단 기술기업들로 패권을 잡겠다는 목표에 몰두하면서 세계의 세력권은 둘로 쪼개져 형성되고 있다. 아시아의 중국과 서구의 미국이다. 중국의 거대 기술기업들은 지리적 근접성과 중국 브랜드에 친숙한 소비자, 그리고 앞선 디지털 기능들에 힘입어 급성장하는 아시아 시장에서 발 빠르게 앞서가고 있다. 미래 기술 세계에서는 미국도 중국도 전 세계를 제패하지 못하고 지역 혁신 강국으로 남을 것이다.

미국 기술 리더들이 어쩔 수 없는 한 가지는 기울어진 경기장이다. 미국 기업들은 이른바 '인터넷 만리장성Great Firewall'이라 불리는 중국의 인터넷 검열을 넘어 중국 소비자들에게 직접 다가갈 수 없다. 페이스북의 마크 저커버그가 중국 지도자들과 만나고 자금성 앞에서 조깅을 하고 표준 중국어를 배우고 있지만, 페이스북은 여전히 중국에 들어가지 못하고 있다. 구글과 트위터, 인스타그램도 차단되고 있다. 하지만 구글은 백악관의 폐기 압력에도 불구하고 논란이 많은 사전 검열을 마친 중국용 검색 앱 '프로젝트 드래곤Project Dragon'으로 중국 시장에 다시 진입할 계획을 세우고 있다. 전반적인 인상은 중국 인터넷 브랜드들이 이 거대한 기술 분야에서 시장을 장악하고 있다는 것이다. 나도 중국에서 정보 검색을 시도하다 구글에 접속할 수 없어서 좌절한 적이 많았다.

중국에서 성공한 미국 기술회사는 거의 없다. 대표적 피해자는 이베이, 그루폰Groupon, 구글, 페이스북, 프리스트Priest 등이다. 하지만 테슬라, 위워크WeWork, 에어비앤비Airbnb, 링크드인LinkedIn, 스타벅스

Starbucks 등은 계속해서 중국 진출을 시도하고 있으며, 성패가 엇갈리고 있다.

지식재산권 훔치기와 위조

기술에서 승승장구하려는 중국의 꿈을 좌절시킬 수 있는 요소로는 무엇이 있을까? 많다. 무역 전쟁과 기술 패권 다툼, 미국 기업들에게 중국 정부의 규칙에 따라 행동하고, 핵심 기술을 넘기고, 국가 보조금을 받는 국내 기업들과 경쟁하도록 강요하는 중국 정부 정책과 관련한 마찰, 도널드 트럼프 대통령의 중국에 대한 강경 대응 정책 강화, 미·중 무역 불균형 해소를 위해 중국 상품에 부과하는 미국 관세 인상, 미국의 중국에 대한 첨단 기술 수출 통제 강화, 외국인의 미국 첨단 기술기업 투자에 대한 미국의 더 엄격한 심사와 차단 같은 요소가 있다.

이에 더해 최근 화웨이에 대한 미국 정부의 형사 고발처럼 사이버 절도와 지식재산권 무시 사례에 대한 엄중 단속, 과학 관련 분야 중국 대학원생들에 대한 미국의 비자 규제 강화, 중국의 의존도가 높은 퀄컴Qualcomm·마벨Marvell·인텔Intel 등 반도체 회사에서 공급하는 미국 설계 고급 반도체 칩에 대한 차단이 있다. 이 문제는 가장 최근에 한 중국 제조업체가 마이크론 테크놀러지Micron Technology로부터 미국제 칩 기술 정보를 훔쳐 중국에 새로운 공장을 지었다는 혐의로 고발되면서, 그리고 중국의 거대 통신업체인 ZTE가 국가 안보 문제로 일시적으로 미국제 부품 구매가 차단되는 일이 발생하면서 표면화되었다. 이런 사건들은 미국 기술기업들에 대한 의존도를 줄이고 격차를 해소하기 위해 자체 핵심 기술 개발을 촉진하겠다는 중국의 결의를 강화했지만, 이를 위해서는 몇 년이 걸릴 것이며 그렇게 쉽게 이루어지지도 않을 것이다.

미국 기술 스타트업에 대한 중국 벤처캐피털 투자 규제, 미국에서 상장하고 조달한 자금을 중국에서 기업 규모를 키우는 데 사용하려는 중국 기업에 대한 기준 강화 등 수많은 이슈가 중국 스타트업 촉진에 제동을 걸 수 있다.

지정학적 문제도 크게 대두되고 있다. 중국 거대 기술기업들의 국유화 또는 해체, 남중국해 분쟁 지역과 중국의 대만 영유권 주장을 둘러싼 군사적 충돌 가능성, 지방정부 차원에서 제대로 이행하지 못한 개혁에 대한 중앙정부 지원, 전략적 위치, 특히 스리랑카 항구와 주변 영토에 대한 지배권을 얻기 위해 차관을 이용하는 등 중국식 식민주의에 대해 커지는 비난의 목소리. 또는 중국이 1970년대 후반 중국의 지도자 덩샤오핑이 도입한 자본주의 개혁을 철회하고, 수십 년 전 마오쩌둥의 생기 없는 공산주의로 돌아갈 가능성도 있다.

중국이 전진하면서 국가 안보와 기술 주도권 마찰은 더욱 고조될 것이다. 시리Siri, 터치스크린, GPS, 인터넷, 아이폰 등의 상용 기술은 원래 미국 국방성과 군사적 목적으로 정부가 지원하는 과학자들에게서 나왔다.

"혁신의 관점에서 어떤 일이 일어나고 있는지, 또는 중국 기업가들에게 어떤 일이 일어나고 있는지 이해하지 못한 채 오늘의 중국을 이해하려고 하는 사람은 경솔하다"라고 벤처와 기업가 정신세계의 사상가 게리 리셜은 말한다. "이것이 중국 관련 업무에 종사하는 미국의 수많은 정책 전문가들의 맹점이다."

메리트 야노브Merit Janow 컬럼비아대학교 국제공공정책대학원SIPA: School of International and Public Affairs 학장은 미국 무역대표부에서 중국 및 일본 담당

> "중국은 기술 연구개발과 교육에 많은 투자를 하고 있는 반면, 미국은 거꾸로 투자를 줄이고 있다. 이 사실은 무역정책으로도 어떻게 할 수 없다."
>
> **메리트 야노브, 컬럼비아대학교 국제공공정책대학원 학장**

차석 대표를 맡았었다. 그는 전문가로서 자신의 견해를 다음과 같이 피력한다. "중국은 기술 연구개발과 교육에 많은 투자를 하고 있는 반면, 미국은 거꾸로 투자를 줄이고 있다. 이 사실은 무역정책으로도 어떻게 할 수 없다. 중국의 혁신은 대규모 기술 허브와 정부 지원에 힘을 얻고 있다."

중국이 다가오는 5G 무선 이동통신 경쟁에서 글로벌 리더 자리를 노리면서 이 분야가 주요 격전지 중 하나로 떠오르고 있다. 이 새로운 기술적 돌파구가 네트워크 연결을 강화하고 스마트폰과 노트북, 냉장고, 개 목걸이, 의료기기, 그리고 차량 등으로부터 생성되는 데이터를 하나의 네트워크를 중심으로 연결해서 가정과 도시, 병원, 차량, 공장들의 운영 방식을 변화시킬 것이다. 미국을 제치고 선두주자로서의 이점을 노리는 중국은 2015년 이후 무선 인프라와 휴대전화 기지국에 약 240억 달러를 투자했으며, 향후 10년간 5G 테스트와 개발에 4000억 달러 이상을 투자할 계획이다. 중국의 앞길을 가로막는 것은

미국과 그 동맹국들이 안보 문제를 이유로 국가 통신망에서 '중국이 제조한 핵심 장비 도입을 금지하는 것이다. 이런 금수 조치로 중국은 독자적인 5G 네트워크를 개발하게 될 것이고, 이로 인해 시장이 분열되고 소비자와 통신사업자의 비용이 상승하게 될 것이다.

수많은 사회경제적·문화적 문제가 중국 기술 경제 성장의 발목을 잡을 수 있다. 이러한 문제들로 인해 중국은 19세기까지 당연하게 여겼던 세계 경제 대국, 그리고 세계에서 가장 부유하고 가장 번영하며, 가장 부지런한 국가로의 복귀를 단념해야 할 수도 있다. 창의적 사고 대신 암기와 시험을 우선해온 교육, 중국 정부가 수십 년 동안 이어온 한 자녀 정책으로 인한 고령화 사회와 노동력 감소 문제도 있다. 비록 이 인구 억제 정책은 2016년에 두 아이로 완화되었지만, 여전히 저조한 출산율을 보인다. 정보 검열과 미국 브랜드의 중국 시장 진입 차단. 이는 지식을 제한하고, 창의적 표현을 방해하며, 혁신을 주도하는 자유로운 사고보다는 순응성을 고취한다. 게다가 중국은 공해와 소득 불평등, 중국 은행들의 부실채권 등을 처리해야 한다.

당신이 친중파panda lover든 반중파dragon slayer든 각광받는 중국 기술력을 무시하기는 어렵다. 중국은 이제 전 세계 수십 개 업체가 출품하는 가전 전시회인 미국 라스베이거스 CESConsumer Electronics Show 전시관의 3분의 1을 차지한다. 대부분 중국 최고 기술 임원은 영어를 유창하게 구사하지만, 미국은 아마도 중국어를 공부하고 있는 마크 저커버그를 제외하고는 중국어를 유창하게 하는 임원이 거의 없다.

중국이 세계를 지배하는 날

분야별 기술 주도권

중국의 스타트업과 거대 기술기업 모두 오늘날 디지털 세계에서 가장 혁신적인 아이디어에 초점을 맞추고 있으며, 다음과 같은 여러 분야에서 중국 고유의 혁신과 비즈니스 모델을 통해 미국에 도전하고 있다.

- 인공지능: 자율주행차 기술과 인공지능 음성인식 스마트홈 기기를 앞세운 바이두가 인공지능의 선두주자로 떠오르고 있다. 미국이 기술 우위를 점하고 있지만, 중국의 대규모 데이터 세트를 고려할 때 중국은 더 빠른 기술 혁신 잠재력이 있다. 중국과 미국이 우위를 선점할 확률은 반반이다.

- 신 소매 상거래New Retail Commerce: 알리바바와 징동닷컴JD.com(류창둥이 설립한 중국 전자상거래 회사-옮긴이)은 무현금 및 무인 계산대 판매장을 개척하고, 중국 소매업과 물류를 디지털화해서 머천다이징과 가격 정책, 마케팅 등을 효율화하고 있으며, 맞춤형 서비스와 초고속 스쿠터로 배송 서비스에 변화를 일으키고 있다. 알리바바의 미래형 슈퍼마켓 프레시히포Freshippo(허마셴성)에서는 로봇을 채용하고 있으며, 수적으로 제한적인 미국의 아마존 고Amazon Go 자동화 편의점보다 서비스 지역도 더 광범위하고 앞서 있다.

- 모바일 결제: 오늘날 중국은 현금이 필요 없는 사회다. 위챗페이

와 알리페이가 이끄는 중국의 모바일 결제 시장은 이미 미국의 신용카드와 직불카드 사용량을 넘어섰다.

- 핀테크Fintech: 알리바바 계열사인 앤트 파이낸셜은 빅데이터와 머신 러닝machine learning 기술을 활용해 금융시장 펀드와 대출, 보험, 모바일 결제, 재산 관리, 블록체인blockchain 서비스를 장악하고 있는 원스톱 금융 서비스 거인이다.

- 사회적 신용Social credit: 새롭고 논란이 많은 중국의 사회적 신용 시스템은 기술적 감시를 통해 시민의 신용도를 평가하고, 대출과 직업, 학교, 여행에 대한 접근성 등을 결정하는 데 사용할 수 있는 등급을 부여함으로써 체제에 순응하도록 부추긴다.

- 공유 경제: 수많은 스타트업이 공유 자전거, 공유 배터리 충전기, 공유 우산, 테이크아웃 키친 등 중국에서 고안된 비즈니스 모델을 보급하고 있다.

- 라이브스트리밍Livestreaming: 바이두의 넷플릭스를 닮은 아이치이iQiyi와 디지털 엔터테인먼트 혁신 기업 와이와이YY 등 동영상 스트리밍 사이트가 붐을 이루며, 이들 사이트에서는 온라인 유명인이 만들어지고, 이들에게 푹 빠진 시청자들이 가상 선물을 보내고 있다.

- 가상현실: 중국 도시 전역의 아케이드는 미국의 유원지처럼 붐비며 영화 관람권 가격에 가상현실 탈출 게임을 제공한다.

- 전기 자동차: 풍부한 자금을 바탕으로 자율주행 능력과 내장형

중국이 세계를 지배하는 날

엔터테인먼트 앱 등 모든 기능을 갖춘 전기 자동차를 생산하고 있는 니오와 샤오펑 모터스Xpeng Motors 등 중국 전기차 제조업체들이 청정에너지 주행을 촉진하고 중국을 전기차의 디트로이트로 만들고자 하는 중국 정부로부터 보조금 지원도 받고 있다. 중국은 이미 세계 최대 전기차 제조와 판매국으로 떠올랐다. 중국 신에너지 자동차 업체 수십 곳이 실리콘 밸리에 연구소를 설립해서 차세대 전기 자율주행차 연구개발을 한 단계 끌어올렸다.

• 소셜 커머스: 사용하기 편리한 핀뚜어뚜어로 쇼핑객들은 모바일에서 상인들로부터 직접 구매하고, 할인 쿠폰과 경품권을 받고, 소셜 네트워크로 연결해서 공동 구매 할인도 받을 수 있다.

지난 10년 동안 주로 서구의 연금 기금과 기부금, 패밀리 오피스family office(초고액 자산가들의 자산 배분, 상속·증여, 세금 문제 등을 전담해 처리해주는 업체-옮긴이), 재단 등에서 조달되는 풍부한 벤처 자금이 중국의 엄청난 기술 발전의 강력한 원동력이 되어왔다. 자금 조달 규모와 기업공개IPO, 거래 및 투자 실적 기록이 계속 경신되고 있다(8장 참조). 2012년부터 210억 달러의 자금을 조달한 중국 최대 승차 공유 업체 디디추싱Didi Chuxing은 2016년 350억 달러라는 엄청난 거액을 들여 경쟁사 우버 차이나Uber China를 인수합병하기에 이르렀다. 몇몇 중국 기술 유니콘도 블록버스터급 기업공개를 기록했다. 중국 스마트폰 제조사 샤오미는 시가총액이 540억 달러에 달하고, 식품 서비스 앱 메이투안Meituan은 510억 달러를 유치했으며, 쇼핑 앱 핀뚜어뚜어는 아무것도 없이 시작해서 뉴욕 증시 기업공개로 240억 달러를 조달하는 데 3년밖에 걸리지 않았다.

더 많은 중국 기술기업의 기업공개가 예상되고, 투자자들은 이를 간절히 기다리고 있다. 벤처 투자자들은 이들 기술 거인의 상승 뒤에서 2013년 알리바바에 투자한 800만 달러의 투자 수익에 30배나 되는 막대한 부를 축적해왔다. 알리바바 주식 투자자들은 이 회사가 2014년에 상장된 이후 자신들이 투자한 돈을 두 배로 늘렸다. 중국의 기술 엔진이 속도를 올리면서 더 많은 부가 계속 창출될 것이다.

중국 기술 붐의 최전방에는 중국 내수시장에서 성장한 BAT로 알려진 기술 거인 바이두와 알리바바, 텐센트가 있다. 이들은 중국에서 검색과 전자상거래, 소셜 미디어, 그리고 게임을 소유하고 있으며, 폭넓은 기술 경제 분야에서 혁신의 바람을 일으키고 있다. 그리고 이들 바로 뒤에는 예컨대 인공지능 기반 뉴스 제공 앱 터우탸오Toutiao와 비디오 앱 틱톡, 슈퍼 앱 메이투안-디엔핑Meituan-Dianping, 승차 공유 및 차량 호출 업계 리더 디디Didi, 스마트폰 제조사 샤오미, 그리고 인공지능과 전기차, 드론 등 다양한 분야의 유망 기업들이 또 다른 중국을 창조하는 그룹을 형성하고 있다. 중국 기술 대기업들은 강력한 힘을 원한다. 이들은 여러 종류의 사업을 인수합병해서 한 지붕 아래 통합하는 등 초대형화를 이루고 있다. 최근 한 주요 거래에서 메이투안은 중국 자전거 공유 스타트업인 모바이크Mobike를 27억 달러라는 거액에 인수해 자신들의 서비스에 더 많은 배송 옵션을 추가했다.

중국이 세계를 지배하는 날

기업 인수 열풍

이러한 중국 시장 위주의 기술 대기업들의 다음 추진 목표는 세계화다. 중국 기술 거인들은 전 세계 유수의 기술 허브에서 스타트업과 첨단 신흥 기업에 투자하거나 이를 인수하고, 샌드힐로드 벤처캐피털 유닛을 형성하고, 공학 분야 인재가 풍부한 대학 주변에 연구개발 그룹을 만들고, 소프트 파워soft power(군사력이나 경제제재 등 물리적으로 표현되는 힘인 하드 파워에 대응하는 개념으로, 정보과학이나 문화, 예술 등이 미치는 영향력-옮긴이)를 가지기 위해 할리우드 영화 제작에 눈을 돌렸다.

이런 해외 진출에서 2010~2018년 미국 기술기업에 대한 중국의 투자는 우버Uber와 리프트Lyft, 매직리프Magic Leap 등 가장 매력적인 미국 스타트업 관련 대형 거래에 힘입어 514억 달러에 달했다. 최근 부채 비율이 과다한 고액 거래에 대한 중국 정부의 단속과 미국의 규제 때문에 이런 투자가 제한되었다. 하지만 혁신 엔진은 계속 돌아가고 있으며, 실리콘 밸리와 중국의 벤처캐피털도 이를 뒷받침하기 위해 자금을 지원하고 있다.

규제 강화와 불확실성의 여파로 중국의 기술 거래 업체들은 미국에서 아주 전략적인 소규모 거래로 전환하고 있으며, 국제적으로 더 환영받는 다른 시장으로 눈을 돌리고 있다. 중국의 기술 거인 바이두와 알리바바, 텐센트는 미국에서 창업 국가 이스라엘과 동남아시아로 전환하고 있다. 이들은 이곳에서 중국에서 이룬 성공을 되풀이할 가능성이 있다. 또 혁신의 붐이 일어나고 있는 이곳에서 미국에 앞서 유리한 위치도 점하고 있다.

동양과 서양으로 힘이 분산되다

미국이 위대한 미국 재건을 위해 애쓰는 동안 국가가 주도하는 중국의 국수주의적인 현대화 추진도 나름의 갈등을 겪고 있다. 중국 문화는 더욱더 적극적이고, 자신만만하고, 공격적으로 변했다. 나는 스트레스 수준이 점점 높아지고 있음을 알아챘다. 나는 중국에서 누군가가 울음을 터뜨리는 사람을 때리면서 강제로 택시에 태우는 광경을 목격했다. 비행기가 이륙하기 위해 활주로를 달리는데도 스마트폰을 끄지 않는 승객들을 본 적이 있다. 나는 건설 노동자들이 다친 노동자를 건물 공사장에서 끌고 나가 진흙탕 속에 방치하는 광경을 지켜보았다. 중국의 자동차 공유 서비스에서는 살인과 강간 사건이 발생했다. 이는 수년 전 아름다운 달빛이 비치는 중추절Mid-Autumn Festival 밤에 인산인해를 이룬 상하이의 난징 로드Nanjing Road(우리의 명동 거리에 해당하는 차 없는 거리-옮긴이)를 거닐던 내가 기억하는 조화로운 중국의 모습이 아니다.

경종 울리기

현상을 타파하기 위한 중국의 대대적 개혁은 서방의 재계 리더들과 정책 입안자들에게 경각심을 불러일으키고 있다. 중국의 기술 영향력과 힘은 날로 커지고 있다. 위대한 미국 재건이라는 슬로건은 기술 자급자족을 달성하고 중요한 기술 분야에서 세계 시장을 지배하는 제조 초강대국이 되기 위해 야심 차게 계획한 중국의 정책과 배치된다.

실리콘 밸리의 계속된 세계 지배가 위태롭다. 아직도 모든 사람이 실리콘 밸리에서 기술과 벤처캐피털에 몰두하고, 실리콘 밸리의 성공 비결을 배운다. 귀중한 기술을 찾아 모두가 중국에 가는 것은 아니다. 하지만 미국은 현실에 안주할 여유가 없다. 세계 최강국을 위협하는 신흥 강국의 부상이 기술 냉전으로 이어지지 않기를 바랄 뿐이다.

2장

바이두, 알리바바, 텐센트의
폭발적인 성장

BAT의 기반 기술

상하이에서 들렀던 알리바바 소유 슈퍼마켓은 내가 거주하는 뉴욕 시 인근의 홀푸드Whole Foods 슈퍼마켓을 구식으로 보이게 한다. 알리바바의 이 미래형 슈퍼마켓에는 현금 결제나 계산원, 계산대 앞에 늘어선 줄 따위는 없다. 전부 디지털화돼 있다. 결제는 얼굴인식용 디지털카메라가 장착된 무인 계산대에서 알리페이 모바일 앱으로 하면 된다. 당신이 주문한 식료품은 포장되어 머리 위로 매장을 가로지르는 컨베이어 벨트에 실리고, 반경 3km 구역은 스쿠터로 30분 이내에 배달된다. 대화형 디지털 화면이 설치된 통로에서 각 식품의 성분과 원산지를 확인할 수 있다. 전자 잉크e-ink로 표시된 가격표의 가격 정보는 와이파이 연결을 통해 자동으로 바뀐다. 매장 안 식당에서는 매일 공수되는 신선한 농산물과 해산물로 조리된 음식을 맛볼 수 있다. 이 식당에서는 로봇이 트랙을 따라 이동하면서 신선하게 조리된 식사를 칸막이 된 객실 테이블로 직접 가져다준다.

알리바바는 중국의 주요 도시에 무인 시스템으로 운영되는 신선식품 판매장 프레시히포를 100군데 이상 열었고, 더 많은 점포를 계획하고 있다. 미국에서는 아마존이 자체 전자 판매e-retailing와 배송 서비스로 따라잡으려고 애쓰지만, 서비스 범위가 그다지 넓지 않고 디지털화도 지지부진한 상황이다. 소규모 무인 편의점인 아마존 고는 상품 선택 폭이 훨씬 좁고, 미국 10대 도시에서만 영업한다. 홀푸드의 식료품 배달은 2시간이 걸리고, 이마저도 선별된 몇몇 도시로 제한돼 있으며, 무료 서비스는 아마존 프라임Amazon Prime 회원(반복 이용 우량 고객)에게 국한된다. 아마존 고나 홀푸드 어느 쪽에서도 중국의 알리바바 슈퍼마켓에서 본 신기술은 찾아볼 수 없다. 이는 여기 중국에는 디지털 미래가 이미 도래했지만 미국은 뒤처졌음을 보여주는 한 예에 불과하다.

오늘날 알리바바는 바이두, 텐센트와 더불어 BAT로 알려진 중국의 3대 기술기업의 하나로 두드러지는 기업이다. 첫머리 글자를 따서 FANG으로 불리는 미국의 페이스북Facebook, 아마존Amazon, 넷플릭스Netflix, 구글Google과 마찬가지로, 중국에는 검색엔진의 바이두Baidu와 전자상거래를 주도하는 알리바바Alibaba, 게임과 소셜 네트워킹을 지배하는 텐센트Tencent가 있으며, 세 기업 모두 인공지능 분야에서 유리한 위치를 선점하고 있다. 이들의 성공은 근면성과 야심, 풍부한 인재와 자본, 그리고 중국에서 새로 부흥하는 창업 시장에서 홈팀이 라는 이점 등에서 비롯되었다. 혼란스럽고 경쟁이 치열한 중국 시장 에서 이 디지털 혁신자들은 차세대 신사업을 추구하고, 훌륭한 특징 을 가진 신제품과 비즈니스 모델을 만들어 서구 세계의 관심을 끌고 있다. 이들은 전 세계에서 자신들의 앞길에 놓인 난관들을 돌파하고 있다.

알리바바 로고

'열려라, 참깨Open Sesame'라는 명령 이 연상되는 이름을 가진 알리바바 는 카리스마 넘치는 리더인 잭 마Jack Ma(마윈)와 그의 소중한 자산인 전자 상거래로 널리 알려져 있다. 이제 BAT 세 기업은 중국 밖에서 그 거대한 힘과 영향력을 점점 더 인정받고 있다. 이들은 첨단 기술 혁신이라는 강력한 터보 엔진을 장착하고 2035년에 5배인 16조 달러에 이르는 거대한 경제 규모를 목표로 하 는 중국 디지털 경제의 선봉에 서 있다. 이들은 중국 소비자들이 네 트워크로 연결하고, 교류하고, 쇼핑하고, 결제하고, 먹고, 여행하고, 투자하고, 대출받고, 자신들의 건강 상태를 관찰하는 방법을 바꾸고 있다. 미국의 혁신가들도 촉각을 곤두세우고 이들을 주목하기 시작 했다.

BAT는 양쪽 세계의 최고 장점을 취한다. 이 세 회사는 해외 경쟁 에도 거의 노출되지 않고 국내시장에서 중국 정부의 보호를 받으면서 규모를 키우고, 기업공개를 통해 서구 자본시장의 문을 두드렸다. 그리고 이렇게 해서 조달한 자금을 수십억 달러의 기업 인수와 많은 유망 혁신 기술기업 투자를 통해 몸집을 불리는 데 사용하고, 실제로 실리콘 밸리를 가능하게 하는 원동력에 대한 지식을 얻는 데 많은 수업료를 내고 있다. 이들은 빠르게 진행되는 중국의 디지털 문화에 맞춰 혁신하고 있으며, 이러한 방식이 서구 사회로도 서서히 스며들고 있다. 날로 비대해지는 이들의 규모와 승자독식의 강력한 추진력이 미국 기술 산업과 미국 소비자들에게 큰 영향을 미치고 있다.

요컨대 바이두와 알리바바, 텐센트는 실리콘 밸리 기업들이 앞으로 수십 년 동안 세계 기술 경제를 지배하게 되리라는 오랜 염원과 가정을 뒤집고 있다. 이들은 다음과 같은 앞서가는 다섯 가지 주요 전략에 따라 첨단 기술 붐을 주도하고 있다.

- 첨단 기술 스타트업 낚아채기
- 밤낮으로 활기찬 혁신 엔진이 멈추지 않고 돌아가게 하기
- 세계적으로 잠재력이 큰 기술 허브로 성장하기
- 인공지능과 빅데이터, 원격의료, 자율주행, 얼굴인식, 모바일 결제와 대출, 디지털 엔터테인먼트 분야에 진출하기
- 몸집을 불리고 경쟁력 있는 침입자를 차단하기 위해 거대한 기업 생태계의 많은 기술 분야에서 방어망 구축하기

BAT의 CEO들

이런 공격적인 전략을 자세히 살펴보기 전에 이 세 테크 타이탄 Tech Titans(기술 산업 거인-옮긴이)이 어디까지 왔는지 다시 한 번 간략하게 정리해보자. 지난 10년 동안 중국 대기업들이 세계에서 가장 크고 가치 있는 기업들의 최상위 계층에 진입했다. 이들은 종종 삼성, LG, 현대 등 한국 재벌과도 비교된다.

중국 테크 타이탄들은 수년간 두 자릿수 성장률을 기록했으며, 이런 성장 속도는 계속 빨라지고 있다. 중국 정부가 구글과 페이스북, 트위터를 금지하고 아마존, 이베이, 야후, 마이스페이스MySpace 등의 중국 시장 진출 노력이 중국 정부의 규제와 자국 인터넷 기업에 대한 지원이라는 벽에 부딪힌 덕분에 미국 기업들과의 경쟁을 피할 수 있었기 때문이다.

디지털 차이나가 처음 시작된 2000년 이후 엄청난 진전이 있었다. 그리고 이는 바이두의 로빈 리Robin Li, 알리바바의 잭 마, 중국어로 말馬을 뜻하는 그의 성에서 유래해 포니 마Pony Ma로 알려진 텐센트의 마화텅 등 BAT CEO들의 선견지명과 지도력 덕분이다. 이들이 이렇게 많은 것을 이렇게 빨리 이루고, 이렇게 오랫동안 세력을 유지하리라고는 상상하기 힘들었다. 이들은 1960년대와 1970년대에 걸쳐 중국 경제를 거의 파괴했던 문화대혁명 이후 1세대 기업가들 가운데 슈퍼 영웅으로 여겨진다. 나중에 전 중국 최고 지도자 덩샤오핑이 추진한 개혁으로 중국이 사회주의 시장경제(중국이 표방하는 새로운 체제 이론으로, 사회주의 근간을 유지하면서 국가 경제 운용에 자본주의 기법을 도입하

중국이 세계를 지배하는 날

는 경제체제-옮긴이)로 개방되면서 부자가 되는 것을 영예로운 일로 받아들이게 되었기 때문이다.

세 창업자 모두 약 20년 전 미국의 닷컴 거품이 꺼진 직후에 창업했다. 이들은 처음에 모방을 통해 세계에서 가장 부유한 갑부 대열에 합류했다. 바이두의 과묵한 검색 전문가 로빈 리는 미국으로 건너가 컴퓨터과학 석사학위를 받고, 다우존스Dow Jones와 디즈니Disney 소유 검색 회사 인포시크Infoseek에서 일하다가 귀국해 중국에서 100억 달러의 재산을 모았다. 그는 노골적으로 구글을 따라 해서 중국 시장을 제패했다. 영어 교사였던 알리바바의 정력적인 리더 잭 마는 통역사로 미국에 여행 가서 우연히 인터넷을 발견하고 기업가적 본능을 발휘해서 400억 달러의 재산을 벌었다. 그가 알리바바 그룹에서 운영하는 오픈 마켓인 타오바오Taobao 쇼핑 사이트는 다분히 의도적으로 이베이를 본떠서 만들었으며, 파괴적인 가격 정책과 인스턴트 메시징 등 지역 특화된 기능으로 중국 이베이를 제쳤다. 중국 남부에서 태어나 교육받은, 언론 노출을 꺼리는 엔지니어 출신인 텐센트 CEO는 '숨어서 공격할 때를 기다리는 전갈'에 비유되는 440억 달러의 재산가다. 그의 인스턴트 메시징 서비스 큐큐QQ는 이스라엘에서 만들어졌고, 미국 인터넷 회사 AOLAmerican Online, Inc에 인수되었다가 나중에 다시 러시아 최대 인터넷 회사인 메일닷알류Mail.Ru에 인수된 아이씨큐ICQ(당신을 찾는다는 I Seek You의 약어로, 세계 시장 점유율 1위의 인터넷 메시징 시스템-옮긴이)에 기반을 둔 것이다.

오늘날 중국의 기술 대기업들은 복제를 일삼던 과거를 뒤로하고,

기술 분야에서 폭넓고 깊이 있는 세력 기반을 유지하고 있다. 이렇게 세력을 유지하는 데는 많은 골칫거리도 따른다. 기술에 대한 반발과 자신들의 영향력에 대한 끊임없는 도전에 직면하고 있는 마크 저커버그, 제프 베조스, 래리 페이지Larry Page 등 미국 기업가들과 마찬가지로 중국의 리더들도 사생활 문제와 위조 혐의, 자신들의 가장 중독성이 강한 제품(게임)에 대한 규제, 경쟁적 위협 등 자신들을 약화시킬 수 있는 벅찬 문제들에 직면해 있다.

바이두는 10년 전 중국의 선두 검색 기업을 제압하지 못했던 구글이 중국 시장에 재진입할 가능성에 직면해 있다. 자율주행차와 얼굴 인식 결제를 앞세워 인공지능의 미래를 선점하려는 바이두의 노력은 자사의 인공지능 부분을 주도하던 전문가 두 명이 잇달아 퇴사하고, 스마트시티 교통 관리의 알리바바, 의료 영상 및 진단 도구의 텐센트, 그리고 신원 확인과 보안용 인공지능 기반의 얼굴 대조 기술을 보유한 스타트업 센스타임SenseTime과 페이스++Face++ 등 경쟁 업체가 이 분야에 끼어들면서 불투명한 상황이다.

알리바바의 전자상거래 주도권 역시 소셜 커머스 업체인 핀뚜어뚜어의 할인 판매 상품과 경품, 소셜 커뮤니케이션 기능, 게임 등을 결합한 슈퍼 앱의 도전을 받고 있다. 알리바바는 또한 거대 인터넷 사이트인 징동닷컴 등 텐센트가 후원하는 전자상거래 경쟁자들과도 싸워야 한다.

텐센트는 위챗을 다기능 슈퍼 앱으로 만들었지만, 새내기 기업 틱톡이 장악한 쇼트 비디오 현상을 놓친 기업가 정신과 창의력을 되찾아야 한다. 텐센트는 중국 정부의 규제에 휘말린 주력 사업인 게임도 다시 시작해야 한다. 내가 금세기 초에 중국의 젊은 기술 리더들을 처음 만나 인터뷰했을 때, 이들은 이제 막 실리콘 밸리의 신비로운 마법을 알기 시작했고 실적도 거의 없었다. 이들은 자신들의 비즈니스가 이렇게 빨리, 이렇게 복잡해질 줄은 거의 몰랐다. 물론 나도 마찬가지였다.

중국 기업은 브랜드 이미지를 어떻게 쌓아가는가?

중국의 3대 기술회사가 미국의 FANG과 어깨를 나란히 하며 자신들의 길을 개척하고 있다. 이들은 여전히 구글, 아마존, 페이스북보다 규모는 훨씬 작지만 아주 빠르게 성장하고 있다. 이렇게 빠른 속도로 계속 성장하면 중국의 BAT는 언젠가 미국 기업에 필적할 것이다. 표 2-1에서 보면, 중국의 3대 기업은 이미 세계에서 가장 가치 있는 상장 기업에 속한다. 바이두의 시가총액은 약 600억 달러로 뒤처져 있지만, 텐센트와 알리바바는 모두 약 4000억 달러 언저리로 아마존과 애플, 마이크로소프트, 알파벳, 페이스북 등과 함께 상위 10위 안에 든다.

중국의 게임 체인저들은 서구에서 아직 가정이나 사무실, 차량, 스크린 등에 구현하지 못한 많은 차세대 기술로 빠르게 혁신하고, 이러한 기술에 투자하고 상용화하고 있다. 이 기술 거인 중 어느 한 곳도 곧 자신들이 차지하고 있는 지위에서 탈락할 것 같지는 않지만, 이들은 계속 변화를 모색하고 있다. 중국 기술력의 소용돌이가 점점 더

표 2-1
중국 BAT와 미국 기술 리더 비교

	2017 매출	성장률	2018 매출	성장률
바이두	130억 달러	+20%	149억 달러	+28%
알리바바	399억 달러	+58%	540억 달러	+43%*
텐센트	364억 달러	+56%	456억 달러	+32%
알파벳	1109억 달러	+56%	1368억 달러	+22%
아마존	1779억 달러	+31%	2329억 달러	+31%
페이스북	406억 달러	+47%	550억 달러	+38%

* 예상 매출
자료: 연차보고서, 회사 보도자료

BAT의 A와 T에 해당하는 공격적인 알리바바와 텐센트를 중심으로 돌고 있으며, B인 바이두는 더 큰 경쟁자들에게 설 자리를 빼앗기고 있다. 새로운 B가 모습을 드러내고 있다. 세계에서 가장 가치 있는 유니콘 기업(기업 가치가 10억 달러 이상인 스타트업 기업을 전설 속의 동물인 유니콘에 비유하여 지칭하는 말-옮긴이)인 바이트댄스가 바로 그 주인공이다. 바이트댄스는 세계적으로 인기 있는 비디오 앱인 틱톡과 새로운 비디오 메시징 앱을 가지고 텐센트와 겨루고 있다.

승자독식의 이 경쟁에서 알리바바와 텐센트는 모바일 결제와 메시징, 모바일 상거래 분야에서 자주 격돌한다. 가맹점들이 더 빠르고, 더 스마트하고, 더 생산적으로 되도록 하는 온라인 서비스의 대가 알리바바는 업무용 메시징 앱인 딩톡DingTalk으로 텐센트의 영역인 소셜 네트워킹 분야로 진출하고 있다. 디지털 콘텐츠와 엔터테인먼트의 선두주자인 텐센트는 위챗 미니 숍을 출시하며 알리바바의 본거지인 전자상거래 분야에서 활약하고 있다. 바이두는 이 경쟁에서 멀리 벗어나 자율주행용 인공지능, 그리고 조명과 스피커용 스마트홈 기기에 주력하고 있다.

새로운 경쟁자들이 중국의 BAT가 실수라도 하면 바로 덤벼들 태세를 취하고 있다. 하지만 이들의 리그에 침투하기는 쉽지 않을 것이다. 중국의 배타적인 네트워크 효과Network Effect(어떤 재화의 수요자가 늘어나면 그 재화의 객관적 가치, 즉 재화 이용자들이 느끼는 가치도 더불어 변하게 되는 효과-옮긴이)도 실리콘 밸리 못지않기 때문이다. 이른바 페이팔 마피아PayPal Mafia(전자상거래 프로그램인 페이팔 출신의 벤처기업가, 투자가들을 일컫는 말-옮긴이)와 비슷하게 BAT의 CEO 3인방과 이들의 동창들이 중국 벤처 투자의 42%와 중국 최고 스타트업 5개사 중 하나를 대표하고, 중국 스타트업 자금의 30%를 차지한다.

중국 따라 하기

중국의 거친 기업 환경은 기업가들을 강하게 단련시키고, 새로운 아이디어를 빨리, 그리고 제일 먼저, 종종 미국 기업보다 먼저 시장에 내놓도록 강요한다. 그러다 보니 이제는 미국 기업이 중국 기업을 모방하기에 이르렀다. 특히 페이스북은 실마리를 찾기 위해 중국을 연구해왔다. 페이스북은 자사의 소셜 미디어 사이트를 뜯어고치고, 수년 전에 위챗이 개척한 혁신과 유사하게 개인 메시징과 그룹 채팅, 결제를 통합했다.

페이스북은 빨간 봉투에 돈을 넣어 가족과 친지에게 주는 중국의 전통적인 관습을 디지털화한 아이디어가 빠르게 수용되는 것을 보고, 자사 고유의 디지털 선물 기능을 시범 서비스했다. 페이스북은 또한 쇼트 비디오 앱 '라소Lasso'를 다시 출시했는데, 중국 기술계에서는 이를 중국 바이트댄스가 만든 틱톡을 '100%' 복제한 것으로 생각했다.

알리바바와 텐센트가 주도하는 9조 달러 규모의 엄청난 중국 모바일 결제 시장은 미국보다 훨씬 앞서 있다. 중국에서는 약 9억에 달하는 거의 모든 사람이 스마트폰에서 물건을 고른 뒤 은행과 신용카드 수수료 없이 모바일 지갑, 알리페이나 위챗페이로 즉시 결제한다. 중국에서 현금은 이제 과거의 유물이다. 미국에서는 현금과 수표, 우편환, 신용카드와 직불카드가 아직도 흔히 사용되고 있으며, 애플페이와 구글페이 등 모바일 결제는 아직 주류가 아니다. 알리바바와 텐센트의 우세를 고려할 때, 지금 미국 금융 기업이 중국 시장에 진입하는 것은 좋은 생각이 아니다. 구글 앱스토어는 차단됐고, 애플페이는 CEO 팀 쿡Tim Cook이 중국 내 41개 애플 매장에서 알리페이를 받기로 합의할 정도로 매력이 없다. 마스터카드와 비자는 몇 년 동안 중국에 진입하려고 노력해왔고, 최근 아메리칸 익스프레스가 승인되었지만 아마 너무 늦었을지 모른다. 중국은 PC를 건너뛰어 휴대전화로, 오프라인 소매점을 건너뛰어 전자상거래로 넘어간 것처럼 신용카드도 건너뛰었기 때문이다.

3장

BAT의
세계 지배 프로젝트

인공지능에 사운을 건 바이두

이제 창업 20년이 다 되어가는 바이두는 많은 성장통을 겪고 있다. 이 회사가 세계 최고의 중국어 인터넷 검색엔진에서 멋진 인공지능 기술로 다각화하려고 애쓰는 이유다.

라스베이거스에서 열리고 있는 거대한 가전 전시회 CES는 세계 기술기업들이 1조 6000억 달러 규모의 미국 기술 시장에서 입지를 다지기 위해 자신들의 기량을 뽐내는 곳이다. CES는 오랫동안 아마존, 구글, 마이크로소프트 등 미국 기술기업의 보루였다. 하지만 중국 기업들이 중심 무대를 차지하기 시작했다. 2018년 CES에서 첫 미국 기자회견을 가진 중국 검색 리더 바이두는 화려한 출정식을 벌였다. 이

자리에서 최고운영책임자COO인 루치Lu Qi는 이 회사의 인공지능 기술을 과시하며 바이두가 '중국식 속도로 아주 빠르게 혁신하고 있다'고 자랑했다. 바이두의 인공지능 사업을 키우기 위해 CEO 겸 공동 창업자인 로빈 리가 마이크로소프트에서 고용한 루치는 구글과 경쟁하기 위한 자율주행 기술과 자신이 '중국의 알렉사Alexa'라는 별명을 붙인 듀어OSDuerOS 운영체제 기반의 음성인식 스피커와 램프, 프로젝터 등 최신 제품들을 마케팅하며 돌아다녔다.

몇 달 후 베이징에서 열린 연례 바이두 월드 포럼에서 공동 창업자인 로빈 리는 검색 업계 리더인 이 회사가 본업과 얼마나 동떨어진 쪽으로 사업 방향을 전환하고 있는지를 증명하는 일련의 제품 소개와

듀어OS 기반 스마트 스피커

자료: 미국 아마존 홈페이지

중국이 세계를 지배하는 날

개선 상황을 보여주면서 '인공지능은 할 수 있다Yes, AI do'라는 프로그램 테마로 낙관적인 분위기를 설정했다. 바이두 로고가 새겨진 흰색 셔츠 차림의 로빈 리는 바이두의 최신 인공지능 기술 혁신에 긍정적인 견해를 보였지만, 그가 고용한 스타 루치가 2018년 5월 미국 액셀러레이터 와이 콤비네이터Y Combinator의 중국 지사를 설립·운영하기 위해 CEO 자리에서 물러나면서 자신이 다시 CEO로 경영 일선에 나서야 했기 때문에 낙관적이기는 쉽지 않았다. 그리고 불과 1년 전에는 인공지능의 슈퍼스타 앤드루 응Andrew Ng도 실리콘 밸리에서 새로운 인공지능 임무를 맡기 위해 바이두를 떠난 상황이었다.

로빈 리의 연설이 이어지는 동안 현란한 입체 음향이 흐르는 영상에서는 바이두의 자율주행 신기술, 베이징과 상하이의 스마트 시티 프로젝트, 음성 작동 스피커와 조명 등이 소개되고 있었다. 차이나 월드 호텔China World Hotel의 연회장을 꽉 채운 관중들은 중국 중앙 도시 창사에서 자율주행 택시 100대를 시범적으로 출시하는 계획, 볼보Volvo와 제휴로 규모가 큰 중국 시장을 위한 자율주행 전기차를 개발하는 계획, 중국 대형 자동차 제조업체 제일자동차FAW: First Automatic Works 그룹과 손잡고 자율주행 승용차를 생산하고 2019년 베이징과 중국 동북부 도시 창춘에서 시험을 시작하는 계획 등이 소개될 때마다 크게 환호하며 손뼉을 쳤다.

무대효과로 과장되긴 했지만 바이두의 인공지능 추진 전략이 그리 대단한 도전은 아니다. 이 회사의 본업이고 여전히 가장 큰 수익 창출원인 검색 분야와 마찬가지로 인공지능 기술은 컴퓨터 알고리즘에 의존해서 자율주행차, 음성인식 조명과 스피커 등을 위한 저장 정보와 피드 센서feed sensor를 검색한다.

이제 바이두의 운전석에 다시 앉게 된 로빈 리의 과제는 일상적 운영을 하면서 인공지능과 검색 사업을 최대한 효율적으로 조직하는 동시에 전체적인 비전을 유지하는 일이다. 바이두가 다음에 할 일은 유명 브랜드 바이두 브레인Baidu Brain(바이두의 인공지능 하드웨어 플랫폼-옮긴이), 음성 지원 듀어OS 운영체제 기반의 조명과 스피커, 그리고 사용자가 2억 명이 넘는 스마트폰 충전기, 중국 50개 도시의 일반 도로에서 자율주행차를 테스트할 수 있는 면허를 보유하고 있는 자율주행 기술 아폴로Apollo 등 인공지능 제품군에서 수익을 올리는 것이다.

최근 영업 실적 보고 전화 회의에서 로빈 리는 증권사 애널리스트들에게 아폴로가 '아주 초기 단계'라는 점을 인정하면서도 "인공지능 분야에서 의미 있는 이익을 창출할 수 있다면, 우리가 그 목표를 달성하는 첫 번째 회사가 될 겁니다"라고 말했다. 상하이의 시장조사 업체 퍼시픽 에포크Pacific Epoch의 애널리스트 레이먼드 펑Raymond Feng은 바이두가 2020년부터 자율주행차 기술을 이용해 돈을 벌기 시작하고, 자동차 제조업체와 운전자에게 더 나은 인공지능 서비스를 제공할 것으로 전망한다.

바이두는 핵심 사업인 검색 사업에서 중국 검색 시장의 거의 4분의 3을 장악하고 있다. 거대한 레고 블록처럼 생긴 구조와 은밀하게 숨겨진 사무실 배치가 이 회사의 이미지를 반영한다. 이 회사 로고는 사냥꾼의 표시인 곰 발톱 자국이다. 하지만 바이두의 이 우월적 지위는 BAT 리그의 다른 기업들에 쫓기고 있다. 텐센트의 위챗은 검색 기능을 추가했고, 알리바바는 모바일 검색엔진인 선마Shenma, 그리고 텐센트에서 자금을 지원받고 뉴욕증권거래소에 상장된 검색 업체 소우거우Sogou를 후원하고 있다.

하지만 바이두의 검색 왕국에 가장 심각한 위협은 구글이 중국에 다시 진입할 가능성이다. 바이두는 1990년대 후반 카이푸 리Kai-Fu Lee 사장이 조직 책임을 맡아 많은 도전에도 불구하고 시장 선점에 총력을 기울이던 구글 차이나를 제쳤다. 구글 창업자 래리 페이지와 세르게이 브린Sergey Brin이 2010년 바이두와의 힘겨운 싸움과 중국 웹 검열 우려로 구글을 중국에서 철수시키자 바이두는 중국 검색 시장의 3분의 2를 차지했다. 미국 경력 초창기를 웹 쿼리web query와 링크를 완성하는 데 주력하며 보낸 검색 전문가 로빈 리는 나에게 바이두의 승리 비결을 말해줬다. 우수한 표준 중국어 검색엔진과 질문을 처리하기 위한 커뮤니티 채팅 등 지역 특화된 기능이 승리의 비결이었다. 바이두는 또 처음에는 구글의 유료 검색 비즈니스 모델을 모방하고, 나중에 키워드 기반 마케팅 서비스와 성과급 온라인 광고 등을 통해 중국에서 성공했다.

2018년 여름 구글의 재진입 가능성에 대한 소문이 새어 나오자 로빈 리는 자신의 위챗 계정에 다음과 같은 메시지를 썼다. "구글이 다시 중국으로 돌아오면 우리는 구글을 PK(게임에서 다른 플레이어를 죽인다는 Player Killing의 줄임말-옮긴이)하고 다시 승리할 수 있다고 확신한다."

하지만 이 전투에서 바이두의 승리는 장담할 수 없다. 구글의 재진입 소식이 전해진 직후 중국의 트위터인 소셜 미디어 사이트 웨이보Weibo에서 실시한 인터넷 여론조사에서는 사용자의 86%가 중국 중심인 바이두보다 서비스 범위가 전 세계에 미치는 구글을 선택할 것으로 나타났다.

알리바바의 시작은 미약했다

매년 11월 11일 열리는 알리바바의 대규모 쇼핑 행사는 축제 같다. 쇼핑객들은 온라인 할인 판매에 열광하고, 가맹점들은 타의 추종을 불허하는 판촉 활동을 마음껏 펼치며, 상하이 황푸강을 따라 서 있는 거대한 메르세데스-벤츠 스타디움에 설치된 무대 위에서는 가수들과 무용수들이 공연을 펼치고, 거대한 디지털 배경 화면에는 속속 들어오는 판매 금액이 표시된다. 광군제 또는 싱글스 데이Singles Day로 불리는 이 하루 동안의 온라인 쇼핑 축제는 미국의 주요 쇼핑 축제인 블랙 프라이데이Black Friday와 사이버 먼데이Cyber Monday보다 훨씬 더 규모가 크다. 2018년 나는 10년 전 알리바바가 마케팅 콘셉트로 대중화한 이 싱글스 데이 축제의 막후 모습을 보았다. 알리바바의 2018년 쇼핑 프로모션은 전년 대비 27% 증가한 308억 달러라는 사상 최대 상품 판매 실적을 올렸다. 이는 블랙 프라이데이와 사이버 먼데이가 2018년에 기록한 139억 달러와 아마존 프라임 데이Amazon's Prime Day 쇼핑 행사 매출액 35억 달러를 능가한다.

잭 마와 17명의 공동 창업자가 1999년 잭 마의 항저우 아파트에서

알리바바의 잭 마

자료: Wikimedia Commons

시작한 이 전자상거래 거인은 기업 간B2B 온라인 거래 플랫폼에서 은행과 배달, 소매업 등을 파괴하는 결제와 물류, 인터넷 서비스를 아우르는 테크 타이탄으로 성장했다. 현재 알리바바의 본사는 경치 좋은 시호West Lake로 알려진 도시에 잘 디자인된 건물과 조각품들로 이루어진 현대적이고 널찍한 캠퍼스로, 2006년에 내가 잭 마를 처음 인터뷰했던 칙칙한 사무실보다 훨씬 좋아졌다.

당시 중국의 중소기업을 위한 알리바바의 독창적인 전자상거래 사이트와 이베이의 온라인 경매 형식을 모방한 알리바바의 타오바오는 이제 막 뜨기 시작할 때였다. 하지만 2010년 알리바바가 언론의 호평을 받은 홍보 기술과 무료 고객 명단free customer listing, 손쉬운 반

품 등 그리고 잭 마의 정열적인 리더십에 힘입어 당시 CEO 멕 휘트
먼Meg Whitman이 이끌던 이베이를 누르고 승리하자 갑자기 전 세계가
알리바바를 주목하기 시작했다. 오늘날 타오바오의 월간 모바일 사
용자는 약 7억 명이다. 알리바바의 결제 플랫폼인 알리페이, 클라우
드 컴퓨팅 서비스인 알리클라우드Alicloud, 마케팅 플랫폼인 알리마마
Alimama, 고객 상담용 메신저 알리왕왕Aliwangwang, 그리고 홍보 뉴스
허브인 알리질라Alizila 등 알리바바의 브랜드는 애플 제품군인 아이
폰, 아이패드, 아이튠즈처럼 작명의 극치를 보여주고 있다.

잭 마는 항저우에서 영어 관광 가이드 일을 하면서 세계관을 넓혔
다. 그는 전 세계에 물건을 판매하는 중소기업을 돕는 알리바바의 사
명과 100년 이상 지속하는 것을 목표로 하는 알리바바의 야망에 관
해 이야기하기 좋아한다. 기상천외한 괴짜인 그는 내가 참석했던 항
저우에서 개최된 과거 알리페스트AliFest 축제에서 록스타 마이클 잭
슨 복장을 하고 만화영화 〈라이온 킹〉 주제곡에 맞춰 노래하고 춤췄
다. 확실히 알리바바와 그 주인은 홍보 효과를 극대화하는 방법을 알
고 있다.

알리바바의 잭 마는 수줍음과는 거리가 멀고, 세간의 이목을 즐기
는 인물이다. 트럼프 타워에서 도널드 트럼프 대통령 당선자를 면담
한 첫 글로벌 기업 임원으로 화제가 된 그는 알리바바 전자상거래 사
이트에서 미국 중소기업의 중국 판매를 도와 미국의 일자리 창출에
이바지하겠다고 약속했다. 나는 그가 월도프 아스토리아Waldorf Astoria
호텔의 꽉 찬 연회장 무대에서 뉴욕의 엘리트 경제 클럽 회원들 앞에

서 알리바바를 홍보하는 연설을 들었다. 그는 다보스Davo에서 열린 세계경제포럼The World Economic Forum에서 유명 인사들과 어깨를 나란히 했고, 내가 수천 명 관객의 일원으로 참석했던 이전 알리페스트 축제에 빌 클린턴, 아놀드 슈워제네거, 그리고 농구 스타 코비 브라이언트를 초청했다. 완벽한 영어 실력에 말재주도 탁월한 잭 마는 이제 택시 운전사, 교사, 브로커, 가게 주인 등 누구에게나 인정받고 있다. 이런 그의 모습은 내가 2006년 항저우에서 처음 젓가락처럼 마르고 볼품없는 잭 마를 인터뷰했을 때는 상상하기 어려웠다. 혹은 알리바바의 벤처 투자자이자 설립 파트너인 클라이너 퍼킨스 차이나Kleiner Perkins China의 티나 주Tina Ju가 내게 알리바바가 닷컴 붐과 불황기에 지나치게 사업을 확장했다가 파산할 뻔했던 경위, 그 이후 해고를 통해 경비 지출을 엄격하게 줄이고 해외시장에서 중국으로 복귀해 잭 마의 정신적 리더십과 해결사 사비오 콴Savio Kwan 전 GE 임원의 경영 노하우로 겨우 위험에서 탈출할 수 있었던 사연을 말해줬을 때까지도 그랬다.

알리바바는 개미집Anthill을 건설한다

광대한 알리바바 제국에서 주요 구성 요소는 잭 마의 첫 번째 스타트업을 닮은 검은 개미 모양 로고를 가진 핀테크 거대 기업 앤트 파이낸셜이다. 잭 마는 자신의 첫 번째 중국 스타트업을 코끼리에 대항하는 개미로 묘사했다. 여기서 코끼리는 중국 국영 차이나텔레콤China Telecom을 지칭하는데, 차이나텔레콤은 합작 사업에서 잭 마에게

18만 5000달러를 지급하고 궁극적으로 그의 작은 스타트업을 고사시켰다. 잭 마는 언젠가 나에게 '규모가 작을 때는 머리를 써야 하며', 중국 기업가는 모두 어떻게든 더 커 보이지 않으려고 애쓴다고 말한 적이 있다.

중국에서 야후를 인수하고 이베이를 이긴 것이 충분히 큰 성과가 아니었다면, 앤트 파이낸셜을 통해 핀테크 진출을 노리는 그의 움직임은 지켜볼 만한 도전이다. 잭 마는 2011년 알리페이를 알리바바에서 분사했다. 당시 논란이 많았던 이 조치로 기업 지배구조 기준과 알리페이 손실 보상 방법을 놓고 그는 주요 주주인 야후, 소프트뱅크 SoftBank와 논쟁을 벌였다. 잭 마는 외국인의 결제 서비스 소유를 금지하는 새로운 중국 정부 규정 때문에 분사가 필요하다고 주장했다. 1년 후 야후, 소프트뱅크와 협정이 이루어졌는데, 분사한 알리페이를 공개하거나 매각할 때 두 회사에 재무적 보상으로 지분을 제공할 것을 보장한다는 내용이었다.

알리바바는 2014년 뉴욕에서 초대형 기업공개에 성공한 직후 새로운 금융 서비스 분야에 진출할 목적으로 알리페이의 금융 서비스 사업을 분사하고 앤트 파이낸셜로 브랜드 명을 바꾸고 이미지를 쇄신했다. 그런 다음 2018년 알리바바가 앤트 파이낸셜 지분 33%를 사들이며 다시 들어왔다. 알리바바의 핀테크 계열사 앤트 파이낸셜은 인터넷 기술과 자산 관리 빅데이터, 모바일 결제, 보험, 소액 대출, 금융시장 펀드, 암호화폐를 위한 블록체인 기술 등으로 금융권을 뒤흔들고 있다. 앤트 파이낸셜의 4% 이상 수익을 약속하는 금융시장 펀드 위어바오Yu'e Bao는 2013년 출범 4년 만에 자산 2110억 달러, 계좌 보유자 3억 7000만 명으로 세계 최대 펀드로 올라섰는데, 계좌 개설에 필요한 최소 금액은 15센트밖에 되지 않았다. 그 후 이 펀드의 자산은 중국 규제 당국의 압력과 은행 시장 전반의 구조적 유동성 위험systemic liquidity risk에 대한 우려로 인해 1680억 달러로 축소되었다.

앤트 파이낸셜은 2018년 싱가포르 국부펀드sovereign wealth fund(정부가 보유 외환 등의 자산을 가지고 주식, 채권 등에 출자하는 투자 펀드-옮긴이) GIC뿐만 아니라 미국계 사모펀드 칼라일 그룹Carlyle Group, 실버 레이크 파트너스Silver Lake Partners, 워버그 핀커스Warburg Pincus, 제너럴 애틀랜틱General Atlantic으로부터 기업 가치를 약 1500억 달러로 평가받고, 140억 달러나 되는 엄청난 투자를 받음으로써 비공개 기업으로서 사상 최대 규모의 단일 자금 조달로 다시금 큰 화제가 되었다. 이 알리바바의 핀테크 계열사를 위한 투자 라운드에 참여한 투자자들은 중국 기술 선두주자인 텐센트나 징동닷컴, 메이투안이 지배하는 경쟁사에 더 투자하지 않기로 약속해야만 했다. 이는 중국의 치열한 경쟁과 알리바바의 위력을 잘 나타내는 것이다.

앤트 파이낸셜은 곧 기업공개를 할 전망이다. 만약 그렇게 된다면 이 개미는 뉴욕증권거래소에 상장할 때 기록적인 2300억 달러의 평가를 받았던 모회사 알리바바의 후광을 톡톡히 누리게 될 것이다.

텐센트의 게임 사업

금요일 오후 늦게 높이 솟은 텐센트 선전 사옥 계단과 입구에 한

무리의 젊은이가 모여 있다. 펄럭이는 플래카드와 요란한 음악이 흘러나오는 스피커, 큰 웃음과 대화는 멀리서도 놓칠 수 없다. 마치 거대한 파티처럼 보인다. 직장에 스며든 텐센트의 청년 문화는 새로운 창의적 아이디어를 자극한다. 텐센트의 선전 쌍둥이 빌딩 몇 개 층은 구내식당과 교육훈련장, 그리고 육상 트랙과 농구 코트가 있는 피트니스 센터로 직원들을 위한 공간이다.

텐센트 선전 사옥

자료: Wikimedia Commons

텐센트는 '특급 정보'를 뜻하는 한자 조합에서 그 이름을 따왔다. 텐센트는 그 이름에 걸맞게 사업을 추진해왔지만, 마스코트는 생뚱 맞게도 빨간 스카프를 두르고 윙크하는 펭귄이다. 중국에서 다용도 메시징 앱 위챗으로 가장 잘 알려진 텐센트는 소니Sony나 액티비전 블리자드Activision Blizzard, 닌텐도Nintendo보다 큰 세계 최대 비디오 게임 회사이기도 하다. 텐센트의 엔터테인먼트와 커뮤니케이션 부문은 디즈니나 타임워너Time Warner와 견줄 수 있지만 더 디지털화돼 있고, 비디오와 음악, 게임, 소셜 네트워킹, 콘텐츠 분야로 더 다각화돼 있으며, 결정적으로 많은 작품이 중국어로 돼 있다. 텐센트는 지난 20년 동안 로스앤젤레스와 뉴욕으로부터 멀리 떨어진 중국 남부에 기술 기반을 구축했다.

1988년 설립된 텐센트는 민첩한 기업 인수와 스타트업 투자, 유기적 성장으로 세계적인 기술 리더로 발돋움했다. 비평가들은 텐센트가 인수에 너무 지나치게 의존하고 스타트업을 짓밟는다고 비판한다. 이렇게 큰 회사에서 창의성의 불꽃을 유지하기란 쉬운 일이 아니다. 텐센트는 이런 쉽지 않은 도전을 시도하고 있다. 15초짜리 쇼트 비디오 클립을 빠르게 선점한 틱톡이 이 소셜 대기업을 몇 년 차로 제친 이후 텐센트는 2018년 자체 버전 웨이시Weishi를 부활시켰다.

텐센트는 10년 가까이 높은 수익률 성장세를 기록하며 수익의 3분의 1을 게임에서, 4분의 1을 소셜 네트워크 서비스SNS와 디지털 콘텐츠에서 벌어들였다. 중국은 275억 달러 규모로 전 세계 게임 시장의 25%를 차지하는 세계 최대 게임 시장이다. 텐센트는 이런 중국 게임 시장에서 52%를 점유하고 있다. 텐센트는 중국이 미국에 게임을 판매할 수 있으므로 당연히 유리하지만, 미국 기업들은 중국에서 합작회사를 만들어 수익을 나눠야 한다.

텐센트는 2억 명의 플레이어와 2018년 수입 20억 달러에 가까운 다중 사용자 롤플레잉 게임MORPG: Multiplayer Online Role-playing Game(보통 5명 내외의 사용자가 방을 만들어서 함께 스테이지를 돌파하는 방식의 온라인 롤플레잉 게임-옮긴이) '왕자영요Honour of Kings'와 같은 블록버스터 타이틀을 가지고 있다. 하지만 텐센트의 게임 사업은 중국 감독 당국이 중독성 있고 폭력적인 게임을 단속하고 새로운 온라인 게임의 승인을 동결하면서 커다란 난관에 봉착했다. 텐센트는 아이들이 하루 1시간 이상 혹은 오후 9시 이후에 비디오 게임 하는 것을 금지하면서

텐센트의 게임 '왕자영요'

자료: 유튜브 채널 〈Z三疯〉

얼굴인식 기술로 게임 시간을 감시하는 기능을 도입했다.

기업 전반에서 이런 모멘텀을 유지하고 많은 분야에서 경쟁력을 유지하기 위해 텐센트는 자사의 아성인 모바일 결제와 소셜 네트워크, 디지털 콘텐츠와 엔터테인먼트 분야에 초점을 맞추면서 혁신 기술에 대한 투자를 강화해왔다.

콘텐츠 전쟁이 가열됨에 따라 텐센트는 자사 온라인 미디어 플랫폼 전반에서 디지털 음악, 비디오, 도서 등의 포트폴리오를 확대하고 있다. 텐센트는 2018년 디지털 콘텐츠 구독자가 50% 증가해 1억을 돌파함으로써 비교적 새로운 수익원을 찾는 전환점이 되었다.

텐센트는 늘어나는 디지털 콘텐츠 라이브러리를 정리하느라 특히 바빴다. 텐센트는 최근에 텐센트 뮤직 엔터테인먼트Tencent Music Entertainment와 차이나 리터러처China Literature를 분사했다. 홍콩에서 공개해 총 11억 달러의 자금을 조달한 이들은 수익성도 있고 빠르게 성장하는 기업으로, 텐센트의 입지를 넓히고 구독료와 프리미엄 콘텐츠, 온라인 광고 등으로 수익을 창출하고 있다. 중국 최고의 음악 스트리밍 서비스인 텐센트 뮤직 엔터테인먼트는 노래방, 라이브 콘서트, 디제이 믹스DJ Mix, 노래 경연, 추천곡 등의 서비스를 제공한다. 스웨덴의 음악 스트리밍 서비스 스포티파이Spotify와 비교하면 텐센트 뮤직 엔터테인먼트의 월간 이용자는 8억 명으로 스포티파이 이용자의 4배 이상이지만, 유료 가입자는 스포티파이가 8300만 명으로 텐센트 뮤직 엔터테인먼트의 3배다. 이와는 별개로 텐센트 뮤직 엔터테인먼트는 흑자를 내고 있지만 스포티파이는 적자다. 텐센트는 네 가지 음악 앱을 지원하기 위해 유료 구독자나 광고보다는 가상 선물, 그리고 노래방 라이브 스트리밍 위싱WeSing의 콘서트 티켓 예매 등 소셜 엔터테인먼트 서비스를 개척하는 데 더 많이 기대고 있다. 2018년 텐센트 뮤직 엔터테인먼트 매출은 27억 6000만 달러로 73% 증가했고, 순이익은 2억 6700만 달러에 달했다.

텐센트의 차이나 리터러처는 중국 최대 전자책 출판사로 발전해서 영화와 비디오로 각색할 수 있는 콘텐츠의 원천이 되고 있다. 차이나 리터러처는 최근 중국 최강 스튜디오 뉴 클래식 미디어New Classics Media를 22억 5000만 달러에 인수하면서 영화와 TV 업계에서 새로운 세력으로 떠오르고 있다. 차이나 리터러처는 데이터 분석과 고급 알고리즘을 기반으로 온라인 독자들에게 혁신적인 개인 맞춤형 추천 서비스를 하고, 내장된 소셜 네트워크 기능을 활용해 독자들이 화면에서 계속 눈을 떼지 못하고 위챗, 큐큐, 텐센트 뉴스 등 텐센트의 인터넷 서비스에서 배포하는 프리미엄 온라인 콘텐츠에 돈을 쓰게 만든다. 2018년 차이나 리터러처의 매출은 23% 증가한 7억 3400만 달러, 순이익은 64%인 1억 3300만 달러로 집계되었다.

또 다른 긍정적인 요소는 텐센트가 100% 소유하는 넷플릭스 스타일의 중국 최대 스트리밍 서비스인 텐센트 비디오Tencent Video가 구독자 8900만 명을 보유하고, 바이두가 일부 소유하고 있는 구독자 8700만 명의 아이치이와 경쟁을 벌이고 있다는 사실이다. 하지만 어느 회사도 전 세계 1억 4000만 명의 구독자를 확보하고 있는 넷플릭스에는 견줄 수 없다.

디지털 세계에서, 수용성 면에서 텐센트의 대표 주자인 위챗이나 웨이신 Weixin 소셜 네트워크 서비스와 견줄 수 있는 것은 그리 많지 않다. 이 앱 전용 소통 공간에서 매일 1시간 이상 정기적

으로 시간을 보내는 사용자가 10억 명 이상이다. 위챗은 단순 메시징에서 전자상거래와 결제 앱을 결합한 일체형 슈퍼 앱으로 진화하면서 혁신성을 보여왔는데, 이런 일체형 슈퍼 앱은 중국 기술 업계의 추세로 모든 대기업이 대부분 서비스에서 앞다투어 제공하고 있다.

"중국 앱들은 콘텐츠, 소셜 네트워킹, 상거래 분야에서 더 발전했다"라고 GGV 캐피털의 한스 텅 매니징 파트너는 말한다. "위챗, 메이투안, 에러머Ele.me, 디디 등 이른바 '슈퍼 앱'의 부상은 실리콘 밸리와는 다른 앱 설계 모델을 낳았다. 중국은 소비자를 위한 다양한 기능을 하나의 슈퍼 앱으로 묶을 수 있는 생태계를 지향함으로써 다른 개발도상국들에 지역적으로 규모의 경제에 도달하는 다른, 그리고 틀림없이 더 효과적인 접근법이 있음을 보여주고 있다."

위챗은 혁신적인 새로운 미니 프로그램으로도 사용자의 호감을 얻고 있다. 미니 프로그램은 쇼핑, 게임, 라이프스타일 서비스와 결합해서 텐센트를 알리바바의 본거지인 전자상거래 영역에 직접 진입할 수 있게 해준다. 위챗 미니 프로그램은 2017년 1월 출시 이후 2년도 안 돼 애플 앱스토어의 절반 크기인 하루 이용자 2억 명에 도달했다. 200개 서비스 부문에 걸친 미니 숍에서 콘텐츠와 광고, 상거래, 그리

고 위챗 안에서만 접근할 수 있는 판매 제품에 대한 링크가 완벽하게 조화를 이룬다. 이것은 중국에서 나온 새로운 비즈니스 모델로, 중국의 광대한 모바일 세계에서 유래한 이윤 창출의 원천이다.

중국 고객들에게 다가가려는 미국 마케팅 담당자들은 이 미니 프로그램의 매력을 알아본다. 테슬라는 미니 프로그램을 이용해 사용자가 시험 운전 일정을 예약하고, 충전소를 찾고, 자신들의 경험을 공유할 수 있도록 했다. 월마트는 위챗 미니 프로그램 안에서 자체 상품 검색 및 결제 앱을 출시했다.

"위챗은 하나의 기본 운영체제가 되어 또 다른 성장의 물결을 일으키고 있다. 이제 앱은 위챗 위에 구축되고 있다"라고 벤처 투자자 한스 텅은 말한다.

또 다른 전선에서 위챗은 2016년 출시한 오피스 생산성 소프트웨어 제공 앱인 치예 웨이신Qiye Weixin으로 계속 발전하고 있는 중국 기업 시장을 공략하고 있다. 중국에서 사업하는 미국 기업의 경영자들은 종종 그룹 채팅과 일대일 문자 및 화상 통화를 사용하는 중국 동료들과의 내부 의사소통을 위챗에 의존한다. 뉴욕에 기반을 둔 교육 스타트업 욜리Yoli는 강사와 학생들을 연결하는 영어 학습 앱을 자체 앱으로 만들지 않고 위챗 플랫폼에 짜 넣기까지 했다.

위챗의 전성기도 지나갈 수 있다. 중국의 모바일 세계에는 항상 새로운 무언가가 도사리고 있기 때문이다. 더 정확히 말하면, 열정적인 경쟁자 바이트댄스가 위챗에 대항해서 개인 메시징이 내장된 비디오 채팅 앱 둬산Duoshan을 출시했다. 이미 중국 내 깊숙한 곳까지 도달

중국이 세계를 지배하는 날

한 위챗의 성장은 자연스럽게 둔화되고 있다. 세계화는 아마도 힘들 것이다. 전 세계 15억 명이 사용하고 있는, 페이스북 소유의 왓츠앱 WhatsApp이 전 세계 시장에서 자리를 굳히고 있기 때문이다. 거대 시장 인도에서 왓츠앱은 필수 모바일 앱이다. 중국 중심권 밖의 사람들에게 위챗을 써보라고 설득하기는 쉬운 일이 아니다. 위챗으로 문자 메시지를 보내는 것이 어떻게 더 나은지 처음에 알기 어렵기 때문이다. 나는 개인적으로 위챗을 사용하는 것이 괜찮지만, 내 그룹 실리콘 드래건에서는 위챗의 공식 발행 계정에 대한 의견이 엇갈렸다. 이 계정을 미국에서 등록하면 중국에서 접속할 수 없었다. 이 계정을 중국으로 옮기면 설명이 모두 중국어로 바뀌어서 정기적으로 콘텐츠를 만들어 올리기가 너무 어렵고 귀찮았다.

유망주들

BAT가 중국의 초기 인터넷 시절에 창업한 이후 모바일 인터넷에 초점을 맞춘 차세대 그룹이 중국에서 등장했다. 이 그룹은 매우 강력해서 TMD라는 자체 약자를 얻었다. 여기서 T는 인공지능이 추천하는 뉴스를 제공하는 터우탸오Toutiao와 비디오 앱 틱톡TikTok을 말한다. M은 음식 배달 및 서비스 앱인 메이투안-디앤핑Meituan-Dianping 또는 간단히 줄여서 메이투안이다. 메이투안은 중국 인터넷 시대의 가장 위대한 복제왕으로 알려진 왕싱Wang Xing이 미국의 페이스북과 트위터, 프렌즈터Friendster, 그루폰을 모방해서 설립했다. D는 우버를 흡수했던 승차 공유 서비스인 디디추싱Didi Chuxing 또는 간단하게 디디를 말한다. 여기에 나는 전설적인 스티브 잡스를 숭배하는 기업가 레이쥔Lei Jun이 설립한 세계 4위 스마트폰 메이커 샤오미Xiaomi의 X를 추가해서 XTMD라고 했다.

지금까지 선두를 달리는 알리바바와 텐센트, 그리고 그리 많이 뒤지지 않은 바이두가 중국 기술의 진원지로 남아 있다. BAT와 비슷한 시기에 등장한 자금력도 뛰어나고 유리한 위치에 있었던 두 중국계 기업 런런Renren과 당당Dangdang의 애석한 이야기를 고려할 때 이는 꽤 놀라운 일이다. 런런과 당당은 모두 미국 교육을 받고 중국으로 돌아온 경험 많은 기업인들이 창업했으며, 실리콘 밸리 벤처 투자사들의 지원을 받았다. 하지만 두 회사 모두 치열한 경쟁을 벌이고 있는 중국의 디지털 상거래와 통신 시장에서 자신들의 잠재력을 제대로 발휘하지 못했다. 이들은 혁신보다는 모방에 치중하는 잘못을 저질렀고, 둘 다 한꺼번에 너무 많은 사업 분야에 뛰어들면서 초점을 잃었다.

한때 고공 행진하던 중국의 페이스북 런런은 주로 서양 모델을 모방하다가 몰락했다. 스탠퍼드대학에서 공부한 독불장군 창업자 조 첸Joe Chen은 언젠가 나에게 자신의 전략을 설명했듯이 '모든 것을 장악하겠다'는 자신의 약속 실천하기, 즉 신흥 기술 스타트업들의 투자 지주회사 구축에 관심을 쏟았다. 2018년 조 첸은 솜씨 좋게, 실패한 런런의 소셜 네트워킹 사업을 매각하는 데 성공했다. 그리고 유명한 소셜 금융 기업 소파이SoFi를 비롯한 런런의 포트폴리오 회사 투자 중 44개를 분리한 다음 논란의 여지가 있는 거래를 통해 자신을 포함한 런런 공동 설립자들 소유의 비공개 지주회사 오크 퍼시픽 인터랙티브Oak Pacific Interactive 산하에 편입했다. 런런은 현재 중국 중고차 판매 플랫폼, 미국의 트럭 운송 앱, 미국 부동산 시장용 사스SaaS: Software-as-a-Service(서비스로서의 소프트웨어) 사업이 남아 있고, 뉴욕 증시에서 주가는 계속 하락하고 있다.

이와 마찬가지로 한때 온라인 서점 업체로 중국판 아마존으로 불릴 정도로 유망했던 당당과 이 회사 공동 설립자이자 부부인 페기위Peggy YuYu와 리궈칭Li Guoqing도 입지가 흔들렸다. 중국에서 아마존 CEO 제프 베조스보다 한 수 위인 인물이 되기를 바랐던 페기 위는 월스트리트 동향에 밝은 자신의 경험을 살려 (금전 등록기 소리처럼 들리는) 당당 사업을 의류와 장난감, 리넨 제품 판매로 확장하고 2010년 뉴욕 증시에 이 회사를 상장했다. 하지만 그녀는 많은 중국 기업과 마찬가지로 더 높은 평가를 받기 위해 2016년 중국으로 이전하고, 자신의 전자상거래 자회사를 비공개 법인으로 돌렸다. 중국에 돌아온 당당은 온라인 서점에 주력하기 위해 적자를 보던 온라인 상품 부문을 털어내서 중국 대기업 HNA 그룹에 12억 달러에 매각하기로 했다. 하지만 이 매각 계획이 무산되자 다시 그 뿌리를 찾아서 오프라인 점포를 열었다.

전 세계로 서비스 영역 확대?

중국 국내시장에서의 막강한 시장 장악력에도 불구하고 BAT 기업들은 국제적으로는 이제 겨우 힘을 발휘하기 시작하는데, 그것도 더디게 진행되고 있다. 전 세계 총매출액에서 차지하는 비중으로 본

국제화 정도는 바이두가 1%, 텐센트가 5%, 알리바바가 11%로 낮은 수준이다. 더 높은 국제적 인지도를 노린 알리바바는 2018년 평창 동계올림픽의 주요 스폰서로서 중국 밖에서 실시한 첫 기업 광고로 인기를 끌었다. BAT의 미국 경쟁자들은 훨씬 더 국제적이다. 페이스북과 구글은 수입의 약 절반을 해외에서 벌고, 아마존은 3분의 1을 해외시장에서 번다.

미국 시장에 진출하려는 중국의 BAT에는 몇 가지 독특한 도전 과제가 주어진다. 바이두의 검색엔진은 중국어로 작동한다. 2007년 일본어 검색엔진으로 중국과 문자가 비슷한 일본에 진출하려던 바이두는 결국 강력한 국제 경쟁사인 구글과 야후에 밀리면서 2015년 일본 시장에서 퇴출당했다.

잭 마의 목표는 알리바바 매출의 절반을 중국 밖에서 가져오는 것이지만, 미국에 발판을 마련하는 데 애를 먹고 있다. 잭 마는 더 많은 미국 일자리를 만들겠다고 한 트럼프 대통령과의 약속, 알리바바와 계약할 중소기업을 유치하기 위한 디트로이트 박람회 개최 등 화제가 되는 여러 행보를 계속했지만, 미·중 무역 전쟁이 부정적 요소로 작용하고 있다.

텐센트의 위챗은 중국에서 인기를 끌었지만 미국에서는 눈에 띄는 상황 변화를 가져오지 못한다. 내가 사업상 접촉하는 미국과 중국의 중국계 미국인 대부분은 위챗의 유용성을 확실히 인정한다. 하지만 미국 인터넷 사용자의 약 2%만이 며칠에 한 번 정도 위챗에 접속한다. 위챗은 익숙해지는 데 어느 정도 시간이 걸린다. 쉽게 접근할 수 있는 텍스트 이력이 저장돼 있지 않다는 것도 문제다. 그리고 위챗을 사용하는 미국인들은 채팅과 문자는 할 수 있지만, 인기 있는 위챗의 결제 기능은 미국에서 잘 작동하지 않는다. 위챗페이, 그리고 먼 사촌인 알리페이는 현재 다국적 결제 서비스 페이팔PayPal과 스트라이프Stripe와의 제휴를 통해 중국 밖에서 사용 제한 문제를 해결하고 있다. 이들 중국 결제 앱은 중국인 임원과 관광객 또는 중국은행 계정과 중국 신분증을 소지하고 있는 학생들이 주로 사용해왔다.

뚫기 어려운 미국 시장

중국의 주요 기술 혁신자들이 조만간 미국에서 주류를 이룰 것으로 기대하긴 힘들다. 문화적 차이와 브랜드 인지도 부족, 정부 규제 등 장애물이 많다. 중국 제품이 안전하지 않다는 불신도 또 다른 걸림돌이 되고 있다. "세계 진출은 이런 중국 기업들에 길고 힘든 과정이 될 것이다." 뉴욕에 있는 신기술 투자 컨소시엄 코터리Coterie의 CEO를 맡은 중국 전문가 앤 리Ann Lee의 말이다. "미국에서는 중국 브랜드에 대한 신뢰가 부족하다. 이는 심리적이고 감정적인 요인이다."

중국 정부의 단속

바이두와 알리바바, 텐센트가 영향력을 유지하는 데 가장 큰 위험은 이들의 상당한 사회적 영향력과 독점력에 대한 중국 정부의 견제일 것이다. "중국 정부가 이들 기업을 자신들의 권력에 대한 위험 요소로 판단할 때, 중국 정부가 이들에게 어떤 영향을 미칠지가 가장 주목할 대목이다." 중국 경제의 권위자이자 『중국 경제는 무너질까?』Will China's Economy Collapse?의 저자인 앤 리는 이렇게 말한다. "만약 중국 정부가 중국 국내시장에서 이들 기업에 타격을 준다면 이들은 신뢰를 잃을 수 있다. 중국 정부가 이들을 문 닫게 할 수도 있다."

잭 마는 최근 자신을 공산당원이라고 했다. 중국에서 정부와 좋은 관계를 맺는 것은 나쁜 생각이 아니다.

중국 정부는 중국 인터넷 대기업들에 의심스러운 콘텐츠를 정리하라고 압력을 가했다. 바이두와 알리바바, 텐센트는 모두 사용자들이 올린 동영상에 대한 조사를 강화하겠다고 약속했고, 정치적으로 민감한 내용, 포르노, 저속한 농담, 유명인 관련 지나친 가십 기사 등을 삭제하는 데 많은 시간을 할애하고 있다. 텐센트는 대 히트작인 스마트폰 게임 '왕자영요'의 미성년자 비디오 게임 시간을 12세 이하 어린이는 하루 1시간, 13세 이상은 하루 2시간으로 제한하고, 얼굴인식 기술을 활용해서 미성년자를 찾아낸다. 텐센트는 또한 최근에 '왕자영요' 게임에 실명 검증을 시행하기 시작했고, 이를 전체 게임으로 확대할 계획을 세웠다. 애국적인 조처로 텐센트는 2017년 11월 시진핑 중국 국가주석의 공산당 대회 연설에 맞춰 선수들이 겨루는 대전 게임 앱을 출시했다.

개인정보 보호

미국의 기술 리더들과 마찬가지로 중국 테크 타이탄들도 데이터 프라이버시 문제와 개인정보 모니터링에 어려움을 겪고 있다. 사용자

중국이 세계를 지배하는 날

를 자동으로 등록하고 사용자의 개인 소득, 저축, 쇼핑 금액 등에 대해 다른 회사와 제3자에 접근을 허용한 소셜 크레딧 서비스에 대해 대중의 분노가 일자 알리페이 경영진은 공식 사과하고 2018년 초 이 기능을 폐지했다. 중국의 기술 강자들의 미래에 대한 불길한 징조로, 중국 정부가 중국의 트위터인 웨이보와 알리바바 소유의 비디오 사이트 유쿠 투도우Youku Tudou 등 중국의 소셜 미디어 거대 기업들의 경영에 관여하기 위해 소액 지분 소유 문제를 논의했다는 언론 보도가 종종 수면 위로 떠올랐다.

빅3의 미래

바이두와 알리바바, 텐센트의 앞날에는 무엇이 기다리고 있을까? 중국 BAT는 중국 기술혁명의 최전선에 서 있다. 이들은 검색과 전자상거래, 통신 분야의 성숙 사업에서 중국 기술 경제의 큰 부분을 차지하고 있으며 인공지능, 로봇, 핀테크 분야의 첨단 기술에서도 빠르게 움직이고 있다. 중국 3대 기술 대기업들은 중국을 벗어나 미국과 동남아시아 등으로 진출하려는 계획을 야심 차게 추진함으로써 전 세계에서 힘과 영향력을 얻고 있다. 언젠가 곧 바이두와 알리바바, 텐센트는 베이징, 상하이, 선전에서만큼 전 세계 정·재계와 월스트리트에서도 잘 알려질 수도 있다. 이들이 전 세계적으로 페이스북, 아마존, 넷플릭스, 구글과 같은 국제적인 인지도를 갖게 될지는 의문이다. 하지만 10년 전에는 아예 사람들의 관심을 끄는 주제도 아니었다. 용이 깨어났다.

4장

클수록 좋다

지금 50대 중반인 잭 마는 몇 년 전 인터넷 회사를 운영하기에는 자신이 너무 늙었다고 말한 것으로 유명하다. 그는 회장직에서 물러나 매우 성공적인 알리바바의 광군제 쇼핑 축제를 고안한 12년차 베테랑 CEO 다니엘 장Daniel Zhang에게 경영권을 넘겼다. 잭 마는 명목상으로만 최고경영자로 있으면서 순조로운 권한 이양을 위해 점차 다음 리더들에게 권한을 넘겨왔다. 알리바바는 중국에 수출하는 미국 기업인들과 미국에서의 중국인 투자에 영향을 주는 미·중 무역과 기술 전쟁, 지속적인 투자가 필요한 새로운 디지털 소매 환경, 그리고 국내 경쟁사인 텐센트와의 치열한 경쟁 등으로 어려운 시기를 맞고 있다. 중국 기술회사들에 있어서 당면한 과제는 자신들의 사업을 보호하기 위한 방패막이로 전력을 증강하고 침입자들을 패퇴하게 만드는 것이다.

나는 2018년 11월 광군제 쇼핑 축제 기간에 주요 오피니언 리더들을 위한 만찬에서 알리바바의 최고경영자 두 사람을 만났다. 이전에 골드만삭스Goldman Sachs 아시아 사업부를 운영하면서 발전소 건물 거래와 관련해서 은행가로서 잭 마에게 조언했던 마이클 에반스Michael Evans는 국제시장 성장을 이끄는 책임을 맡고 있는 사장이다. 프린스턴대학 출신으로 경험이 풍부한 이 세련된 월스트리트 임원은 뉴욕 쇼핑 거리 5번가와 상하이 난징 로드에 대해 똑같이 소상히 알고 있으며, 알리바바를 좀 더 세계화할 수 있다는 전망에 고무돼 있다.

스웨덴 발렌베르그Wallenberg 가문이 지배하는 투자사 인베스터 ABInvestor AB의 사모펀드 투자 매니저였던 알리바바 공동 창업자 조 차이Joe Tsai는 최고재무책임자CFO에서 부회장으로 격상되어 전략적 인수와 투자를 주도하고 있다. 예일대학 로스쿨 출신이며 스포츠 광으로 샌디에이고 라크로스lacrosse(크로스라는 라켓을 사용해서 하는 하키와 비슷한 구기-옮긴이) 팀을 소유하고 뉴욕 브루클린 네츠 농구팀의 지분을 가지고 있는 조 차이는 알리바바 창업 멤버 중 유일하게 서양 교육을 받은 사람으로, 알리바바의 재무와 법률 시스템을 구축했다. 이들과의 대화를 통해 분명해진 사실은 알리바바가 전자상거래 업계를 제패하는 데는 기업 인수합병과 벤처 투자가 더 중요한 카드라는 사실이다. 잭 마는 이날 만찬에 참석하지 않았다. 그는 토요일 밤에는 항상 중국 정부 당국자들과 만찬을 하기 때문이다.

큰 것이 아름답다

중국의 거대 기술회사들은 '클수록 좋다'는 전통적인 사업 지혜를 따라왔다. 이들은 전략적으로 투자하면서 중요한 일에 빠르게 대처하는 것을 권력을 장악하고 유지하는 철칙으로 삼아왔다. 점점 더 많은 것을 소유하는 것이 첨단 기술 대기업들의 최우선 전략이다. 이들은 의료, 교육, 금융, 생명공학 등 규모가 큰 기술 중심 경제 분야로 진출했다. 베이징과 실리콘 밸리에서 일해온 시노베이션 벤처스Sinovation Ventures의 벤처 파트너인 크리스 에브디먼Chris Evdemon은 "이들은 국내외 여러 분야에 광범위하게 투자하기 시작했다"라고 말한다. "BAT의 관심사가 아닌 기술 분야는 없다."

중국 BAT의 '초대형화' 전략은 예컨대 인스타그램, 유튜브, 왓츠앱, 메신저, 웨이즈Waze, 알렉사, 자포스Zappos, 트위치Twitch 등 자신들의 본업과 핵심 분야에 더 가까운 기업을 인수한 미국의 FANG을 능가한다.

중국 최고의 기술기업들의 목표는 여유 자금을 재투자해서 '거대한 위성 기업군'을 형성함으로써 '자신들의 기반과 영향력을 넓히는 것'이라고 세쿼이아 캐피털의 파트너인 마이크 모리츠Mike Moritz는 말한다. 인수에 중점을 두는 이런 접근법은 주식 환매와 배당금에 훨씬 더 많은 돈을 쓰는 미국 테크 타이탄들과는 다르다고 그는 지적한다.* 마이크 모리츠는 중국 기술 거인들의 규모와 야심에 주목하

　　　　　　　　　　　　　　중국이 세계를 지배하는 날

면서 "우버, 에어비앤비, 스페이스X$_{SpaceX}$가 각광을 받을지 모르지만, 이론의 여지가 없는 금메달 리더들은 중국 기업이다"라고 자신의 견해를 밝힌다.

BAT의 기업 인수 잔치

몇 년 동안 중국의 3대 기술 대기업들은 보석을 얻기 위해 기업 인수 잔치를 벌이고 있다. 2010년부터 2018년까지 바이두와 알리바바, 텐센트는 미국 기술기업에 대한 중국의 총투자 금액 514억 달러의 3분의 2인 335억 달러에 달하는 227건의 기술 거래 계약에 서명했다. 지금까지 가장 욕심을 낸 회사는 146건의 거래에서 257억 달러를 투자한 텐센트이며, 지분의 일부를 소유한 알리페이의 기술 거래 2건을 포함해 53건의 거래에서 37억 달러를 투자한 알리바바와 28건의 거래에서 41억 달러를 투자한 바이두가 그 뒤를 잇고 있다.

중국의 용들은 미국의 일류 벤처 투자 기업 메이필드$_{Mayfield}$와 뉴 엔터프라이즈 어소시에이츠$_{New\ Enterprise\ Associates}$, 사모펀드 회사인 제너럴 애틀랜틱과 칼라일 그룹$_{Carlyle\ Group}$, 기업 전략 투자자 GM과 워너 브러더스$_{Warner\ Brothers}$, 일본의 소프트뱅크 등과 협력했다. 이들은 미국의 승차 공유 선두주자 우버와 리프트, 전기 자동차 제조업체 테슬라, 증강현실 혁신 기업 매직리프 등에 투자했다.

---

* 마이크 모리츠에 따르면, "2015~2017년 미국 5대 기술기업, 특히 애플과 마이크로소프트는 주식 매수와 배당금으로 280억 달러를 썼다. 같은 기간 중국 5대 기술기업은 107억 달러만 쓰고, 여유 자금을 자신들의 영향력을 확대하는 데 투자했다."

이 중국 기술 거인들은 실리콘 밸리의 벤처 투자자들로부터 직접 힌트를 얻었다. 이들은 유망한 스타트업을 찾아 실리콘 밸리를 샅샅이 뒤지고 승자인 구글과 페이스북, 이베이를 뒷받침하던 멘로 파크Menlo Park의 유명한 샌드힐로드 기업들로부터 멀지 않은 곳에 자신들의 사업 근거지를 두었다.

텐센트는 스탠퍼드대학의 본거지로 기술이 풍부한 팰로 앨토Palo Alto의 한 교회를 개조한 건물에 사무실을 열고 부근 캘리포니아 지역으로 근거지를 넓혀왔다. 알리바바는 벤처 투자자 팀 드레이퍼Tim Draper가 실리콘 밸리를 동서로 가로지르는 엘 카미노 레알El Camino Real 국도변에 있는 샌 마테오San Mateo에 설립한 기업가 학교 드레이퍼대학Draper University이 바라보이는 곳에 사무실을 두고 있다. 바이두는 실리콘 밸리 중심부의 첨단 기술 도시 서니베일Sunnyvale에 두 연구소와 인공지능 연구소를 설립했다.

중국의 테크 타이탄들은 앤드리슨 호로비츠Andreessen Horowitz 등 잘나가는 많은 실리콘 밸리 벤처기업과 미국에 공동 투자했다. 앤드리슨 호로비츠는 AOL이 42억 달러에 인수한, 한때 브라우저 업계를 제패한 넷스케이프Netscape의 창업자들이 주요 파트너로 있는 영향력 있는 벤처 투자사다. 캘리포니아의 풍부한 기술 자원을 뿌리 깊이 탐색하는 중국의 빅3 투자자들은 실리콘 밸리에 많은 돈을 투자하고, 거대한 중국 시장에 진입할 수 있게 해주는 프리미엄 바이어로 여겨져 왔다. "이들은 최고를 선택할 수 있다." 팰로 앨토에 본사를 둔 투자 은행 윌리엄스 캐피털 어드바이저스Williams Capital Advisors의 설립자 겸 CEO인 데이비드 윌리엄스David Williams의 말이다. "이들은 벤처 투자자의 관점에서 빠르게 움직이기 때문이다."

할리우드의 소프트 파워를 장악하라

중국의 테크 타이탄들은 캘리포니아와의 러브 스토리에서 할리우드를 빼놓지 않았다. 한때 젯 리Jet Li(이연걸)와 함께 쿵후 영화에 출연했던 알리바바의 잭 마는 영화를 제작해서 중국으로 수입하기 위해 스티븐 스필버그Steven Spielberg의 영화 그룹인 앰블린 엔터테인먼트Amblin Entertainment와 손잡았고, 할리우드와 중국 엔터테인먼트를 연결하는 거점으로 알리바바 픽처스Alibaba Pictures를 만들었다. 텐센트는 캘리포니아 남서부 도시 버뱅크Burbank에 자리 잡은 스튜디오 STX 엔터테인먼트를 후원했고, 딕 클라크 프로덕션Dick Clark Productions과 손잡고 골든 글로브Golden Globes와 빌보드 뮤직 어워드Billboard Music Awards를 중국으로 수입했으며, 할리우드 블록버스터 〈원더 우먼〉에 투자했다. 그리고 텐센트는 2019년 영화 〈터미네이터: 다크 페이트〉 제작비를 공동 출자해서 이 영화의 아시아 배급을 맡았다.

중국 다롄완다 그룹은 영화 상영관 운영사인 AMC와 영화 제작사 레전더리 픽처스Legendary Pictures를 인수했다. 틴슬타운Tinseltown(번쩍거리는 겉치레의 도시라는 뜻으로 할리우드의 속칭-옮긴이) 문화를 향한 이런 움직임은 가장 미국을 상징하는 분야에서 소프트 파워에 대한 중국의 도전, 그리고 거대하고 역동적인 중국 영화 시장에서 할리우드와 같은 스튜디오들과 제작사들, 즉 '찰리우드Chollywood'를 만들고자 하

텐센트가 제작비를 공동 출자한 〈터미네이터: 다크 페이트〉 포스터

자료: IMDB 홈페이지

는 중국의 열망을 나타낸다. 다롄완다는 중국 북부 항구도시 칭다오에 세계 최대 규모의 영화 스튜디오를 건설하고, 외국 제작자들에게 이 대규모 단지에서 영화를 촬영하도록 유인하고 있다. 하지만 엄청난 예산을 들여 미국과 중국 스튜디오가 공동 제작한 맷 데이먼Matt Damon 주연의 액션 영화 〈그레이트 월〉은 흥행에 실패했다.

미국과 중국 사이에 몇 년 동안 국경 간 투자 기류가 흘렀다. 하지만 최근의 규제 압력과 자금난이 양측 거래자들을 옥죄면서 이러한 기류가 가라앉고 있다.

최근 미국은 경제와 안보 위험을 초래할 수 있는 미국 전략 기술에

대한 외국인 투자를 제한함으로써 미국의 경쟁력을 보호하기 위해 규제를 강화했다. 미국에서 많은 거래를 해오던 중국의 행보도 덩달아 주춤해졌다. 2018년 중국 기업들은 미국 기술회사들과 80건의 인수합병과 사모 거래를 했는데, 이는 전년도의 89건에 약간 못 미치는 정도다. 하지만 거래 금액은 2017년 105억 달러에서 22억 달러로 급감했다. 투자가 절정을 이루던 2016년 미국에서의 중국계 기업의 거래는 107건으로 총 187억 달러에 달했다.

중국의 미국 기술회사 인수와 투자에 대한 정밀 조사가 강화됨에 따라 BAT 세 회사의 기업 인수와 투자도 중단되었다. 2018년 이 중국 빅3 기업은 31건의 미국 기술 거래를 했는데, 이는 전년도보다 거래 건수 면에서는 약간 많았지만 과거 기록적인 거래와 비교할 때 소규모의 고도로 전략적인 사업에 주로 집중되었다.

한편 중국의 대미 직접투자는 2017년 290억 달러에서 2018년 48억 달러로 줄어 162거래에 460억 달러를 투자한 2016년을 정점으로 7년 만에 최저치를 기록했다. 그리고 신규 거래도 거의 없어 5년 만에 최저치를 기록했다.

주로 중국 대기업들이 미국에서 미국 기술과 부동산, 와인 농장, 할리우드에 대해 하는 과다 차입에 의존하는 거래를 중국 당국이 단속하면서 미·중 간 거래에 제동이 걸렸다. 중국 정부가 글로벌 확장보다 부채 규모 축소를 우선하라고 압박함에 따라 2018년 중국 기업들은 130억 달러의 미국 자산을 매각했고, 200억 달러의 자산은 매각 진행 중이다. 다롄완다는 비벌리힐스 콘도호텔 프로젝트를 매각했고, HNA는 힐튼 월드와이드Hilton Worldwide의 지분과 트럼프 타워Trump Tower 인근 맨해튼 사무소 건물 소유권을 처분하고 빠져나왔다. 중국 정부는 2018년 2월 부채에 허덕이는 안방 보험집단Anbang Insurance Group에서 인수한 상징적인 월도프 아스토리아 호텔Waldorf Astoria Hotel을 처분할 수도 있다. 안방 보험집단은 2014년 블랙스톤 그룹Blackstone Group으로부터 월도프 아스토리아 호텔을 19억 달러에 매입한 뒤 3년 동안 20억 달러를 들여 이 호화 호텔 내부를 수리하는 중이었다.

이런 파동은 할리우드로 번졌다. 중국 부동산 및 엔터테인먼트 재벌 다롄완다가 골든 글로브와 아메리칸 뮤직 어워드American Music Awards의 제작사인 딕 클라크 프로덕션을 인수하기로 한 10억 달러 계약이 무산되었다. 다롄완다 측의 자금 결제 문제도 있었지만, 중국 정부의 규제 압력이 주원인이었다. 파라마운트 픽처스Paramount Pictures와 중국 후아후아 미디어Huahua Media 간의 영화 제작비 10억 달러 조달 거래도 무산되었다. 라이브 스트리밍 추세에 편승하려던 한 관련 엔터테인먼트 및 배급 거래에서 중국 기술 및 엔터테인먼트 재벌 르에코LeEco가 LA 기반 TV 프로그램 제작 업체인 비지오Vizio를 인수하기로 한 20억 달러 계약도 자금난과 규제 문제로 취소되었다. 2017년 풀리지 않는 미국 내 외국인 투자에 대한 우려로 인해 무산된 거래는 80억 달러로 추정된다.

미국 내에서의 중국계 기업 거래는 트럼프 행정부에서 더 엄격해진 승인 제도에 직면했지만, 중요한 기술 분야를 벗어나서 인수가 아닌 투자 형태로 이루어지는 많은 중국의 미국 기술 구매는 여전히 허가되고 있다. 트럼프 행정부 하에서 최근 제정된 외국인 투자 위험 검토 현대화법Foreign Investment Risk Review Modernization Act은 외국인투자위원회CFIUS: Committee on Foreign Investment in the United States의 심사 범위를 확대하고 반도체, 자율주행 또는 군사적 용도로 응용될 가능성이 있는 기술 등 중요 기술 관련 인수, 소수 주주 거래minority deal, 벤처 투자 등을 대상으로 했다. 예컨대 2018년 싱가포르 경쟁사 브로드컴 Broadcom이 샌디에이고에 본사를 둔 반도체 제조업체 퀄컴을 인수하는 계약이 잠재적인 보안 위험을 이유로 무산되었다.

중국의 지식재산권과 기술이전 관행에 대한 미국 무역대표부의 미국 통상법 '301조' 조사를 업데이트하는 목적으로 추가 제한이 있을 수 있다.

미국의 강화된 규제와 승인의 불확실성으로 이전에 미국을 지목했던 중국 기술 거인들은 이스라엘과 같은 다른 강력한 기술 센터나 붐이 일고 있는 동남아 지역으로 눈을 돌리기 시작했다. 역풍에 휘말린 알리바바는 계열사 앤트 파이낸셜이 2017년 텍사스 주 댈러스에 본사를 둔 자금 이체 서비스 회사 머니그램Money-Gram을 12억 달러에 인수하려던 계획이 저지된 후 방향을 전환하고 있다. 미국 규제 당국은 주 정부 측에 사용자 보안과 프라이버시 위험에 대한 문제를 제기했었다. 국가 안보에 대한 우려에서 벗어나 이 거래를 추진하기 위해 앤트 파이낸셜은 미국에 있는 서버에 데이터를 저장하는 방법으로 머니그램 개인 금융 정보를 안전하게 유지하기로 약속했다. 그럼에도 이 거래는 승인되지 않았고, 알리바바는 머니그램에 해약금 3000만 달러를 지급해야 했다. 이 거절을 당한 뒤에 알리바바는 미국에서 소수의 기술 거래만 했으며, 이러한 거래도 뉴욕에 기반을 둔 소셜 쇼핑 시장인 오픈스카이OpenSky 인수와 같이 매우 전략적인 소규모 거래였다.

"현재 환경으로 미루어볼 때 알리바바가 미국에 어떤 투자를 할지, 또는 어떤 투자를 할 수 있을지는 두고 봐야 한다"라고 알리바바를 초기에 후원했던 GGV 캐피털의 한스 텅은 말한다. "동남아나 인도처럼 자신들이 더 환영받는 곳으로 가는 것이 더 현명한 것 같다."

이스라엘로 방향 전환

알리바바의 잭 마는 자신의 쿵후 같은 스킬을 스타트업의 나라 이스라엘에서 유망한 스타트업을 찾아 자금을 지원하는 쪽으로 돌렸다. 2018년 5월 첫 이스라엘 방문 때 그는 알리바바 임원 35명으로 구성된 대표단을 이끌고 투자자들을 방문하고 이스라엘의 사이버 보안과 증강현실, 온라인 게임, QR코드, 인공지능 등의 중심지에서 스타트업을 실사했다.

알리바바는 즉시 빅데이터 회사인 SQ림 테크놀러지스SQream Technologies에 2600만 달러를 투자하고, 대중교통 소프트웨어 스타트업 옵티버스Optibus에 4000만 달러를 공동 투자했으며, 안전 운전 기술 스타트업 넥사Nexar에 3000만 달러를 공동 투자했다. 이러한 거래는 2017년 텔아비브 연구개발 센터를 설립하기 위해 개인화된 QR

코드 설계 회사 비주얼리드Visualead를 인수한 첫 이스라엘 거래 이후 추가로 이루어진 거래였다. 중국과 이스라엘 간의 거래는 자본과 시장 잠재력이 결합하면서 증가하는 추세다. 이후 이스라엘에서 이어지는 조치에서 알리바바는 첨단 기술 연구소 DAMO(발견discovery, 모험adventure, 추진력momentum, 전망outlook) 아카데미를 이스라엘로 확장했다.

다음 중국, 동남아시아

중국의 투자 행진은 이제 잠재력이 크고 인구도 많고 디지털에 대한 이해도가 높은 동남아시아 시장으로 향하고 있다. 이런 추세는 '츄하이Chuhai'라는 꼬리표를 얻었다. 츄하이는 실제 일본 산토리Santory의 캔 알코올 음료 이름이지만, 중국 본토의 모바일 인터넷 시장이 포화 상태에 이르면서 중국 기업인들이 중국 이외의 신흥 시장을 대상으로 하는 현상을 설명하는 데 사용되는 한자어 출해出海의 중국어 발음이기도 하다. 중국은 최근 몇 년간 해외 기술 투자의 3분의 2 이상을 아시아에 투자했다.* 중국의 3대 첨단 기술 업체들이 앞장서서 싱가포르, 베트남, 인도네시아, 말레이시아, 인도 등지의 전자상거래, 검색, 승차 공유 스타트업에 거액을 투자하고 있다. 이들 지역 거래는 중국 내 세력 기반과 중국 스타트업에 대한 투자와 밀접하게 병행된

---

* 아시아 비중은 증가하는 반면 미국 비중은 절정기였던 2016년의 거의 절반(43%)에서 2018년에는 약 8%로 감소하고 있다.

다. 잠재력은 엄청나다. 아시아 스타트업의 발전 수준은 일반적으로 중국에 적어도 5년 이상 뒤떨어진다. 이 격차는 중국 투자자들이 아시아의 차세대 기술 스타에 투자함으로써 이익을 얻을 좋은 기회를 제공한다. 이는 내가 미래를 전망한 책 『스타트업 아시아Startup Asia』에서 다룬 주제이기도 하다.

동남아에서 일찍 출발한 보너스를 획득한 중국에 비하면 미국 기업들은 느림보로 보인다. 대표적인 사례로 우버에 일어난 일을 보라. 2016년 중국의 맞수 디디에 추월당한 후, 이 미국 승차 공유 업계 선두 기업은 아시아 주요 경쟁사이자 동남아시아 최대 승차 공유 회사인 그랩Grab(싱가포르에 본부를 둔 승차 공유 업체로 '동남아시아의 우버'라고 불린다. 말레이시아 출신 앤서니 탄Anthony Tan이 처음 구상해 2012년 시작했으며 싱가포르, 인도네시아, 필리핀 등 동남아 8개국에서 서비스를 제공하고 있다-옮긴이)에 매각되었다. 아마존 창업자이자 CEO인 제프 베조스는 인도의 엄청난 잠재력을 추구하기 위해 50억 달러를 투자하기로 약속한다고 야단법석을 떨었다. 베조스가 20억 달러 투자 수표를 매단 요란한 트럭을 타고 뭄바이 시내로 행진하며 인도 아마존을 시작했을 때 인도 신문들은 그를 1면 머리기사에 내보냈다. 하지만 월마트는 2018년 160억 달러에 인도 온라인 소매업체 대표 플립카트Flipkart를 인수하며 베조스를 제치고 인도에서 큰 상을 받았다(표 4-1 참조).

자사의 거점을 강화하기 위해 알리바바는 동남아 지역의 많은 기술 선도 기업에 거액을 투자했다. 특히 싱가포르에 본사를 둔 전자 상거래 선두업체인 라자다Lazada의 지배 지분을 얻기 위해 40억 달러

표 4-1
BAT와 FANG 모두 동남아 시장을 겨냥한다

승차 공유	
텐센트	2017년 인도 올라에 대한 11억 달러 공동 투자 주도 2017년 인도네시아 고젝에 대한 12억 달러 공동 투자 주도
미국 기업	2018년 우버는 그랩 싱가포르에 회사를 매각하고, 그랩 지분 27.5%를 얻었다.
	2018년 구글은 인도네시아의 고젝에 12억 달러를 공동 투자했다.
전자상거래	
알리바바, 앤트 파이낸셜	2016~2018년 싱가포르 라자다 그룹에 40억 달러 투자 2017~2018년 인도네시아 토코피디아에 대한 11억 달러 공동투자 주도 2015~2018년 인도 페이티엠Paytm에 13억 달러 공동투자
미국 기업	아마존은 2014년부터 인도에 50억 달러를 투자했다. 월마트는 160억 달러를 들여 2018년 인도 전자상거래 선두 업체인 플립카트의 77% 지분을 인수했다.

자료: 실리콘 드래건 조사, S&P 글로벌 인텔리전스, 연차보고서, 보도자료

를 투자했으며, 인도네시아 모바일 결제 서비스 회사인 토코피디아 Tokopedia에 22억 달러를 공동 출자했다(표 4-2 참조).

텐센트도 이 지역에서 스타트업 사냥에 나서고 있다. 텐센트는 인도와 인도네시아에서 빠르게 성장하고 있는 승차 공유와 전자상거래 선도 기업들과 베트남과 태국의 스타트업들에 투자했다.

밀어붙이는 중국의 BAT

미국과 중국 간 무역과 기술 전선에서 마찰과 도전이 증가하고 있지만, 중국 기술회사들은 승자독식 경제에서 세계화를 야심 차게 추진하고 있다. 중국 첨단 기술기업 빅3는 각자 국경과 본업 분야를 초

표 4-2
알리바바와 텐센트의 동남아 투자 사례

회사	투자유형	투자금액	시장	국가	연도
알리바바					
토코피디아	공동투자	11억 달러	전자상거래	인도네시아	2018
라자다	투자	40억 달러	전자상거래	싱가포르	2016~2018
다라즈Daraz	인수	2억 달러	온라인 쇼핑	파키스탄	2018
페이티엠	투자	2억 2200만 달러	온라인 결제	인도	2017~2018
토코피디아	투자	11억 달러	전자상거래	인도네시아	2017
텐센트					
가나Gaana	투자 주도	1억 1500만 달러	음악 스트리밍	인도	2018
티키Tiki	지분	비공개	전자상거래	베트남	2018
올라	공동투자 주도	11억 달러	승차 공유 앱	인도	2017
플립카트	공동투자	14억 달러	전자상거래	인도	2017
고젝	공동투자	12억 달러	스쿠터 공유	인도네시아	2017
욱비Ookbee	투자	19억 달러	디지털 콘텐츠	태국	2017
포멜로Pomelo	공동투자 주도	19억 달러	온라인 패션	태국	2017
사눅Sanook	인수	비공개	웹 포털	태국	2016

자료: 실리콘 드래건 조사, S&P 글로벌 인텔리전스, 연차보고서, 보도자료

월해서 투자하고 있다. 각 사의 전략을 BAT 리그에서 이들의 위치 순으로 살펴보자.

무뎌진 날을 다시 갈고 있는 바이두

바이두는 검색 영역을 넘어 자율주행, 스마트 교통, 그리고 음성 지원 스마트홈 기기 등 인공지능 기술 사업 분야로의 사업 다각화에 미래를 걸고 있음이 분명하다. 몇 년 전 중국 사업의 대대적인 구조조정을 통해 바이두는 음식 배달 서비스, 모바일 게임, 온라인 여행, 웹 쇼핑, 건강관리 분야 등에서 활력이 넘치는 텐센트와 알리바바와의 싸움에서 지고 돈만 날리는 몇몇 주변 온라인 사업을 관뒀다. 바이두의 포장 배달 서비스 와이마이Waimai는 라이벌 스타트업 에러머에 팔렸으며, 현재 알리바바가 소유하고 있다. 바이두가 몇 년 전 19억 달러에 인수한 스마트폰 앱스토어 91 와이어리스91 Wireless도 처분했다. 바이두는 또 온라인 여행 사업인 취날Qunar의 지분을 경쟁사인 씨트립Ctrip에 넘기고 합병 기업의 지분을 확보했다. 문 닫은 온라인 쇼핑몰 요우아Youa, 그리고 바이두 닥터Baidu Doctor 모바일 앱을 포함한 의료 분야 진입도 포기했다. 아직 남아 있는 것은 우버의 소수 지분뿐이다. 이는 바이두가 자사의 인기 있는 지도 서비스에 승차 공유 앱을 통합하기 위해 우버의 중국 사업에 12억 달러를 공동 투자해 획득한 것이다. 우버가 중국 라이벌 디디에 인수되자 바이두는 결국 디디의 소수 지분을 갖게 되었고, 디디 자체도 현재 마찬가지 도전에 직면하고 있다.

사업 부문 재조정을 끝내지 못한 채 바이두는 2018년 자사의 비디오 스트리밍 사업 아이치이를 분사 후 뉴욕 증시에 상장하는 데 성공해서 그해 가장 높은 시가인 127억 달러로 평가받아 23억 달러를 조달했다. 중국에서 인터넷 유명 인사가 된, 바이두의 영화배우처럼 잘생긴 창업자 로빈 리가 상장 기념식 참석차 뉴욕을 방문했다. 그곳에서 그를 보자 나는 2005년 바이두의 기업공개를 위해 나스닥 타임스 퀘어 본사에서 당당하게 포즈를 취하던 로빈 리의 기억이 되살아났다. 그때 바이두는 1억 900만 달러를 조달했는데, 당시 중국 기술회사로서는 거액이었던 것으로 보인다.

첨단 인공지능 기술 선도 의지를 굳힌 바이두는 2014년 설립한 첫 번째 연구소를 보완하기 위해 2017년 두 번째 실리콘 밸리 연구소 설립에 3억 달러의 예산을 배정했다. 그리고 베이징에 본부를 둔 이 기술 거인은 자율주행과 인터넷 보안에 역점을 두기 위해 시애틀에 기술 사무소를 설립했다. 바이두는 딥 러닝deep learning(컴퓨터가 여러 데이터를 이용해 마치 사람처럼 스스로 학습할 수 있게 하기 위해 인공 신경망을 기반으로 구축한 기계 학습 기술-옮긴이) 데이터 분석, 컴퓨터 비전(컴퓨터에서 카메라, 스캐너 등의 시각 매체를 통해 입력받은 영상에서 주변 물체와 환경 속성에 대한 이미지를 분석해서 유용한 정보를 생성하는 기술-옮긴이) 등의 기술을 가진 미국 인공지능 스타트업들에 많은 자본을 쏟아부었다(표 4-2 참조). "지난 몇 년 동안 소셜 모바일과 전자상거래의 물결을 놓친 바이두는 인공지능에 뛰어들면서는 같은 실수를 되풀이하지 않으려고 모든 면에서 노력하고 있다." 인공지능 전문가이자 투자자인 카이푸 리가 이끄는 베이징의 벤처캐피털 회사 시노베이션 벤처스의 에브디먼의 말이다.

표 4-3
BAT의 미국 기술 기업 투자 사례—2018년

회사	투자 유형	투자 금액	시장
룬웨이브Lunewave	공동투자	500만 달러	자율주행 센서
베스퍼텍Vesper Tech.	공동투자	2500만 달러	음향 센서
세일즈히어로SalesHero	공동투자	450만 달러	인공지능 판매원
센소로Sensoro	공동투자	비공개	사물인터넷 센서

자료: 실리콘 드래건, S&P 글로벌 마켓 인텔리전스

새로운 투자처를 갈망하는 알리바바

최근 광군제 축제에서 알리바바의 두 지도자 조 차이와 마이클 에반스의 논의를 통해 알리바바가 투자를 유기적 성장과 마찬가지로 중요하게 여기는 것은 분명하다(표 4-4 참조). 2018년 알리바바는 한 번의 막강한 조치로 식품 배달 서비스 에러머를 95억 달러로 평가하고 에러머의 지배 지분을 사들인 후 국내 상거래 서비스 회사인 코우베이Koubei와 합병하고, 합병 기업에 30억 달러의 자금을 조달했다. 알리바바는 강력한 행보로 텐센트가 지원하는 배달 서비스 앱인 메이투안에 대응한다. 하지만 모든 거래가 알리바바에 유리하게 이루어진 것은 아니다.

중국에서 실패로 보이는 한 거래는 알리바바가 돈만 날리는 자전거 공유 스타트업 오포Ofo에 15억 달러를 투자한 것이다. 오포는 한때 중국의 자전거 공유 열풍이 한창일 때 잘나가던 스타였다. 텐센트가 지원하는 오포의 핵심 라이벌인 모바이크Mobike는 인수전에서 메

표 4-4
알리바바의 미국 기술 스타트업 투자

회사	투자 유형	투자 금액	시장	연도
스마트랙Smartrac	투자	비공개	RFID, 사물인터넷	2018
오픈스카이	인수	비공개	B2B 전자상거래	2018
NVXL 테크놀러지 NVXL Technology	투자	2000만 달러	머신러닝	2017
아이베리파이	인수	1억 달러	보안	2016
스냅Snap	투자	2억 달러	사진 앱	2015
리프트	공동투자	2억 5000만 달러	승차 공유	2014
퀵시	공동투자	1억 1000만 달러	모바일 검색	2013~2015
탱고	공동투자	2억 8000만 달러	메시징 앱	2014
카밤	투자	1억 2000만 달러	게임	2014
알리바바의 중국 기술 기업 투자				
카이냐오Cainiao	공동투자 주도	14억 달러	스마트 물류	2018
에러머	인수	95억 달러	식료품 배달	2018
에러머/코우베이	합병			2018
코우베이	인수	10억 달러	지역 상거래	2017
샤오훙슈	공동투자 주도	3억 달러	소셜 전자상거래	2018
오포	투자	8억 6600만 달러	자전거 공유	2018
센스타임	투자	6억 달러	얼굴인식	2018
오포	투자	7억 달러	자전거 공유	2017
유쿠 투도우	인수	40억 달러	비디오 공유	2016
웨이보	투자	7억 2000만 달러	마이크로 브로깅	2016
오토내비AutoNavi	인수	15억 달러	디지털 매핑	2014

자료: 실리콘 드래건 조사, S&P 글로벌 인텔리전스, 연차보고서, 보도자료

중국이 세계를 지배하는 날

이투안 바이크Meituan Bike라는 이름으로 메이투안에 흡수되었다.

미국에서 알리바바의 인수합병 거래 성적은 엇갈린다. 1억 달러에 캔자스시티의 홍채인식 보안 스타트업 아이베리파이EyeVerify를 인수한 일은 계획과 진행이 모두 매끄러웠다. 아이베리파이는 은행 거래와 모바일 결제, 보안의 신원 확인용 모바일 생체인식 또는 홍채인식을 위한 알리페이의 글로벌 센터가 되었다. 하지만 모바일 메시징의 탱고TangoME, 게임의 카밤Kabam, 모바일 검색의 퀵시Quixey 등 알리바바가 2014년 기업공개를 앞두고 했던 일련의 실리콘 밸리 스타일의 스타트업 거래는 제품 궁합이 중국 시장과 맞지 않거나 시기를 놓쳐 실패했다. 알리바바의 미국 야망에 대한 가장 큰 타격은 계열사 앤트 파이낸셜이 자금 이체 회사인 머니그램을 인수하려던 거래가 차단된 것이었다.

텐센트의 신속한 인수와 투자

다양한 기업에 대한 전략적 투자에 매우 정밀하게 초점을 맞춘 텐센트의 투자 전략은 커넥티드 카connected car나 인터넷 기반 의료 등의 혁신 기술에서 앞서기 위한 수단으로 보인다. 투자 지원 활동investment outreach 또한 게임 부문의 규제 혼란으로부터 오는 추가적인 부진을 막는 방패가 되고 있다. 텐센트는 이러한 투자를 700건 넘게 했고 성과도 좋다. 투자를 받은 기업 중 100개 이상이 10억 달러를 넘는 유니콘 기업이 되었고, 60개 회사가 상장했는데 2017년 이후만 해도 12개 회사가 상장했다. 최근의 성공 사례로 텐센트는 중국 차세대 거인 메이투안이 기업공개를 하기 전에 투자해서 약 13억 달러의 이익을 냈다.

　신속한 인수와 투자가 텐센트 기업 문화의 핵심이다. 이는 위챗과 같은 일부 예외를 제외하고는 수익성이 불확실하고 개발하는 데 수 년이 걸릴 수 있는 내부 혁신보다 성과를 더 빨리 실현하는 방법이다.

　텐센트의 모든 사업 전략은 재산 관리, 보험 서비스, 소비자 대출, 그리고 위챗페이 등 모두 금융 서비스라는 고리로 연결된다. 텐센트 는 인공지능 혁명도 소홀히 하지 않고 중국 내 인공지능 스타트업에 대한 투자도 25건이나 했다.

　미국에서 텐센트의 초기 투자 거래 중 많은 수는 우버, 테슬라, 스 냅Snap 등 유명한 미국 최고 기술기업을 중심으로 이루어졌다. 하지 만 이런 조치는 이후 생명공학, 게임, 로봇공학 전반에 걸친 스타트 업들을 대상으로 한 소규모 전략적 매수로 정착되었다(표 4-5 참조). 2019년 초 텐센트는 기존 틀을 벗어나 미국 소셜 뉴스 제공 웹사이트 레딧Reddit에 3억 달러를 공동 투자 하는 대담한 움직임도 보였다. 이 거래는 중국 기업이 투자자라는 이유로 예상되는 검열 문제에 대한 일부 사용자의 반발을 불러일으키기도 했다.

　이렇게 다양한 분야에서 리더십을 유지하기는 쉽지 않다. 텐센트가 중국 소셜 네트워크 서비스와 비디오 게임 의 왕좌에서 축출되는 일이 일어날까?

레딧 로고

자료: Wikimedia Commons

표 4-5
텐센트의 미국 기술 기업 투자 샘플링

회사	투자 유형	투자 금액	시장	연도
액티비전 블리자드 Activision Blizzard	5% 지분	23억 달러	인터랙티브 엔터테인먼트	2013
에픽 게임즈	48% 지분	3억 3000만 달러	비디오게임 및 소프트웨어	2013
팹닷컴Fab.com	공동투자	1억 5000만 달러	온라인 홈 데코레이션	2013
라이엇 게임즈	인수	4억 달러	게임 개발	2015
글루 모바일 Glu Mobile	투자 15%	1억 2600만 달러	게임 개발	2015
포켓 젬스 Pocket Gems	투자(+2017)	1억 5000만 달러	모바일 비디오 게임	2017
스뮬Smule	투자 선도	5400만 달러	노래방 앱	2017
스냅	12% 지분	20억 달러	비디오메시징 앱	2017
우버	공동투자	12억 5000만달러	승차 공유	2017
테슬라	5% 지분	비공개	전기 자동차 제조	2017
그레일Grail	합작투자	9억 달러	암 진단	2017
에센셜 프로덕츠 Essential Products	투자	3억 달러	가전	2017
복셀클라우 VoxelCloud	투자 선도	1500만 달러	의료 인공지능	2017
로커스 바이오사이언스 Locus Bioscience	공동투자	500만 달러	생명공학	2017
해머 & 치즐 Hammer & Chisel	공동투자	1억 5000만 달러	게임 개발	2018
캡처테크놀러지스 Capture Technologies	공동투자	100만 달러	행사 데이터 분석	2018
마블Marble	공동투자	1000만 달러	로봇 배송	2018
스카이댄스 미디어 Skydance Media	투자	비공개	영화/가상현실	2018
레딧Reddit	공동투자	3억 달러	소셜 뉴스 제공	2019

출처: 실리콘드래건 조사, S&P 글로벌인텔리전스, 연차 보고서, 보도자료

당분간 그런 일은 일어날 것 같지 않다.

텐센트의 CEO 포니 마와 그의 손으로 뽑은, 스탠퍼드대학과 노스웨스턴대학에서 석사학위를 받고 골드만삭스 은행장을 역임한 마빈 라우Marvin Lau 사장은 확실히 이런 불상사가 일어나지 않도록 하고 싶어 한다. 텐센트는 최근 빈자리에 5명 중 1명꼴로 젊은 직원을 승진시켜 젊은 인재를 육성하는 프로그램을 시작했다. 이제 창사 20주년인 텐센트는 클라우드 컴퓨팅과 결제 등 비즈니스 서비스에 초점을 맞추고 6년 만에 처음으로 조직을 재편했다. 강력한 조치의 하나로, 연구개발을 강화하기 위한 기술위원회도 구성했다.

계속되는 게임 업체 인수

계속되는 게임 업체 인수와 게임 업체에 대한 투자로 지난 몇 년 동안 텐센트와 텐센트의 투자 은행가들과 법무팀은 매우 바쁘게 움직였다. 2018년에만 텐센트는 프랑스 미디어 그룹 비방디Vivendi가 가지고 있던 프랑스 비디오 게임 개발 업체 유비소프트Ubisoft 지분을 인수하기 위한 20억 달러 투자와 중국 게임 업체들에 대한 소규모 투자를 포함해 2018년에 이루어진 5대 게임 거래 중 4건에 투자하거나 대주주가 되었다. 미국에서 텐센트는 2015년 4억 달러를 들여 인기 PC 게임 '리그 오브 레전드League of Legends'의 운영사인 로스앤젤레스 기반의 라이엇 게임즈Riot Games를 인수했다. 텐센트의 최대 게임 거래는 2016년 86억 달러라는 엄청난 금액에 핀란드 게임 회사 슈퍼셀Supercell을 낚아챈 것이었다. 텐센트는 또한 2012년 미국 비디오 게임 회사 에픽 게임즈Epic Games의 소액주주가 되었다. 에픽 게임즈는 게임 돌풍을 일으키고 있는 3인칭 슈팅 게임 '포트나이트Fortnite'를 만든 스튜디오다.

2018년 중반 모든 것이 순조롭던 텐센트의 게임 사업에 제동이 걸렸다. 중국 규제 당국이 중독성 있고 폭력적인 콘텐츠를 단속하면서 신규 온라인 게임 타이틀의 승인을 동결했기 때문이다. 텐센트의 이익은 감소했고, 온라인 게임의 판매 증가세는 둔화했으며, 주가는 폭락했다. 오랜 주주인 남아프리카공화국의 미디어 및 인터넷 그룹 내스퍼스Naspers는 보유 지분을 31%로 2% 줄였다. 내스퍼스는 2001년부터 텐센트에 자금을 지원해서 무려 100억 달러를 챙겼다. 2018년 12월 중국 감시 당국이 텐센트에 대해 일련의 신규 스마트폰 게임을 승인하면서 상황이 호전되었다. 텐센트의 2018년 모바일 게임 매출은 24% 증가했지만, PC 게임 매출은 8% 감소했다.

알리바바와의 전쟁

본거지인 중국에서 텐센트의 기업 인수 스타일은 여러 전선에서 핵심 라이벌들과 싸우는 전사와 같다. 텐센트는 소셜 커머스 파괴자이자 나스닥 상장사인 핀뚜어뚜어 지분 18.5%를 취득하는 등 전자상거래에서 매력적인 매수를 해온 알리바바를 공략 대상으로 삼아왔다. 텐센트는 또한 틱톡의 기동성 빠른 비디오 앱과 경쟁하는 비디오 앱 콰이쇼우Kuaishou에도 투자했다.

일찍이 2013년과 2014년에 텐센트는 당시 인기 있는 중국 웹과 검색 스타트업의 소수 지분을 주로 취득했다. 예컨대 미국 온라인 생활 정보지 크레이그리스트Craigslist를 닮은 우바퉁청58.com의 지분 20%를 7억 3600만 달러에, 검색엔진 소거우Sogou의 지분 36.5%를 4억 4800만 달러에, 온라인 부동산 서비스 플랫폼 러쥐Leju의 지분 15%를 1억 8000만 달러에 취득하고 앱 메이커 치타 모바일Cheetah Mobile의 두 자릿수 지분을 취득했다.

텐센트는 꿈의 실현에 실패하고 있는가?

텐센트가 해온 이 수많은 인수와 거래를 본 사람 중 일부는 이 테크 타이탄이 혁신에 대한 꿈과 열정을 잃었다는 결론을 내렸다. "텐센트는 기술기업의 핵심 경쟁력은 제품 혁신에서 나와야 한다는 중요한 사실을 무시하고 있다." 기술 블로거 판 뤼안Pan Luan은 자신의 인기 에세이에서 핵심 분야의 혁신자가 아니라 투자자가 된 이 회사를 이렇게 비판했다.

하지만 텐센트는 '(요리에) 후추 치기'에 비유되는 자사의 다각화 전략을 옹호한다. 텐센트 투자 파트너십 매니저 리 자오후이Li Zhaohui는 인터뷰에서 자사 거래 논리를 다음과 같이 설명했다. "텐센트는 핵심 사업 분야인 소비자 인터넷에만 투자한다. 하지만 텐센트는 인터넷이 분야별로 확장되고 융합되는 양상에 따라 끊임없이 새로운 분야로 진입하고 있다."

텐센트가 사내에서 개발한 위챗과 같은 또 한 번의 성공을 거두면서 게임 사업에 활력을 불어넣을 수 있을까? 성공과 실패는 실제로 텐센트가 하기 나름이다. 커뮤니케이션과 엔터테인먼트에까지 영향력이 미치는, 절정의 텐센트를 추월하기는 매우 어려울 것이며, 실제로 어떤 미국 경쟁자도 중국에서 텐센트를 넘어설 엄두도 못 낼 것이다.

BAT를 뒤쫓는 기업들

5장

동양의 애플,
샤오미

중국 기술 기업가 레이쥔Lei Jun은 종종 애플의 스티브 잡스로 불린다. 스티브 잡스와 무척 닮은 이 중국 유명 기업가는 한때 실리콘 밸리에 있었으며, 잡스의 정신으로 중국의 스마트폰 제조사 샤오미를 출범시켰다. 레이쥔은 잡스의 제품뿐만 아니라 무대에서 청바지에 검정 티셔츠 차림으로 새 아이폰과 아이패드를 소개하는 스타일까지 모방했다. 심지어 한번은 제품을 소개하면서 '한 가지만 더'라는 잡스의 말투를 흉내 내기도 했다. 아이폰의 'i'처럼 'Mi'라는 브랜드를 단 샤오미 휴대전화는 획기적인 오리지널 아이폰의 저렴한 모조품으로 불렸다.

샤오미 휴대전화 판매장도 애플 스토어의 미니멀리즘minimalism 디자인을 모방했다. 억만장자 엔젤 투자자이면서 창업을 계속하는 기업가 레이쥔은 자신이 잡스의 뒤를 따르고 싶었고, 개인용 컴퓨터 산업 초기에 관한 책 『밸리의 불Fire in the Valley』을 읽은 후에 뭔가 멋진 일을 이루고 싶었다고 흔쾌히 인정한다. 잡스에 대한 레이쥔의 존경심은 중국이 항상 실리콘 밸리를 정상으로 여기며 얼마나 동경해왔는지를 말해준다.

내가 만난 중국 기술기업인 중 이 스마트폰 제조업체의 억만장자 레이쥔이 전설적인 잡스와 가장 가깝다고 생각한다. 그리고 이제는 애플이 콘텐츠를 도입하거나 오락과 뉴스 콘텐츠를 아이폰에 설치하는 등 중국제 샤오미 스마트폰이 원래부터 갖추고 있던 것들을 모방하기에 이르렀다.

중국 시장에서는 빠른 속도와 정확한 실행이 필요하다. 그리고 수익성보다 초고속 성장에 대한 안목이 있어야 한다. 이긴 자가 모두 차지하는 이른바 승자독식 시장이 될 수 있다. 멋진 스마트폰을 가진 샤오미 외에도 몇몇 중국 회사가 이 리그에 등장했다. 예컨대 인공지능 뉴스와 비디오 앱 터우탸오와 틱톡, 슈퍼 앱 메이투안, 승차 공유 서비스 디디 등이다. 터우탸오Toutiao 또는 틱톡TikTok과 메이투안Meituan, 디디Didi의 머리글자를 따서 TMD로 불리는 이 그룹은 중국의 BAT 기업을 그대로 따라 한다. TMD는 중국어로 무례한 욕설을 나타내는 속어이기도 해서 나는 이 약자를 쓰기 싫어 잘 쓰지 않는다. 대신 이 차세대 BAT 기업 그룹에 샤오미Xiaomi의 X를 추가해서 XTMD라고 부르기로 하자. 이 기업들은 오늘날 인터넷에 언제 어디서나 연결돼 있는 젊은 세대에 맞춰 모바일을 중심으로 하며, 인공지능과 데이터 분석 등 최신 기술을 활용하고, 혁신과 규모에서 최첨단을 달린다. 이들의 비즈니스 모델과 특징은 서양보다 앞선 때가 많으며, 때로는 서양에서 이들을 모방하기도 한다.

터우탸오는 머신 러닝 기술을 사용해서 온라인 독자들에게 개인화된 콘텐츠를 전달하는 인공지능 뉴스 및 엔터테인먼트 웹사이트 버즈피드BuzzFeed를 운영한다. 틱톡은 중국 앱보다 2년 늦게 출시된 스냅챗Snapchat의 렌즈 챌린지Lens Challenges와 비슷한 15초 분량의 뮤직비디오를 튼다. 메이투안은 음식 배달, 여행 예약, 영화 티켓 예매 등 다양한 서비스 분야의 우버 이츠Uber Eats, 카약Kayak, 옐프Yelp, 그루폰Groupon 등에서 돌아가는 원스톱 슈퍼 앱이다. 중국의 우버로 불리는 승차 공유 스타트업 디디추싱은 실제로 중국에서 우버를 이겼다. 샤오미는 주로 가격은 저렴하고 품질은 좋은 스마트폰 제조사로 알려졌지만, 돈은 대부분 인터넷 서비스와 인터넷 연결기기에서 벌고 있다.

이 차세대 거인들은 혁신적인 중국 기술기업들의 선두를 달리고 있으며, 수십억 달러에 달하는 높은 기업 가치 평가를 받고 벤처 자본을 조달해왔다. 샤오미와 메이투안-디앤핑은 2018년에 이미 기업공개를 했다. 다음 타자는 인공지능 뉴스 앱 터우탸오와 쇼트 비디오 앱 틱톡을 만든 공격적인 메이커 바이트댄스가 될 수 있다. 디디는 더 오래 걸릴 수 있다(디디에 대한 자세한 내용은 승차 공유 서비스에 관한 11장 참조). 이 새로운 용들은 불을 내뿜고 있지만 상당한 위험에 직면해 있다. 전 세계 많은 초성장 기업과 마찬가지로 이들이 수익성을 꾸준히 확보할 수 있을지는 의문이다. 더 많은 현금을 가진 중국의 BAT 삼총사 바이두, 알리바바, 텐센트가 이들의 시장 분야에 뛰어들어 이들을 집어삼킬 수 있다. 다른 새로 진입하는 기업들이 만약 이들이 계속해서 열광할 만한 새로운 것을 내놓지 못하면 이들을 대체하겠다고 위협한다. 그런데 이 신세대 중국 기술 스타트업들은 어떻게 지금까지 그렇게 빠르게 성장해왔을까?

중국의 애플 플러스

무명의 중국 스마트폰 스타트업 샤오미가 갑자기 나타나 지난 9년 동안 170억 달러의 매출을 올렸다. 삼성과 애플이 미국에서 가장 인기 있는 스마트폰 제조사다. 하지만 아시아에서는 샤오미가 아이폰에서 일부 디자인 요소를 차용했지만, 반값도 안 되는 가격의 멋진 안드로이드 폰으로 이들 시장 리더와 치열한 경쟁을 벌이고 있다. 샤오미 휴대전화는 다수의 디자인상을 받았으며, 샤오미는 세계적으로 7000건의 특허를 보유하고 있다. 샤오미는 빠르게 혁신하고, 저렴하지만 완전한 기능을 갖춘 고품질의 전화기로 규모를 키우면서 중국산은 싸구려라는 고정관념에 혁명을 일으켰다. 한때 중국의 애플로 불렸던 샤오미는 접이식 휴대전화foldable phone, 초박형 모델, 초대형 화면, 그리고 완전 세라믹 폰 케이스 등 몇 가지 혁신으로 많은 회의론자를 잠재웠다.

하지만 샤오미는 여전히 모방자 이미지를 떨쳐버릴 수 없다. 창립 8주년을 맞아 2018년 교묘하게 출시된 샤오미 미8Mi8 모델은 1000달

중국이 세계를 지배하는 날

샤오미의 대표 모델 중 하나인 '홍미 노트'

자료: Wikimedia Commons

러짜리 명품 아이폰X와 거의 똑같은 외관과 얼굴인식 신원 확인 기
능 등 다른 유사점으로 '가장 뻔뻔한 아이폰 모방품'에 선정되었다.

아마존과 구글을 합쳐놓은 샤오미?

샤오미는 종종 애플에 비유되지만 창업자 레이쥔은 자신의 스타
트업을 '구글의 일부 요소를 가진 아마존과 약간 비슷한 회사'라고
말하기를 좋아한다. 샤오미는 아마존이 음성인식으로 작동하는 알
렉사를 팔거나 구글이 스마트홈 스피커와 조명 등을 파는 것처럼 스
마트 연결기기를 온라인에서 판매한다. 샤오미 전화기는 구글 안드
로이드 운영체제의 약간 변형된 버전인 미유아이MIUI 운영체제에서
구동된다.

애플 플러스Apple Plus는 샤오미를 가장 잘 표현하는 말일 수 있다. 이제 애플이 샤오미를 모방해서 엔터테인먼트 서비스를 도입하고 있기 때문에 더더욱 그렇다. 샤오미는 3대 핵심 사업 부문을 운영하고 있다. 수십 개의 음악, 비디오, 게임 앱을 미리 탑재한 이 회사 스마트폰은 아시아에서는 익히 알려져 있으며, 1억 9000만 명의 월간 인터넷 서비스 이용자들이 사용한다. 잘 알려지지 않은, 그리고 아마도 미국에서는 거의 알려지지 않은 사실은 샤오미도 랩톱 PC, TV, 스피커, 라우터router, 밥솥, 진공청소기, 선풍기, 공기청정기 등 다양한 인터넷 연결기기를 만들어 팔고 있다는 사실이다. 또한 샤오미는 전자상거래 사이트인 미닷컴Mi.com을 운영하고 있으며, 아시아와 유럽에서 가정용품과 생활용품들을 취급하는 미Mi 소매점을 운영하고 있

샤오미의 안드로이드 변형 버전 '미유아이'

자료: Wikimedia Commons

다. 온라인과 오프라인에서 판매되는 이 광범위한 상품과 서비스는 쉽게 복제할 수 없다(표 5-1 참조).

'미 팬Mi fan'으로 불리는 샤오미의 대규모 열성 팬들은 온라인 포럼과 커뮤니티에서 정기적으로 최신 기능에 대한 피드백을 제공한다. 샤오미 팬들은 인공지능 듀얼 카메라, 무선 충전, 얼굴인식 잠금 해제, 곡선으로 된 세라믹 케이스, 사용자 맞춤형 기능 등 혁신적인 기술을 뽐내면서도 가격은 저렴한 고품질 휴대전화기에 열광하고 있다. 그리고 이들은 샤오미 휴대전화기의 가격도 마음에 들어 한다. 샤오미 휴대전화기의 가격은 115달러짜리 보급형 모델에서 430달러짜리 프리미엄 라인까지 저렴하게 책정돼 애플 아이폰의 평균 판매 가격인 800달러보다 훨씬 싸다. 열렬한 미팬들은 새로 여는 샤오미 주력 점포 개점일에 점포 밖에서 줄 서서 기다린다.

샤오미는 최근 런던에 문을 연 판매장에서 고성능 미8프로Mi8Pro

표 5-1
샤오미 개요

위치	베이징
설립자	중국의 기업가이자 앤젤 투자자인 레이쥔
설립 연도	2010년
주요 사업	스마트폰, 인터넷 연결기기, 모바일 앱
재무 상태	2017년 매출액 170억 달러, 매출성장률 68%, 적자
현황	홍콩증권거래소 상장 기업, 2018년 중반 기업공개에서 540억 달러 평가로 47억 2000만 달러 조달
특징	샤오미는 세계 4대 스마트폰 제조업체이며, 중국의 애플로 여겨져 왔음.

전화기 판촉을 위한 경품 행사를 벌였다. 미8프로는 투명한 후면 커버에 작은 글씨로 '모두를 위한 혁신'이라고 새겨져 있다. 모두를 위한 혁신이라는 말이 사실일 수 있다. 최근 중국 스마트폰 제조사인 메이주 제로Meizu Zero가 스피커를 휴대전화 진동으로 대체하는 샤오미의 오디오 기술을 채택하고 이를 개량해서 2019년 모바일 월드 콩그레스Mobile World Congress에서 버튼과 포트, 스피커가 없는 미래 콘셉트 전화기를 선보였다.

우여곡절 많았던 샤오미

하지만 샤오미의 짧은 역사는 그리 평탄치 않았다. 샤오미는 2018년 7월 9일 상장 당시 중국 기술기업으로는 알리바바 이후 최대 규모인 540억 달러의 기업 가치 평가로 47억 2000만 달러를 조달했다. 하지만 미국과의 무역과 기술 갈등이 고조되는 시기여서 예상했던 1000억 달러에는 훨씬 못 미치는 금액이었다. 또 다른 요인은 투자자들 사이에서 샤오미를 스마트폰 제조사로 봐야 하는지, 아니면 확장하는 온라인 서비스 그룹으로 봐야 하는지 하는 평가 문제가 있었다. 기업공개 이후 몇 달 만에 세계 스마트폰 수요가 둔화하면서 주가는 거래 첫날을 훨씬 밑돌고 있었다. 샤오미가 기업공개 이후 첫 분기에 12억 달러의 순이익을 올렸지만, 여전히 수익성은 불투명했다.

하지만 부인할 수 없는 사실은 전반적으로 샤오미의 인상적인 성장이다. 샤오미는 시장 점유율 8.4%로 삼성, 애플, 화웨이에 이어 글로벌 경쟁사 중 4위를 기록했다. 중국에서 샤오미는 세계 매출의 거의 4분의 1을 차지하는 세계 최대 중국 스마트폰 시장을 잠깐 선도했다. 하지만 2년 만에 샤오미는 초고속으로 확대되는 시장을 따라잡지 못하고 화웨이와 중국 국내 기업 두 곳에 이어 4위로 내려앉았다.

샤오미의 핵심 강점은 늘 중국 내수 스마트폰 사업이었다. 샤오미 사업의 거의 3분의 2가 스마트폰이며, 스마트폰 매출의 거의 3분의 2는 중국에서 온다. 하지만 많은 중국 기술 거인들이 그러하듯 해외 진출은 분명한 목표다. 샤오미는 인도 시장 진출 3년 반 만에 인도 시장 제패에 성공했다. 샤오미는 유럽 주요 도시에서도 입지를 넓히고 있다.

미국 진출은 아직 핵심 목표로 남아 있다. 창업자 레이쥔은 미국 시장 진출을 고려해왔으며, 그 시기를 2019년으로 정했다고 밝힌 바 있다. 하지만 미국 시장은 샤오미에 아직 먼 도전이다. 샤오미 전화기에는 중국 시장에 맞는 앱이 들어 있다. 미국이 보안 문제를 우려해서 중국제 휴대전화기 사는 것을 꺼리므로 이 시점에 샤오미가 미국에서 휴대전화를 출시하는 것은 타이밍이 좋지 않다. 이 갈등의 한 예로 미국 소매 업체 베스트바이Best Buy는 최근 중국 화웨이 전화기를 상점 진열대에서 뺐다. 다른 중국 기술 업체들과 마찬가지로 샤오미도 더 친숙한 중국 내수시장으로 눈을 돌리고, 퀄컴 등 미국 칩 공급 업체들에 대한 의존도를 줄이기 위해 자체 칩 제조에 들어갔다.

2018년에 나는 샤오미의 제품 관리 책임자인 도너번 성Donovan Sung을 만날 기회가 있었다. 그는 잘생긴 외모와 침착한 말투로 서구에서는 샤오미의 훌륭한 대변인이다. 그는 미국에서 회사의 인지도도 높이고 샤오미의 진행 상황을 홍보하기 위해 뉴욕에 상주했다. 샤오미 홍보팀이 맨해튼 도심지와 외곽 사이의 중간 지대에 설치한 전시관에서 그는 사물인터넷 연결 헤드폰, 카메라, 스피커, 온도 조절 장치, 휴대용 보조 배터리 등 스마트홈 제품과 기기들을 나에게 소개했다. 이 제품 중 일부는 아마존에서 판매하고 있지만, 샤오미 전화기는 이베이나 미국의 온라인 벼룩시장이라고 할 수 있는 크레이그리스트에서가 아니면 미국에서는 찾기 어려울 수 있다.

샤오미 휴대전화기와 앞에서 말한 액세서리와 품목을 진정으로 원하는 고객들은 프랑스와 스페인, 이탈리아, 런던의 샤오미 매장 미홈스토어Mi Home Store에서 구할 수 있다. 유럽에 새로 생긴 이 상점들은 중국에 300개가 넘고 인도에 몇 군데 있는 샤오미 미홈스토어에 이어 추가된 것으로, 2019년 말까지는 수백 개의 판매장을 더 열 계획이다.

무엇이 레이쥔을 움직이는가?

샤오미의 극적인 부상은 중국 소프트웨어와 인터넷 시장의 선두를 달리며 계속 창업을 이어가는 기술 기업가, 그리고 엔젤 투자가인 설립자 레이쥔의 증명된 실적에서 유래한다. 후베이성의 작은 마을에서 태어난 레이쥔(49)은 어린 시절 컴퓨터에 매료되었다. 그는 중국의 명문 우한대학에서 불과 2년 만에 컴퓨터과학 학사 학위를 취득했다. 1992년 베이징의 중국 소프트웨어 제조업체 킹소프트Kingsoft에 들어가 엔지니어로서 경력 초반을 보낸 레이쥔은 입사 후 6년 만에 CEO

중국이 세계를 지배하는 날

자리에 올랐다. 그의 꿈은 킹소프트가 마이크로소프트와 같은 세계적인 기술회사로 거듭나게 하는 것이었다. 킹소프트는 중국에서 가장 많이 사용하는 사무용 소프트웨어 제품이 되었다. 하지만 힘겨운 해외 경쟁과 국내에 만연한 해적 행위 때문에 킹소프트는 거의 파산할 뻔했다. 일 중독자이지만 옆으로 길게 쓸어 넘긴 가르마를 자랑하는 소년 같은 외모의 레이쥔은 킹소프트 사업을 워드프로세싱에서 게임과 보안 소프트웨어로 다각화하고, 2007년 홍콩증권거래소에 상장하는 데 성공했다. 상장 후 킹소프트를 떠났던 레이쥔은 2011년 회장으로 복귀해 킹소프트를 모바일 인터넷으로 이끌었다. 사실상 레이쥔의 복귀는 스티브 잡스가 애플로 돌아온 선례를 따른 것이다.

오늘날 《포브스》지의 평가에 따르면 99억 달러의 순자산을 보유한 레이쥔은 영향력 큰 엔젤 투자로 돌아서서 자기 자산 20억 달러를 투자한 자신의 펀드 슌웨이 캐피털Shunwei Capital을 설립했다. 자신의 연결 고리 덕분에 그는 중국의 급성장하는 인터넷 시장에서 승자가 된 유망한 스타트업들을 접할 수 있었다. 그는 온라인 서점과 전자상거래 사이트 조요닷컴Joyo.com을 개발하고 자금을 지원하는 데 중추적인 역할을 했다. 이 회사는 아마존이 2014년 7500만 달러에 인수했다. 그는 온라인 의류 소매 업체인 반클VANCL에 1억 1500만 달러를 투자하고 성장을 도왔다. 그가 친구들과 6억 300만 달러를 공동 투자한 모바일 인터넷 브라우저 UC웹UCWeb은 2014년 알리바바가 38억 달러에 인수했다. 소셜 게임 포털 와이와이에 100만 달러를 투자했던 그는 2012년 와이와이가 나스닥에 상장되면서 1억 2900만 달러의 지분을 얻었다.

하지만 역시 레이쥔의 가장 큰 히트작은 샤오미 창업이다. 그의 비전은 중국의 신흥 모바일 인터넷(관련해서 Shaomi의 mi는 mobile internet의 약자라는 설도 있음) 시장에 잘 디자인된 저가형 휴대전화를 만들어 판매하는 것이었다. 2010년 그는 전에 마이크로소프트와 구글에서 엔지니어였고 현재 샤오미 사장인 린빈Lin Bin 외 숙련된 엔지니어나 디자이너인 6명의 공동 창업자와 함께 샤오미(표준 중국어로 '좁쌀小米'로 번역)를 공동 설립했다. 이들의 신조는 소비자가 채택할 수 있는 가격이 저렴한 전화기, 최소한의 이윤, 고객과 개발자의 피드백을 기반으로 한 지속적인 업데이트다. 이들은 애플의 상징적이고 화려한 TV 광고와는 달리 마케팅과 광고에 엄청난 돈을 들이지 않았고, 반짝 세일과 입소문 광고, 한정된 수량을 소비자들에게 직접 판매하는 방식에 의존했다.

좁쌀이 오래간다

창업 2년 만인 2012년 샤오미의 연간 매출은 10억 달러를 넘어섰다. 2014년까지 샤오미의 매출은 100억 달러까지 치솟았고 삼성, 애플, 화웨이를 제치고 중국 내 선두 스마트폰 브랜드로 올라섰다. 하지만 2년 만에 샤오미는 전화기 판매량이 줄면서 중국 내 4위로 순위가 떨어졌다. 문제는 소매 유통과 공급망 부족에서 비롯되었다.

중국 통신 업계의 거인인 화웨이가 선두 자리를 꿰찼고, 중국 시골 지역 판매를 우선시하는 저가 브랜드 오포OPPO와 비보Vivo도 샤오미를 앞질렀다.

샤오미의 라이벌 오포의 'R7 Plus' 모델

자료: Wikimedia Commons

　자신의 영웅인 잡스와 닮아 주 100시간 일하면서도 지칠 줄 모르고 사소한 일까지 직접 챙기는 레이쥔은 2017년 샤오미의 놀라운 재기를 끌어냈다. 그의 회생 전략은 다음과 같다. 샤오미는 5분기 안에 중국 51개 도시에 걸쳐 자사 소매점 미홈Mi Home을 331개 이상으로 확장하는 데 많은 투자를 하고, 인도에 소매점을 추가해서 예전의 온라인 전용 채널과 통합하고, 유통망을 제3자로 넓혔다. 그는 또한 커뮤니티 포럼으로 온라인에서 미팬 기반을 만들었다. 이러한 회생 전략은 전화면full-screen 디스플레이와 초박막 프레임, 고품질의 세라믹 케이스 등을 갖춘 미믹스Mi Mix 전화기의 인기 시리즈를 도입하면서 효과가 나타나기 시작했다. 레이쥔은 판매 감소 후 재기에 성공한 스마트폰 메이커는 샤오미밖에 없다고 주장한다. 그와 그의 팀은 이를 실현하기 위해 많은 시간을 투자했다. 이를 상징하는 '007'은 일주일에 7일을 자정에 출근해서 자정에 퇴근하는 것(365일 회사에서 산다는 이야기)을 가리키는 말이다.

샤오미의 강점

샤오미 창의성의 또 다른 측면은 샤오미의 비즈니스 모델에 있다. 창업자 레이쥔은 이를 성장의 세 가지 시너지 축으로 구성된 '철인 3종 경기 비즈니스 모델'로 묘사했다. 샤오미 매출의 대부분인 약 70%는 단말기 판매에서 온다. 사물인터넷 기기, 그리고 심지어 물레를 포함하는 소비재 판매가 22%를 차지하고, 게임 등 인터넷 부가가치 서비스가 9% 정도를 차지한다.

얼핏 보기에 샤오미는 스마트폰과 스마트 TV만 있는 하드웨어 기업처럼 보일 수 있다. 하지만 이 회사는 실제로 '스마트 하드웨어 제품군을 보유한 최초의 사물인터넷 업체'로 성공했다고 뉴스레터 제공 업체 스트래티처리Stratechery를 설립한 미디어 분석가 벤 톰슨Ben Thompson은 말한다. 톰슨은 샤오미가 하드웨어와 소프트웨어에서 모두 성공한 희귀한 회사라고 지적하면서 알리바바와 전자책 킨들Kindle(인터넷 서점 아마존의 전자책 서비스 전용 단말기-옮긴이)을 가진 아마존이 하드웨어에 잠깐 손댄 적은 있지만, 핵심 사업은 아니라고 덧붙였다.

샤오미는 한 상품을 무료로 또는 싼 가격에 판매하고 구매한 상품이나 서비스를 지속해서 사용하기 위해 소비자가 더 큰 수익이 나는 다른 상품이나 서비스를 추가로 구매하도록 유도하는 이른바 '면도기와 면도날razor and blade' 마케팅 전략(질레트 면도기의 창업자 질레트가 처음 사용한 데서 붙여진 이름−옮긴이)을 효과적으로 사용한다. 샤오미는 스마트폰과 스마트 가정용품 원가를 이익률을 5%로 제한하는 수준으로 유지한다. 이는 고객 기반 구축에 도움이 된다. 그런 다음 샤오미는 광고와 구독료, 가상 선물 등으로 돈을 버는 자사의 여러 음악, 비디오, 게임용 앱에 이러한 사용자를 연결한다. 애플도 샤오미 비즈니스 모델에서 교훈을 얻길 바란다.

밥솥에서 전기 스쿠터까지

샤오미 비즈니스 모델의 또 다른 반전은 샤오미가 육성하거나 투자하는 약 100개의 협력사에서 비롯된다. 이 협력사들은 샤오미 성장의 한 축이다. 이들은 처음으로 자신들의 집을 꾸미는 중국의 신흥 중산층을 겨냥한 인터넷 연결기기와 동작을 인식해서 작동하는 야간 조명, 정수기 같은 가정용품을 만든다. 이들은 또 자주 신제품을 내고 제품을 개량함으로써 소비자들의 재방문을 유도한다. 이들 협력사 중 두 회사는 2018년 뉴욕 증시에 상장했다. 2018년 말 웨어러블 헬스케어 기기의 대명사인 핏비트Fitbit와 애플 워치Apple Watch를 판매에서 앞지른 건강 추적기fitness tracker 업체 후아미Huami와 스마트홈 제품 메이커인 비오미Viomi가 그 주인공이다.

90분 만에 투자 결정

다면적으로 서로 연결된 샤오미의 비즈니스 모델은 독특하고 앞선 모델로 생각할 수 있다. "어떤 투자자도 샤오미 비즈니스 모델을 완전히 이해하기는 매우 어렵다. 샤오미만의 독특한 모델이기 때문이다." 샤오미 창업 초기인 2010년 1월 샤오미에 투자한 벤처 투자자이자 샤오미 이사회 옵서버 자격인 한스 텅은 이렇게 말한다.

2014년 샤오미가 떴을 때 모방 혐의를 받자 한스 텅은 나와의 인터뷰에서 샤오미 전화기가 아이폰 복제품이라는 생각을 강하게 반박하기도 했다. 그는 내게 다음과 같은 세 가지 주요 차별화 요소를 지적했다. 샤오미는 사용자가 정의할 수 있는 특징을 가지고 있고, 소셜 미디어의 피드백에 따라 매일 기능을 조정하며, 샤오미는 원래부터 온라인 직거래와 입소문 광고에 의존했다.

그는 또한 당시에는 터무니없는 생각으로 보였던 샤오미에 투자하게 된 이유도 이야기했다. 샤오미는 몇몇 잘 알려진 브랜드와 달리 하드웨어 산업 경험이 없는 10~20명 정도의 소규모 회사였다. 억만장자 로니 챈Ronnie Chan의 후원을 받는 홍콩 모닝사이드 벤처 파트너스Morningside Venture Partners의 벤처 투자자 리처드 류Richard Liu도 거의 첫날부터 샤오미에 투자하기로 했다. 하지만 한스 텅을 90분 만에 투자 결정하도록 설득한 것은 창업자 레이쥔이 파워포인트 없이 윤곽을 보여준 다음과 같은 샤오미의 비전이었다.

- 앞으로 10년 안에 스마트폰이 노트북을 대체할 것이다.
- 스마트폰에 현지화된 맞춤형 기능을 내장하고, 이를 정기적으로

중국이 세계를 지배하는 날

업데이트할 수 있다.
- 소비자와의 직거래 채널을 통해 중간자를 배제하고 비용 절감 효과를 소비자에게 전달할 수 있다.
- 해외에서 복귀하는 인재들과 국내 인재들로 구성된 세계적 수준의 팀이 스타트업을 관리한다.

2012년 샤오미는 기존 후원사들과 IDG, 테마섹Temasek(싱가포르 정부가 100% 지분을 갖고 있는 국영 투자회사—옮긴이), DST 글로벌DST Global 창업자 유리 밀너Yuri Milner 등 투자자가 이 스타트업을 40억 달러로 평가하면서 2억 1600만 달러의 벤처 자금을 조달했다. 이 같은 초기 투자 이후 4년 만에 샤오미는 2014년 잭 마의 윈펑 캐피털Yunfeng Capital, DST 글로벌 등으로부터 11억 달러를 조달했다. 이 거래에서 샤오미는 기업 가치를 450억 달러로 평가받아 일약 세계에서 가장 가치 있는 유니콘에 올랐다.

샤오미 주식의 30% 정도를 소유하고 있는 레이쥔은 기업공개 전날 직원들에게 보낸 메모에서 샤오미의 초기 벤처캐피털 투자 500만 달러로 현재 866배의 수익을 올렸다고 자랑스럽게 말했다. 그는 "아무도 이 눈에 띄지도 않는 조그만 회사가 이렇게 대단하고 흥미진진한 기업가적 여정을 계속하게 되리라고는 예상하지 못했다"라고 썼다. 그뿐만 아니라 8명의 엔지니어와 디자이너로 구성된 초기 공동 창업 팀 중 3명이 기업공개 이후 억만장자가 되었다. 이 중 2명은 마이크로

소프트나 구글에서 기술 경력을 쌓았고, 한 명은 킹소프트에서 레이 쥔과 함께 일했다.

중국에서 해외로

샤오미는 중국의 폭발적인 스마트폰 채택에 힘입어 인도 등 신흥 시장으로까지 확대하면서 급성장했다. 중국에 이어 세계 2위의 스마트폰 시장인 인도에서 샤오미 휴대전화기는 저렴한 가격으로 가장 많이 팔리는 스마트폰이 되었다. 몇 년 전만 해도 국제 매출은 거의 전무한 상태였지만, 74개 국가 및 지역의 매출이 전체 매출의 약 3분의 1 수준으로 증가했다. 샤오미는 전화기 온도를 낮추기 위한 열 감응 제어 기능과 전력 변동에 따라 조절되는 충전기 등 현지 맞춤형 기능을 제공하면서도 합리적인 가격으로 인도 소비자를 사로잡았다.

2013년 레이쥔이 미국 실리콘 밸리의 구글 안드로이드팀에서 가로채 온 브라질 출신 기술자 휴고 바라Hugo Barra가 샤오미의 국제화 추진을 주도하면서 수년간 이 회사의 얼굴이 되었다. 휴고 바라가 국제화를 주도한 것은 창업자 레이쥔이 영어를 배우는 중이었기 때문에 뜻밖의 소득이었던 것으로 밝혀졌다. 예컨대 레이쥔이 2015년 새로 나온 전화기를 선보이기 위해 인도를 방문했을 때 "아 유 오케이Are you OK?"라는 서툴고 어색한 영어로 시작하는 그의 오프닝 멘트 동영상이 온라인에서 유행하며 널리 패러디되었다.

2017년 바라는 짐을 싸기로 했다. 좀 더 익숙한 본거지 실리콘 밸리로 돌아온 바라는 현재 페이스북 자회사인 오큘러스Oculus와 함께

페이스북의 가상현실 프로젝트를 주도하고 있다. 샤오미에서 그의 빈자리를 채우는 사람은 왕샹Wang Xiang이다. 그는 중국에서 오랫동안 퀄컴 최고 경영진을 지낸 사람이다.

샤오미의 다음 해외 추진 계획은 2020년 이전에 인도에 100개의 미홈 매장을 여는 것이다. 그 외 샤오미는 규모가 큰 인도네시아 시장에서 선두 삼성을 따라잡으려 애를 쓰고 있으며, 아시아 여러 시장뿐만 아니라 러시아, 그리스, 이집트, 폴란드, 불가리아, 체코, 카자흐스탄 등에서도 5대 스마트폰 브랜드에 이름을 올렸다.

다음으로 샤오미가 할 일은 뭘까? 핀테크 분야 진입이다. 샤오미를 공동 창업한 홍펑Hong Feng이 이끄는 새로운 자회사 샤오미 파이낸스Xiaomi Finance는 샤오미의 데이터를 활용해서 소액 대출, 자금 이체, 어음 결제, 인터넷 뱅킹, 자금시장 펀드, 그리고 샤오미 공급 체인의 소규모 기업들을 위한 금융 서비스를 제공하고 있다. 샤오미는 이러한 금융 서비스를 스마트폰에 미리 설치하고 있다. 샤오미는 인도의 대부업 스타트업에도 투자하고 있다. 샤오미는 이러한 움직임으로 알리바바와 텐센트의 본거지에 발을 들여놓고 있다. 새로운 분야에서 원래 기술 거인들과 경쟁하는 것은 너무 무리한 일이 아니냐는 질문에는 일리가 있다.

하지만 애플과 직접 경쟁할 수 있는 미국 시장 진출은 특히 현재의 기술과 무역 분쟁으로 볼 때 여전히 어려운 일이다. 얼마나 오래 걸릴지는 두고 볼 일이지만, 샤오미는 다른 시장에서 성장을 추구할 것이다.

6장

차기 제왕 후보 :
터우탸오, 바이트댄스, 메이투안

뉴스와 비디오계의 차기 제왕, 터우탸오

우디네 극동영화제Udine Far East Film Festival 비경쟁 부문 수상작 다큐멘터리 〈피플스 리퍼블릭 오브 디자이어People's Republic of Desire〉는 중국 생방송 스트리밍 스타의 괴상망측한 세계와 고립되고 점점 더 외로운 사회에서 이들이 온라인에서 명성과 부를 찾는 모습을 담고 있다. 이 작품에서는 두 명의 생방송 스트리밍 스타가 노래와 춤, 코미디, 그리고 힙합, 팝, 록, 전자음악과 편집된 이모티콘 스티커, 애니메이션 특수효과에 맞춘 연기 공연 등으로 매달 4만 달러나 끌어모은다. 온라인의 팬들은 이들의 방송에 '좋아요'를 누르기도 하고, 댓글을 달기도 하며, 이들에게 실제 돈인 장미와 같은 가상 선물도 한다.

이 다큐멘터리에 등장하는 회사 와이와이는 중국 최초의 생방송 스트리밍 플랫폼 중 하나다. 나는 2012년 와이와이가 나스닥에 상장할 때 현장에 있었는데, 당시 이 소셜 엔터테인먼트 서비스는 8300만 달러를 조달했다. 나는 와이와이의 설립자 겸 CEO인 데이비드 리David Li와 그의 벤처 후원자인 샤오미의 레이쥔, GGV 캐피털의 제니 리Jenny Lee, 모닝사이드 벤처스의 리차드 류Richard Liu 등이 타임스퀘어 한복판에서 자랑스럽게 박제된 라쿤raccoon(미국 너구리) 모양의 와이와이 마스코트를 들고 환호하는 모습을 지켜봤다. 현재 수십억 달러 규모의 기업 와이와이는 중국 기술 업계에서 이름을 날리고 있다. 생방송 스트리밍은 50억 달러 규모의 사업이 되었고, 중국 인터넷 사용자의 거의 절반이 스트리밍을 시청한 경험이 있다. 와이와이는 홍보 대행사에서 받는 수입과 팬들이 공연자들에게 주는 가상 선물로부터 많은 수익을 올리는 생방송 스트리밍 비즈니스 모델을 고안하는 데 도움을 주었다.

BAT의 새로운 'B'로 부상하는 바이트댄스

빠르게 변화하는 치열한 디지털 시장에서 15초 분량의 짧은 뮤직 비디오 셀카라는 새로운 형태의 생방송 스트리밍이 등장했다. 이 신종 생방송 스트리밍은 세계에서 가장 가치 있는 스타트업으로서 와이와이뿐 아니라 넷플릭스, 유튜브, 스냅챗, 텐센트에 도전장을 내밀고 있는 중국의 신흥 스타트업 바이트댄스가 대중화했다.

바이트댄스 창업자이자 창업 활동을 계속 이어오고 있는 기업가

베이징에 있는 바이트댄스 사옥

자료: Wikimedia Commons

장이밍Zhang Yiming은 콘텐츠 트렌드를 예측하고 인공지능을 활용해
뉴스와 엔터테인먼트를 완전히 새로운 수준으로 끌어올리는 재능을
가지고 있다. 그가 만든 앱은 머신 러닝 기술을 활용해 시청자와 독자
가 무엇을 선호하는지 알아내서 개인 맞춤형 뉴스피드와 비디오 스
트림을 제공하는데, 이 앱을 사용하면 할수록 그 정밀도는 높아진다.
그의 비디오와 뉴스 앱을 좋아하는 사람들이 전 세계에 분포한다. 이
는 그의 콘텐츠 플랫폼 스타트업인 바이트댄스가 중국 최초로 세계
적 인터넷 성공 스토리의 주인공이 될 수 있음을 의미한다.

장이밍이 종이 신문 구독이 디지털 미디어로 빠르게 대체되고 있
음을 실감하고, 자신의 주력 제품인 터우탸오(중국어로 오늘의 머리기사

를 의미)를 시작한 것은 2012년으로 거슬러 올라간다. 몇 년 뒤 2016년에는 15초 분량의 동영상을 담는 두 번째 미디어 앱을 중국에서는 또우인Douyin, 서양에서는 틱톡이라는 이름으로 출시했다. 사용자들이 만드는 이 비디오들은 유치한 장난, 춤 교습, 강아지 손질 요령, 립싱크 등의 내용이 주류를 이루며 번역이 거의 필요 없어서 10대와 밀레니엄 세대 사이에서 인기를 얻고 있다. 뉴스와 비디오 앱 모두 주류로서 세계적으로 큰 성공을 거두었다. 이는 컨슈머 모바일 인터넷의 중국 비즈니스 모델이 중국 밖에서도 먹힐 수 있음을 보여주는 사례다.

엄청난 인기를 누리는 이 앱을 만든 젊은 크리에이터 장이밍은 바이트댄스 웹사이트에서 자신의 사명을 '인공지능의 힘과 모바일 인터넷 성장을 결합해서 사람들이 정보를 소비하고 받는 방식에 혁명을 일으키는 것'이라고 전하고 있다. 그는 바이트댄스가 '머신 러닝 기술로 구동되는 모바일 우선 제품을 출시한 최초의 기업 중 하나'라고 주장한다.

그가 만든 두 앱은 모두 인공지능을 활용해서 사용자들을 광고와 콘텐츠로 연결한다. 와이와이와 마찬가지로 수익화는 가상 선물, 그리고 앱에서 상품을 직접 구매할 수 있는 미니 숍이라는 새로운 방법을 통해서도 이루어진다. 바이트댄스는 소셜 미디어계에서 스타가 되었으며, 바이두 다음으로 B가 될 수도 있다. 심지어 바이트댄스는 페이스북이 모방하기도 했고, 가짜 뉴스와 저속한 내용을 퍼뜨렸다는 비난을 받기도 했다.

이러한 도전 외에 바이트댄스는 중국 밖에서 그 존재감이 점점 더 높아가는 중국 인터넷 서비스의 돌파구를 보여주고 있다. 바이트댄스의 뉴스 앱 터우탸오는 매일 1억 2000만 독자에게 정보를 제공한다. 페이스북이 차단된 중국에서는 이용자들이 매일 1시간 이상 이 앱을 사용한다. 이는 페이스북이나 위챗, 웨이보의 평균 사용자보다 많다. 월 이용자가 3600만 명에 달하는 영어판 톱버즈TopBuzz도 있다. 바이트댄스의 짧은 동영상 플랫폼인 틱톡은 전 세계적으로 월간 실제 사용자 5억 명을 돌파했다. 또한 틱톡은 유튜브, 인스타그램, 스냅챗, 메신저 등과 함께 겨룬 상위 20대 리그에서 세계에서 최고로 많이 내려받은 아이폰 앱 중 하나로 선정되었다. 틱톡은 모회사인 바이트댄스가 중국 밖에서 많은 추종자를 거느린 중국 소셜 비디오 앱 뮤지컬리Musical.ly를 인수합병하면서 국제적으로 많은 지지를 받았다.

바이트댄스 창업자 장이밍(36)은 중국 푸젠성 남부에서 성장하고, 톈진의 난카이대학에서 소프트웨어 엔지니어 과정을 수료했다. 그는 자신의 공학적 지능과 야망, 그리고 소비자 본능을 이용해서 《포브스》 중국 부호 명단에서 25위를 차지하면서 억만장자 반열에 올라섰다. 보도에 따르면 지독하게 독립심이 강한 그가 인터넷 대기업 중 적어도 한 기업이 제안한 바이트댄스 인수를 거절했다고 한다. 그에게는 텐센트나 알리바바에서 일하는 것보다 더 큰 글로벌 비전이 있다. 그리고 실제로 그의 스타트업은 텐센트를 누르고 쇼트 비디오 현상을 일으켰다.

장이밍은 이전부터 기업가의 길을 걸어왔다. 마이크로소프트에서 잠시 근무한 뒤 2009년 여행 예약 사이트 쿠쉰Kuxun을 창업했다. 쿠

바이트댄스 창업자, 장이밍

자료: 블룸버그

쉰은 2009년 트립어드바이저TripAdvisor에 팔렸고, 이후 다시 중국 스타트업 메이투안에 팔렸다. 장이밍은 여행 성수기에 단문 메시지로 이용 가능 여부를 확인하고 티켓을 구매하는 열차표 예약 프로그램도 개발했다.

장이밍이 처음에 인공지능 기반의 뉴스 수집 제공 앱 아이디어를 설명할 때 많은 투자자에게 자신이 텐센트나 바이두를 능가할 수 있다는 확신을 심어줄 수 없었다. 하지만 2012년 그는 SIG 아시아와 이 회사의 진취적인 성향의 조안 왕Joan Wang 전무를 설득해서 계약에 성공했다. 이 앱이 인기를 끌자 세쿼이아 캐피털 차이나가 2014년 중반 1억 달러의 투자 라운드를 주도했고, 2017년 4월 세쿼이아는 중국 건설은행China Construction Bank 산하 투자회사인 CCB 인터내셔널CCB International과 함께 이 회사를 300억 달러로 평가하고 10억 달러를 투자했다. 소프트뱅크와 사모펀드 업체 콜버그 크래비스 로버츠KKR: Kolberg Kravis Roberts가 750억 달러가 넘는 기업 가치 평가로 30억 달러를 투자한 2018년 9월 바이트댄스는 가장 가치 있는 스타트업인 유니콘 기업 목록에서 일약 1위 기업(이전에는 우버였음)으로 뛰어올랐다. 이 스타트업의 투자자에는 제너럴 애틀랜틱, 힐하우스 캐피털Hillhouse Capital, 러시아의 억만장자 유리 밀너도 포함돼 있다(표 6-1 참조).

바이트댄스의 다음 순서는 기업공개가 될 것이다. 만화, 애니메이션, 게임 등을 주제로 한 유사한 중국 동영상 스트리밍 사이트인 빌리빌리Bilibili는 이미 2018년에 나스닥에 상장했다.

장이밍은 틱톡의 성공으로 승승장구하고 있다. 틱톡은 미국의 쇼트 비디오 공유 앱인 바인Vine과 비슷하다. 바인은 트위터가 2012년에 사들였으나 미국 시장에 보조를 맞추지 못하고 4년 만에 문을 닫았다. 트위터는 지금 분명 바인을 더 오래 가지고 있었어야 했다고 생각할 것이다.

표 6-1
바이트댄스 개요

설립자	중국의 기업가 장이밍
설립 연도	2012년
위치	베이징
주요 혁신	인공지능 기반 비디오 앱 틱톡과 뉴스 앱 터우탸오
현황	750억 달러로 평가되는 비상장 기업, 세계 최고 유니콘 기업
특징	중국 최초로 세계적으로 성공한 인터넷 기업이 될 수 있는 기업

중국제 동영상 앱의 인기로 인해 유튜브, 페이스북, 스냅챗, 텐센트 비디오, 바이두의 아이치이 등이 주목을 받고 있다. 페이스북은 행동으로 옮겨 틱톡을 모방한 것으로 널리 알려진 짧은 형식의 비디오 앱인 라소Lasso를 출시했다. 미국 사용자들은 페이스북을 통해 라소에 로그인할 수 있다. 페이스북이 소유한 인스타그램도 2016년 출시한 짧은 기간에 소멸하는 15초 분량의 비디오 기능인 인스타그램 스토리로 이 현상에 가담해서 빠르게 인기를 얻어 사용자가 4억 명에 이르고 있다. 텐센트와 바이두는 각각 중국에서 자체 쇼트 비디오 앱을 출시했으며, 텐센트는 바이두 캐피털, DCM 벤처스, 모닝사이드 벤처캐피털, 세쿼이아 캐피털 차이나와 함께 틱톡의 주요 라이벌인 콰이쇼우에 투자했다.

이런 사실들이 받아들이기에 너무 과하다고 생각한다면 이 새로운 시장의 위험성이 매우 크다는 점을 고려해야 한다. 이상 과열된 중국 쇼트 비디오 앱 시장은 2020년까지 141억 달러에 이를 것으로 전망된다. 이는 중국 내 176억 달러 비디오 스트리밍 시장의 상당 부분을 차지한다.

미국 영화와 TV 스튜디오 임원들이 주목하고 있다. 심야 TV 토크쇼 〈더 투나잇 쇼The Tonight Show〉를 진행하는 영화배우이자 코미디언인 지미 팰런Jimmy Fallon은 시청자들에게 '옛날 서부 영화를 빠르게 돌린 동영상 클립'을 보면 포복절도할 거라고 하면서 이 쇼트 비디오 열풍에 동참했다. 연예기획사 임원 제프리 카젠버그Jeffrey Katzenberg는 최근 10억 달러의 자금을 조달하기 위해 초기 투자자인 알리바바와 함께 퀴비Quibi라는 이름의 모바일 전용 비디오 서비스 플랫폼 업체 뉴TVNewTV를 준비하고 있다. 카젠버그는 이베이와 휴렛팩커드 Hewlett-Packard CEO를 역임한 멕 휘트먼Meg Whitman을 영입해 퀴비의 운영을 맡겼다.

격렬한 모바일 스트리밍 싸움

중국에서는 텐센트와 바이트댄스가 시장 선두 자리를 다투고 있다. 이 싸움은 2017년 텐센트가 바이트댄스의 주 경쟁사인 중국 비디오 스트리밍 서비스 업체 콰이쇼우의 기업 가치를 30억 달러로 평가하고 이 회사에 3억 5000만 달러를 투자하면서 시작되었다. 콰이쇼우는 구글과 바이두의 프로그래머 출신 CEO 수 후아Su Hua가 설립했다. 콰이쇼우 설립 이듬해 바이트댄스와 텐센트 설립자들은 위챗 모멘트WeChat Moments 뉴스 스트리밍에 관해 말다툼을 벌였다. 텐센트가 비디오 클립 특성과 뉴스 읽기 기능을 다시 제작해서 발표하자 바이트댄스의 장이밍은 텐센트를 표절 혐의로 고발했다. 두 회사 간에 불공정 경쟁과 명예훼손 주장이 오갔다. 2019년 초 바이트댄스는 사용자들이 72시간 이내에 사라지는 동영상을 공유할 수 있는 동영상 메시징 앱 두어샨Duoshan을 선보이며 텐센트의 안마당에 발을 들여놓았다.

바이두도 이 싸움에 뛰어들었다. 바이두는 쇼트 비디오 앱 하오칸 Haokan으로 이 경쟁에 참여했는데, 뉴스 피드 위챗 모멘트가 바이두의 비디오 콘텐츠를 차단했다고 비난했다.

세계 최초 인공지능 뉴스 앵커

바이트댄스는 주로 전통적인 뉴스 수집 및 배포와는 다른 방식으로 판을 흔들고 있다. 터우탸오 앱은 머신 러닝 알고리즘을 기반으로 온라인 독자에게 선호하는 뉴스와 댓글을 제공한다. 인간 편집자가 필요 없다. 터우탸오는 한 치의 오차도 없이 정확한 관심사와 호감도를 바탕으로 개인화된 뉴스를 짜준다.

중국이 인공지능에 의한 맞춤형 뉴스 실험에서 미국을 앞서고 있다. 실제 방송 진행자를 모방한 세계 최초의 인공지능 뉴스 앵커가 2018년 중국 관영 신화통신에서 생중계되었고, 이후 미국 CNBC의 경제 시사 프로그램 〈스쿼크 박스Squawk Box〉에 개그로도 등장했다. 터우탸오의 인공지능 로봇인 샤오밍봇Xiaomingbot은 2016 리우데자네이루 올림픽 때 머신 러닝 기술을 사용해서 뉴스를 자동으로 생성했다. 바이트댄스의 콘텐츠 발굴과 창작 시나리오는 페이스북에 버금간다는 기술 미래학자 마이클 스펜서Michael Spencer의 주장은 별로 놀라운 일이 아니다.

하지만 이런 인공지능 콘텐츠 엔진이 만들어내는 콘텐츠가 선풍적인 인기를 얻을 수 있다. 예컨대 방귀 뀌기 시합을 벌이는 유치한 소년들이나 벌레를 먹는 어린 소녀들 동영상은 중국 정부가 통제하는 따분한 언론 매체에서 벗어나 개인화된 콘텐츠를 원하는 중국 시골 주민들에게는 사용자들이 제작한 비디오 못지않게 인기가 있다. "이런 콘텐츠는 통속적인 쪽으로 기울어지는 경향이 있다. 정보 홍수 속에 사는 해안도시 사람들에게는 별로 매력적이지 않겠지만, 평생 자기가 태어난 마을을 떠난 적이 없고 앞으로도 그럴지 모르는 농부들이나 택시 기사들은 다르다"라고 GGV 캐피털의 파트너인 제니 리는 설명했다.

샌프란시스코 기반 벤처캐피털 앤드리슨 호로비츠의 벤처 파트너 코니 챈Connie Chan은 바이트댄스의 인공지능 구동 앱은 서양에서는 아직 흔하지 않은 극단적인 사례라고 지적한다. 틱톡의 알고리즘은 사용자에게 보여줄 비디오를 결정하고, 피드feed(사용자에게 자주 업데이트되는 콘텐츠를 제공하는 데 쓰이는 데이터 포맷−옮긴이)를 전부 지시하며, 사용할수록 사용자의 선호도를 학습한다. 틱톡은 인공지능을 이용해서 게시물을 추천하는 페이스북과 넷플릭스, 스포티파이Spotify, 유튜브 등과는 다르다고 챈은 지적한다. 바이트댄스의 중국 소셜 미디어 동향을 주의 깊게 관찰하는 챈은 어느 접근법이 소비자의 참여를 극대화할지는 두고 봐야 한다고 말한다.

확실히 터우탸오는 양적으로 전통적인 뉴스 포털을 앞선다. 터우탸오의 콘텐츠 기술은 매일 20만 건이 넘는 기사와 동영상을 분류해서 태그를 붙이고, 사용자의 위치와 전화기 모델, 클릭 이력 등을 통해 얻은 데이터 분석 결과를 바탕으로 뉴스 피드를 개인화한다. 사용자들은 페이스북이나 트위터와는 달리 다른 계정을 팔로우하지 않고 터우탸오 앱을 열고 터우탸오의 4000여 개 미디어 협력사를 통해 뉴스에 접속한다.

샌프란시스코 와이 콤비네이터Y Combinator의 콘티뉴이티 펀드 Continuity Fund 파트너인 아누 하리하란Anu Hariharan은 터우탸오를 유튜브와 기술 뉴스 제공 사이트 테크밈Techmeme을 하나로 합쳐놓은 것으로 비유한다. 하리하란은 터우탸오에서 가장 흥미로운 점은 사용자의 입력 정보나 소셜 그래프social graph(사용자가 소셜 웹사이트를 이용하면서 생긴 정보로, 자신의 상태나 프로파일, 친구 목록, 자신이 올린 사진이나 동영상 등을 포함한다-옮긴이), 제품 구매 이력 등이 없이 머신 러닝과 딥 러닝deep learning 알고리즘을 사용해서 개인화된 고품질 콘텐츠를 제공하는 방법이라고 한다.

태평양에서 대서양까지

바이트댄스는 최근 몇 년 동안 콘텐츠 거래와 민첩한 기업 인수로 주가를 올리면서 자신의 스타트업을 국경 없는 기업으로 만들겠다는 창업자 장이밍의 사명을 완수하고 있다. 2017년 11월 바이트댄스가 전 세계 2억 명이 넘는 사용자를 보유한 상하이에 기반을 둔 소셜 비디오 앱 뮤지칼리를 약 9억 달러에 인수하면서 이 목표는 훨씬 가까워졌다. 이 인수 거래로 인해 틱톡의 인공지능 제공 비디오 스트림과 수익화 실적이 뮤지칼리의 제품 혁신과 서구 사용자의 요구와 취향에 대한 이해와 결합했다. 이 결과는 다문화 DNA였다. 바이트댄스가 4년 된 뮤지칼리를 틱톡에 편입하고, 통합한 단일 앱을 틱톡의 이름으로 브랜드 이미지를 쇄신하자 이 앱은 3개월 만에 3000만 명이 넘는 신규 사용자를 확보했다. 바이트댄스는 뮤지칼리, 그리고 비아콤Viacom과 NBC 유니버설NBC Universal과의 쇼트 비디오 쇼 거래를 통해 할리우드에도 진출했다.

바이트댄스 창업자 장이밍은 이번 계약이 뮤지칼리의 글로벌 영향력과 바이트댄스의 중국과 주요 아시아 시장의 대규모 사용자 기반을 통합하고, 중국 안팎의 콘텐츠 제작자와 브랜드를 위한 글로벌 디지털 미디어 플랫폼을 구축하기 때문에 여러 면에서 타당한 조처라고 힘주어 말했다.

공격적인 바이트댄스는 로스앤젤레스 사무실을 근거지로 더 많은 미국 혁신 기업을 발굴해 인수하는 거래에도 바빴다. 2019년 초 바이트댄스는 비즈니스, 전략, 커뮤니케이션에서 엔지니어링, 제품 개발에 이르는 62개 일자리에 대한 채용 공고를 냈다. 지난 몇 년 동안 바이트댄스는 로스앤젤레스에 기반을 둔 음악 클립용 비디오와 사진 제작 앱인 플리파그램Flipagram을 낚아채고, 중국 모바일 앱 개발 업체인 치타 모바일이 대주주로 있는 생방송 스트리밍 앱 라이브미Live.me에 5000만 달러를 투자했다. 또한 바이트댄스는 치타 모바일로부터 프랑스에 기반을 둔 글로벌 모바일 뉴스 통합 서비스인 뉴스 리퍼블릭News Republic을 8660만 달러에 인수했다. 바이트댄스는 심지어 새뮤얼 어빙 뉴하우스Samuel Irving Newhouse의 어드밴스드 퍼블리케이션스Advanced Publications로부터 미국 소셜 뉴스 통합 업체 레딧의 지배 지분을 사들이려고 시도했으나, 2019년 초 3억 달러의 공동 투자를 제안하며 들어온 텐센트에 이 거래를 뺏겼다.

터우탸오는 뉴스 기반에서 벗어나 파트너십을 통해 영향력을 극대화하면서 전자상거래 진출을 모색하고 있다. 미국 인터넷 매체 버즈피드와 계약을 맺고 중국에서 버즈피드 엔터테인먼트 콘텐츠를 공유하기로 했다. 바이트댄스는 또한 터우탸오 사용자들이 전자상거래 사이트에서 쇼핑할 수 있게 하려고 중국 거대 전자상거래 업체인 징동닷컴과도 전략적 제휴 계약을 체결했다. 무엇보다도 터우탸오는 엄청난 트래픽을 활용해서 전자상거래에서 알리바바와 징동닷컴과 결전을 벌이고 있다. 터우탸오는 최근 소비재와 생활용품을 판매하는 전자상거래 앱인 지디앤Zhidian을 출범했다.

자극적인 콘텐츠의 제왕

전 세계 많은 디지털 미디어 회사처럼 바이트댄스는 가짜 뉴스와 불쾌한 콘텐츠 대응에 어려움을 겪고 있다. 중국 규제 당국은 저속한 내용과 예컨대 조잡한 코미디, 추문, 유명 인사에 대한 험담 등 '쓸모없는 정보'를 겨냥해왔다. 《사우스 차이나 모닝 포스트South China Morning Post》는 터우탸오 창업자 장이밍이 이런 종류의 콘텐츠로 '자극적인 콘텐츠의 제왕'이라는 명예롭지 못한 칭호를 얻게 되었다고 보도했다.

장이밍은 바이트댄스가 자체 검열팀을 보강하고, 사용 금지자 목록을 만들고, 콘텐츠를 선별하는 기술을 개선할 것이라고 약속하면서 적극적인 자세를 취했다. 이 회사는 최근 콘텐츠 검토 요원 2000명을 고용하고, 중국 정부의 인터넷 정화 압력에 부응해서 2만 개 이상의 계정을 금지했다.

앞으로 더 많은 해결책을 내놓을 예정이다. 2016년 설립된 인공지능 연구소에서 최첨단 인공지능 혁신을 추진하고 있다. 이 연구소는 이전에 마이크로소프트 리서치 아시아MSRA: Microsoft Research Asia 연구소 부소장이었던 웨이잉 마Wei-Ying Ma가 맡고 있다. 그의 임무는 불쾌한 콘텐츠를 걸러내고 더 개인화된 콘텐츠 권장 사항을 정확히 찾아내는 머신 러닝 알고리즘을 개발하는 것이다.

바이트댄스의 성장이 둔화될 기미는 보이지 않는다. 이 회사는 신세대를 위한 앱 제국을 건설하고 있다. 이렇게 하면서 중국의 기존 BAT 리더들에게 도전하고, 서구의 인터넷 리더들에게 자신을 드러내고 있다.

TMD의 M, 메이투안 디앤핑

중국 기업가 왕싱은 한때 복제 전문가로 알려져 있었다. 중국의 인터넷 초기에 그는 페이스북, 프렌즈터, 트위터 등을 베꼈다. 하지만 그 어느 것도 성공하지 못했다. 이제 그는 서비스용 슈퍼 앱으로 혁신을 꾀하고 있는 발음도 어려운 메이투안-디엔핑에 공을 들이고 있다. 텐센트가 지분 20%를 보유하고 있는 메이투안은 2018년 9월 홍콩에서 상장해서 42억 달러를 조달했다. 하지만 메이투안이 계속 적자를 내고 있고, 알리바바 소유의 배달 서비스인 에러머와의 치열한 경쟁을 고려할 때 이 회사가 리더 자리를 계속 유지할 수 있을지는 확실치 않다(표 6-2 참조).

지난 10년 동안 메이투안은 자사의 일체형 앱을 이용해서 도시락 주문, 식당 예약, 호텔 예약, 영화 관람권 구매, 손 관리와 마사지 상품권 교환 등을 하는 중국의 급성장하는 도시 중산층의 요구에 부응하며 거인으로 떠올랐다. 이 다기능 앱에는 지역 검색 서비스 옐프, 호텔 예약 부킹닷컴Booking.com, 온라인 음식 주문 배달 서비스 그럽허브GrubHub와 우버이츠Uber Eats, 항공권과 호텔, 렌터카 예약 앱 카약, 판당고Fandango, 레스토랑 예약 앱 오픈테이블OpenTable, 그리고 심지어 홀푸드 유형의 슈퍼마켓 체인까지 결합돼 있다. 일반적으로 앱이 하나의 수직 분야를 전문으로 하는 미국에는 메이투안에 견줄 만한 앱은 단 하나도 없다.

메이투안 창업자 왕싱은 심한 현금 고갈로 인해 자신이 창업했던 페이스북과 닮은 스타트업을 실패한 적이 있다. 그는 지금 하는 사업은 번성하기 바란다. 왕싱은 중국에서 음식 주문 배달 사업을 1조 달

표 6-2
메이투안 디앤핑 개요

설립자	중국 기업가 왕싱
위치	베이징
설립 연도	2010년
디앤핑과 합병연도	2015년
현황	홍콩증권거래소 상장에서 530억 달러 평가로 42억 달러 조달함.
주요 혁신	서비스용 슈퍼 앱, 인공지능 기반 모페드 배송 시스템
2018년 총 상품 매출 규모	769억 달러, 44% 매출 성장, 중국 시장 식품 배송 거래 64억 건, 호텔 예약 2억 8400만 박
2018년 재무 상태	매출액 97억 달러, 92% 매출 성장, 조정 순손실 12억 7000만 달러
특징	설립자는 중국의 '인터넷 비즈니스 복제기internet cloner'로 알려져 있으며, 이 회사는 그의 네 번째 스타트업임.

러짜리 기회로 보고 있다. 그는 이것이 식당에서 먹거나 집에서 음식을 준비하는 데 대한 단순한 대안이 아니라, 새로운 삶의 방식이라고 말한다. 그의 말이 맞을지도 모른다. 미국에서 도어대시DoorDash와 그럽허브 등 빠른 음식 배달 서비스가 얼마나 인기 있는지 생각해보면 알 수 있다.

메이투안 창업 CEO 왕싱은 자신의 성공을 확신한다. 그가 지적하는 대로 '어떤 일이 있어도 사람들은 먹어야 하고, 메이투안은 사람들이 가장 편리하게 먹는 방법을 제공'하기 때문이다.

중국에서 메이투안 앱을 이용하면 주문 현황을 추적할 수 있고, 식당 위치와 배달원의 현재 위치를 알 수 있고, 도착 예정 시간과 배달원의 이름, 모습 등을 확인하고, 배달원과 직접 전화도 할 수 있다.

메이투안 배달은 최단 거리를 알려주는 인공지능 덕분에 고객이 주문하는 시점부터 도착까지 보통 28분밖에 걸리지 않는다. 중국의 인구 밀도가 높은 도시에서는 일반적으로 거리가 2km 이내다. 배달원들은 배달 1건당 약 1달러를 받으며, 배달 물량도 풍부하다. 시간에 쫓기는 중국 근로자들은 이 편리한 서비스 비용을 기꺼이 낼 용의가 있다. 바로 먹을 수 있는 중국식 도시락을 사무실 직원들에게 가져다주는 사업은 현재 가장 호황을 맞고 있다.

스쿠터부터 로봇까지

전국적으로 60만 명에 가까운 메이투안 배달원들은 베이징과 상하이 전역에서 노란색과 검은색의 야광 유니폼을 입고 바로 먹을 수

메이투안의 음식 배달 서비스

자료: 《니케이 아시안 리뷰》 홈페이지

있는 포장 음식과 상품을 배달하기 위해 스쿠터를 타고 쌩하고 달린다. 메이투안은 중국 주문 배송 시장의 약 60%를 장악하고 있다.

어느 날 아침 늦게 메이투안 본사에서 나는 점심 도시락 배달을 준비하고 있는 몇몇 배달원을 발견했다. 북적거리는 베이징 북서부의 메이투안 본사는 젊고 활기찬 직원들로 가득하다. '사람들이 더 잘 먹고, 더 잘살게 하자'는 이 회사의 살맛 나는 사명을 홍보하는 대형 광고판이 눈에 띈다.

메이투안美团은 '아름다운 무리'로 번역한다. 드넓은 로비의 대규모 전시실에서는 2010년 그룹이 인수한 스타트업에서 경쟁 레스토랑 리뷰 사이트인 디앤핑과의 합병을 거쳐 유명 후원 업체로부터 풍부한 자금 지원을 받는 유니콘으로, 그리고 2018년 상장 기업으로 발전하는 이 회사의 발전사를 담은 화면을 계속 보여준다. 이 전시실에서는 효율성 향상을 위한 메이투안의 자율 배송autonomous delivery 혁신 사례도 보여준다. 자율 배송 부문 총책임자인 샤 후아샤Xia Huaxia 박사는 배달원의 주문 상품을 받아 최종 10m 이내 거리의 고객에게 전달하기 위해 메이투안이 베이징에서 시험하고 있는 자율주행 배달 로봇 2대를 내게 보여준다. 이 로봇들은 따뜻한 음식과 찬 음식용 담당으로 분야가 나뉘어 있다.

샤 후아샤 박사는 메이투안이 빅데이터와 인공지능 혁신에 얼마나 기대하고 있는지도 말해준다. 메이투안의 배송 특허 기술은 빅데이터를 분석해서 최단 경로와 가장 가까이 있는 배달원을 찾고, 교통 체증과 사고 현장을 피한다. 지능형 음성 비서는 배달원이 스쿠터를 타고 가는 중에 휴대전화를 조작하지 않고도 배달 주문을 받고 주문 관련 보고를 할 수 있도록 해준다. 이러한 발전으로 메이투안은 2016년 이후 평균 배송 시간을 7분이나 줄일 수 있었다.

메이투안이 도입한 또 다른 기술은 QR코드로 배달원의 신원을 식별하고 검증하는 보안 점검과 정부의 감독 데이터베이스와 연결해서 이 회사 플랫폼에 있는 가맹점들의 사업 허가증을 확인하는 첨단 전자 기록 관리 시스템이다. 이 시스템은 또한 데이터를 동기화해서 식품 안전과 위생 상태를 추적하고, 시한과 위치, 제품 카테고리별로 고객 리뷰를 확인, 분석해서 문제를 예방할 수 있다.

거대한 디지털 화면에서는 중국에서 도시화와 기술 발전, 모바일 인터넷 보급 확산, 소비자 지출 증가 등에 힘입어 급속히 성장한 이

중국이 세계를 지배하는 날

회사가 식품 배달 서비스 시장에서 차지하는 선도적 지위를 잘 보여 준다.

메이투안이 중국에서 얼마나 많은 업적을 쌓고 있는지를 보여주는 이 모든 정보를 받아들이면서 감명 받았다. 메이투안은 200개 이상의 서비스와 상품 카테고리를 자사 앱에 포함했다. 이 앱은 실제 구매자 4억 명과 2800개 중국 도시의 가맹점 580만, 67억 건의 거래, 50억 건의 사용자 리뷰라는 업적을 달성했다.

긍정적인 면이 많은 것은 분명하다. 중국의 소비자 경제는 2020년까지 중국 GDP 성장의 약 절반을 차지할 것이다. 전자상거래 시장은 2018년의 1조 1000억 달러에서 2022년까지 1조 8000억 달러를 기록할 것이다. 전자상거래 시장의 식품 서비스 부문은 매년 20% 가까이 성장하고 있으며, 2023년까지는 11억 5000만 달러를 돌파할 수 있을 것이다.

돈을 벌어본 적이 없다

하지만 이 화면에서 밝히지 않는 것이 있다. 메이투안이 창사 이래 계속 적자를 보고 있다는 사실이다. 개발도상국의 급성장하는 많은 기술회사처럼, 돈을 벌기보다는 시장 점유율이 우선이다.

문제는 메이투안의 핵심 사업인 식품 배달이 노동집약적이고 현금이 많이 드는 사업이며, 이윤이 아주 박한 상태로 운영된다는 점이라고 삭소 캐피털 마켓Saxo Capital Markets의 시장 전략가 엘리너 크리그 Eleanor Creagh는 지적한다. 메이투안은 음식 배달 시장에서 알리바바의 지원을 받는 에러머와 치열한 경쟁을 벌이고 있어서 배송료를 올리면 고객을 잃게 된다. 시장 점유율 쟁탈은 비용이 많이 들고, 후한 보조금과 인센티브를 통해 사용자를 유치하고 유지하는 데 필요한 지출은 여전히 많을 것이라고 크리그는 지적한다. 메이투안의 여행과 호텔 사업 부문은 훨씬 더 수익성이 높아서 총이윤이 88%에 달한다고 크리그는 결론짓는다.

중국의 주요 경쟁 업체의 한 임원은 메이투안의 사업 부문 채산성과 손실로 이 회사가 지속가능할지 의문이라고 주장하며 메이투안이 경쟁사들보다 지출이 많다고 생각한다. 메이투안이 기업공개를 추진한 것은 큰 실수였다고 이 경쟁 업체 임원은 말했다. 형편없는 재정 상태가 모든 사람에게 적나라하게 공개되었기 때문이다.

메이투안 매출의 약 3분의 2는 음식 배달 서비스이고, 여행 예약과 결혼식 기획 등 서비스가 나머지 매출의 대부분을 차지한다. 고객을 유치하는 데 드는 자본집약적 보조금을 피하고자 메이투안은 가맹점 확보에 혈안이 돼 있다. 메이투안은 고객 주문에 대한 가맹점 수수료, 온라인 마케팅과 광고 수수료, 급여 관리, 재고 관리, 고객 관리 등 비즈니스 서비스, 그리고 월 이자율 1.5%의 소액 대출 등에서 추가 수입을 올린다.

메이투안은 다른 사업에도 진출했지만 성과는 엇갈렸다. 이 회사는 모바이크를 비싸게 인수하면서 자전거 공유 사업에 뛰어들었다. 하지만 식어가는 자전거 대여 사업의 공급 과잉을 막고, 운영 효율성을 개선하고, 손실을 줄이기 위해 몇 달 후 운영을 축소했다. 이는 잘

한 조처 같다. 상하이와 난징의 레스토랑들이 자신들의 위치까지 가는 차비를 부담하도록 하는 아이디어를 시험하기 위한 승차 공유 사업 확대 계획도 중단했다. 이것도 현명한 조치였다(승차 공유 기업에 대한 자세한 사항은 11장에서 다룬다).

한편 메이투안은 최근 게임 사업에 뛰어들기 시작했다. 텐센트가 최근에 게임 분야에서 운이 나빴던 것을 고려하면 이는 그렇게 현명한 선택이 아닐 수도 있다.

세 번째는 성공한다

중소기업 성공 신화로 유명한 중국 남동부의 푸젠성 출신으로, 현재 나이 40에 머리가 벗어지기 시작한 왕싱은 순자산 50억 달러로 중국 최고 갑부 대열에 끼게 되었다. 왕싱은 중국의 MIT로 불리는 칭화대학에서 전자공학 학사학위를 받은 뒤 미국으로 건너가서 2005년 델라웨어주립대학에서 컴퓨터공학 석사학위를 받았다. 하지만 그곳에서 박사학위 과정을 중퇴하고 중국으로 돌아왔다. 페이스북의 성공에 고무된 그는 중국에서 인터넷이 발달하는 동안 굴곡이 많은 기업가의 길을 걷기 시작했다.

그는 많은 좌절을 맛보았지만 메이투안은 그의 승리일 수 있다. 왕싱은 자신의 여정을 "우리가 미래에 충실할수록 우리는 더 인내할 수 있다"라는 시적인 말로 표현했다.

왕싱이 첫 번째 소셜 네트워크 구축 시도로 초기 소셜 네트워킹 사이트인 프렌즈터를 그대로 베낀 뚜어뚜어유Duoduoyou는 인기를 끌지 못했다. 페이스북을 모방한 샤오네이Xiaonei는 사용자들에게 인기가 있었지만, 곧 현금이 고갈되어 2006년에 오크 퍼시픽 인터렉티브 Oak Pacific Interactive에 200만 달러에 매각해 런런으로 이름이 바뀌었다. 그가 다음으로 시도한 것은 인기 있는 트위터를 복제한 판포우Fanfou다. 하지만 판포우는 2009년 중국 서부에서 일련의 폭동이 일어나는 와중에 중국 정부 검열관들에 의해 18개월 동안 오프라인으로 전환되었다. 그동안 판포우는 나스닥 상장사인 중국 시나닷컴Sina Corp.이 마이크로블로깅microblogging(짤막한 메시지나 영상 등을 인터넷에 정기적으로 올리는 활동−옮긴이) 웹사이트 시나 웨이보Sina Weibo를 야심 차게 만들자 곧 추월당했다.

기업가이자 프로그래머인 왕싱은 2010년 메이투안을 출범할 때 여러 번 실패해도 괜찮다는 힌트를 실리콘 밸리에서 얻고 있었다. 메이투안 역시 실제로 미국 공동 구매 사이트 그루폰을 모방하면서 시작했다. 하지만 이마저도 확실히 성공하리라는 보장은 없었다.

'1000개의 그루폰 전투'로 명명된 이 싸움에서 중국 도시 전역에서 그루폰 짝퉁들이 쏟아져 나와 흥정을 좋아하는 중국 소비자 쟁탈전에 나섰다. 거물급 투자자인 알리바바와 텐센트, 그리고 몇몇 중국 벤처 거물들은 이 열풍을 타고 돈을 벌려고 애쓰는 짝퉁 기업들에 수백만 달러를 쏟아부었다.

오리지널 그루폰도 2011년 중국 텐센트와의 합작법인 가오펑 Gaopeng을 통해 이 싸움에 가세했다. 2010년부터 2014년까지 메이투안은 세쿼이아 캐피털 차이나, 알리바바, 사모펀드인 제너럴 애틀랜틱에서 여러 차례에 걸쳐 2억 7000만 달러를 조달했다.

한편 주 경쟁사인 디앤핑은 2010년부터 2012년까지 세쿼이아 캐피털 차이나, 구글, 캐피털 벤처Qiming Venture, 라이트스피드 벤처 파트너스Lightspeed Venture Partners에서 무려 2억 달러를 조달했다. 그런 다음 2014년 텐센트는 디앤핑 지분 20%를 사들이면서 지분 비율을 끌어올렸다. 또한 GSR 벤처스와 노스웨스트 벤처 파트너스Norwest Venture Partners의 지원을 받는 라쇼우Lashou도 이 경쟁에 뛰어들었다.

또 다른 경쟁자 누오미Nuomi는 런런에서 투자를 받아 전력을 강화했다.

이른바 '1000개의 그루폰 전투'에서는 점점 더 불어나는 광고 예산과 보조금, 그리고 최고 60%나 할인해주는 고가 쿠폰 제공 경쟁이 한계에 도달했다. 선두주자인 메이투안과 디앤핑은 이런 소모전에 필요한 자본을 계속 조달했다. 하지만 약체 기업들은 엄청난 마케팅 비용 때문에 타격을 받았다. 라쇼우는 기업공개에 실패해서 2014년 중국 유통 지주회사 산파워 그룹Sanpower Group에 넘어갔다. 런런의 소셜 쇼핑 서비스 사이트 누오미는 2014년 바이두에 매각된 후 시장 점유율이 하락하고 있다. 원조인 그루폰 차이나의 경우는 중국에서 흥청망청 고용과 마케팅 활동을 벌이고 텐센트와 합작 투자를 했지만 완전히 실패하고 말았다. 이는 이전에 중국에서 격렬한 국내 경쟁 업체들과의 경쟁에서 이기기를 시도했던 이베이와 야후, 구글의 데자뷔다.

한편 이 싸움에서 살아남은 메이투안과 디앤핑은 더 많은 자금 조달을 놓고 계속 경쟁을 벌였다. 메이투안은 2015년 7억 달러, 디앤핑은 같은 해 8억 5000만 달러의 투자를 끌어들였다.

황금연휴에 이루어진 합병

휴전이 이루어진 때는 2015년 10월 중국의 황금연휴였다. 메이투안은 150억 달러의 거래로 최고 라이벌인 디앤핑과 합병했다. 이 거래는 이들 기업을 후원하는 거대 기업 알리바바, 텐센트, 세쿼이아 캐피털 차이나의 지원을 받아 이루어졌다. 이 합병은 궁합이 잘 맞았다. 메이투안의 그루폰 타입 영화 티켓 및 여행 상품권과 음식 배달 서비스와 디앤핑의 옐프 스타일 레스토랑 리뷰를 합쳤기 때문이다. 이 두 회사의 합병으로 인해 중국에는 지배적인 공동 구매 기업이 탄생했고, 이 분야가 과연 승자독식 시장이 될 것이냐는 의문은 자연스럽게 그렇다는 쪽으로 결론이 났다. 왕싱은 합병 기업을 맡아 인터넷 시대의 몇몇 이전 공동 창업자를 회유했다. 그는 시간을 낭비하지 않았다.

메이투안 디앤핑은 2017년 미국에서 텐센트와 부킹 홀딩스Booking Holdings로 개명한 프라이스라인 그룹Priceline Group이 이끄는 투자 라운드에서 40억 달러를 조달했다.

이 자금 조달에서 메이투안 디앤핑은 300억 달러의 가치를 지닌 세계 3위 유니콘으로 평가되었다. '인터넷 플러스' 시장 또는 중국에서 당시 가장 인기 있는 유행어 O2OOffline to Online로 간단하게 알려진 온라인과 오프라인 세계를 결합한 시장에서 메이투안은 일약 중국의 선두주자로 부상했다. 현재 메이투안은 소프트뱅크가 이끄는 투자 라운드에서 30억 달러의 자금 지원을 받았고, 알리바바가 최근 합병한 식품 배달과 온라인 서비스 사업 부문인 에러머와 코우베이와 대결하고 있다. 나는 미국에서 이렇게 알차고 영향력 있는 다른 기술 거래를 생각할 수 없다.

나는 2012년 베이징에서 열린 실리콘 드래건 포럼에서 연설하던 왕싱을 또렷이 기억한다. 그때 이미 스마트하고 추진력이 강하면서도 겸허한 태도가 돋보였다. 그런 그가 일을 급속도로 추진하려고 단단히 마음먹은 것이 틀림없다. 앞서 언급한 40억 달러 자금 조달 직후인 2018년 9월 그는 홍콩증권거래소에 기업공개를 알렸다. 메이투안은 42억 달러를 조달했는데, 이는 불과 두 달 전 중국 스마트폰 제조업체 샤오미의 47억 달러 상장에 이어 홍콩에서 두 번째로 큰 기술기업 공개다.

"이번 메이투안에 대한 투자 결정은 10년 이상 우리 투자 여정에서 아마도 가장 중요한 결정이었다." 메이투안의 12주주 중 하나로 12%의 지분을 보유한 세쿼이아 캐피털 차이나의 파운딩 매니징 파트너인 벤처 투자자 닐 선Neil Shen의 말이다. 세쿼이아는 메이투안에 대한 투자 4억 달러로 거의 50억 달러를 벌어들일 것으로 전망된다. "이번 난투극에서 왕싱은 팀을 잘 이끌고 더욱더 용감하게 싸웠다. 치열한 경쟁이었고 피비린내 나는 싸움이었다."

닐 선은 세쿼이아가 메이투안 주식을 하나도 팔지 않았다고 말한다. "우리는 메이투안을 중국 인터넷 시장에서 장수할 챔피언으로 보고 있다. 앞으로도 계속 성장할 것으로 생각한다."

현재 메이투안은 중국 내수시장에 초점을 맞추고 있다. 하지만 최근 인도의 음식 배달 스타트업인 스위기Swiggy와 인도네시아 스쿠터 시장의 선두주자인 고젝Go-Jek 인수 등을 통해 전략적으로 동남아에 투자하기 시작했다.

아기 코끼리

메이투안으로서는 디지털 소매업은 또 다른 시도다. 이 회사는 7개의 이른바 리틀 엘리펀트Little Elephant 식료품점을 열었다. 이것은 작은 홀푸드를 닮았거나, 알리바바의 프레시히포와 징동닷컴의 7프레시 7Fresh 체인점 등 중국 경쟁 업체 서비스와 비슷한 것이다. 메이투안은 알리바바와 징동닷컴이 자체 소매점 개설과 비슷한 시기인 2017년에 첫 리틀 엘리펀트 점포를 열었다.

나는 베이징에 있는 메이투안의 첫 번째 리틀 엘리펀트 판매장을 방문해서 일반적으로 CVS나 월그린Walgreens(미국 식품, 잡화 판매 회사-옮긴이) 등의 편의점에 쌓여 있는 잡동사니 물건들뿐만 아니라 신선한 과일과 야채, 해산물 등도 많이 갖춰져 있는 데에 감명을 받았다. 리틀 엘리펀트에서는 반경 3.5km 이내 거리 내에서 빠르게 배송하고, 모든 품목을 바코드로 표시하며, 자동 체크아웃, 온라인 결제 서비스를 제공한다. 이는 7프레시나 프레시히포와 같지만 식탁까지 음식을 가져다주는 로봇은 없다.

내가 상점을 돌아보는 동안 현장 시식용 또는 포장용 중국 점심 도시락이 준비되고 있었다. 몇몇 젊은 여성 사무직 직원이 개방된 주방 근처 의자에 앉아 점심을 먹고 있었다. 나도 그곳에서 점심을 주문했다. 하지만 바빠서 밥과 야채, 닭고기가 든 도시락을 다음 행선지로 향하는 택시 안에서 먹어야 했다.

다음 행선지는 또 다른 중국 기술 거인으로, 우버 차이나를 인수해서 유명해진 승차 공유 서비스 회사 디디였다.

3부

미국 기업의
좌절

7장

왜 미국 기업은
중국에서 유독 작아지는가

중국 진출에 성공한 사례가 거의 없는 미국 기업

중국 대도시에서는 스타벅스 고객들이 줄을 서지 않는다. 스마트폰 앱을 클릭해서 원격으로 주문하고 알리페이로 결제한다. 그리고 약 1달러 30센트만 내면 좋아하는 따뜻한 커피를 배달해준다. 중국 시장에서 스타벅스는 전자상거래의 거인 알리바바와 그 택배 서비스인 에러머의 디지털 기술을 활용해서 소매 유통을 혁신하고 현지 문화에 맞췄다.

2017년 말 중국 토박이 경쟁 업체 루이싱 커피Luckin Coffee가 등장해 스타벅스의 시장 점유율을 잠식하기 시작하면서 중국 판매가 부진해지자 스타벅스는 특단의 조처가 필요했다. 루이싱 커피는 싼 가

루이싱 커피 지점

자료: Wikimedia Commons

격과 모바일 주문·결제, 그리고 끊임없이 바삐 일하는 사무직 근로
자들이 바로 테이크아웃해 갈 수 있게 한적한 곳에 마련된 키오스크
와 신속한 배달 시스템으로 인기를 끌었다. 한 잔 가격에 두 잔을 제
공하는 할인 정책 등 막대한 보조금은 별도로 하더라도 스타벅스 커
피 한 잔은 3달러 50센트인데 루이싱 커피는 3달러로 더 싸고 맛도
좋다.

스타벅스의 새로운 기술, 디지털 상거래 방식, 중국에서 알리바바
와의 제휴는 오랜 친구 간인 알리바바의 잭 마와 스타벅스의 하워드
슐츠Howard Schultz가 스타벅스의 판매 회복을 위해 꾸민 일이다. 스타
벅스의 기존 오프라인 점포들은 모바일 거래에 익숙한 중국의 밀레

니엄 세대와는 맞지 않았다.

스타벅스의 중국 판매는 디지털에 힘을 쏟고, 내용물이 흐르지 않는 컵을 도입하면서 증가세를 보이지만 2018년 루이싱 커피가 등장하기 전보다는 둔화되었다. 카페인 함량이 높은 커피를 파는 중국 경쟁자와의 경쟁은 치열하다.

스타벅스의 매력은 항상 고객들이 맛있는 커피를 음미하며 원하는 만큼 오래 머물 수 있는 잘 디자인된 매장이었다. 스타벅스는 이제 새로운 모바일 주문과 결제, 주문형 배송 시스템으로 중국에 적합한 새로운 시대를 열고 있다. 흥미롭게도 스타벅스는 중국에서 처음 소개한 자사의 새로운 커피 퀵서비스를 우버의 식품 배달 서비스 우버이츠와 제휴해서 미국 6개 도시에 도입하고 있다.

중국 알리바바와 함께 하는 스타벅스의 새로운 계획은 그 영향력이 지대했으며, 이를 계기로 이 미국 커피 체인은 많은 새로운 시도를 하고 있다. 특히 중국 시장용 가상 판매장에서는 스타벅스 고객들이 제일 좋아하는 커피를 주문하거나 기프트 카드를 사고, 경품을 교환하고, 알리바바 전자상거래 앱 안에서 알리페이로 머그잔과 커피콩을 살 수 있다. 스타벅스는 또 상하이와 항저우에 있는 알리바바의 디지털화된 프레시히포 슈퍼마켓에 전용 주방도 개설하고, 이미 중국 30개 도시의 2000여 개 매장에 입주해서 대량 주문을 받아 30분 이내에 배달하고 있다. 대량으로 커피를 추출하는 이 주방들은 바리스타가 수제 커피를 제공하는 스타벅스 소매 판매장의 매출을 보완한다.

시애틀에 본사를 둔 스타벅스는 20년 전 전통적으로 차를 마시는 문화를 가진 중국 시장에 진출해서 소비자들을 설득했다. 커피에 맛을 들인 중국 소비자들은 프리미엄 미국 브랜드치고는 저렴한, 아메리카노 한 잔에 3달러 50센트를 내면서 눈 하나 깜짝하지 않았다. 이제 스타벅스는 선두 자리를 고수하기 위해 중국의 새로운 기술로 업그레이드했다.

"스타벅스는 세계 어느 곳보다 중국에서 빠르게 성장하며 혁신하고 있다. 알리바바와의 혁신적인 제휴는 현대 소매업의 형태를 바꿔놓게 될 것이며, 중국 소비자들의 기대를 뛰어넘으려는 우리 노력에 힘입어 중요한 성과가 될 것이다." 스타벅스 사장 겸 CEO인 케빈 존슨Kevin Johnson은 알리바바와의 새로운 제휴 소식을 발표하면서 이렇게 선언했다.

돋보이는 상하이 스타벅스 리저브 로스터리

나는 상하이의 번화가 난징 로드에 있는 스타벅스의 대표적인 리저브 로스터리Reserve Roastery를 방문했다. 상하이 스타벅스 리저브 로스터리는 뉴욕, 시애틀, 밀라노를 포함한 네 곳 중 하나로, 세계 최대 스타벅스 판매장이다. 2층 건물에 총 바닥 면적 약 2800㎡인 이 북적거리는 매장은 일종의 커피 전문 디즈니랜드로 비유할 수 있다. 나는 커피콩을 담은 마대 자루들이 뱀처럼 구불구불한 컨베이어 벨트를 타고 들어오는 광경을 지켜보았다. 이 커피콩 자루를 내려서 작은 단위로 나누어 볶고, 최상의 풍미를 내기 위해 구리 통에 저장한 다음,

중국이 세계를 지배하는 날

구리 파이프를 통해 커피 전문점의 저장고로 보내거나, 포장해서 중국 각지의 스타벅스 매장으로 보낸다. 긴 바에서는 바리스타들이 에스프레소, 카페라테, 카푸치노 등 많은 특제 음료를 내놓고 있었다.

웨이터들은 지나다니며 커피, 맥주, 와인 등 음료와 포카치아 focaccia(올리브유와 소금을 뿌리고 야채를 넣고 구운 동그란 이탈리아 빵—옮긴이) 샌드위치 주문을 받고 있었다. 스타벅스에서 흔히 볼 수 없는 초콜릿을 눈에 띄게 진열해서 중국 소비자들에게 초콜릿이 커피와 잘 어울린다는 사실을 깨우치고 있었다. 중국인의 취향에 맞춰 다양한 차를 구비한 전문 찻집도 있었다. 알리바바의 앱을 통해 접속한 증강현실 플랫폼에서는 리저브 로스터리의 주요 특징과 커피콩이 커피로 컵에 담기기까지 이야기를 보여줬다. 고객들은 오래 머물면서 친구들을 만나 웃고 떠들거나 모바일 기기를 만지작거리고 있었다. 매장 안은 붐볐고, 밖에는 줄이 늘어서 있었다.

스타벅스는 중국에서 프리미엄 이미지를 살리기 위해 2017년 12월 상하이에 리저브 로스터리를 열었다. 스타벅스에게 중국은 여러 해 동안 최고의 시장이다. 1999년 차이나 월드 트레이드 빌딩China World Trade Building의 한 개 점포로 시작해서 스타벅스는 중국 150개 도시에 3700여 개의 매장을 개설했으며, 2022년까지 6000여 개의 매장을 열 계획이다. 중국은 미국에 이어 스타벅스가 가장 빠르게 성장하는 가장 큰 시장으로, 스타벅스 전 세계 매출의 10%를 차지한다.

"9년 연속 우리는 중국에서 손해를 봤습니다." 스타벅스를 공동 창업한 하워드 슐츠 전 스타벅스 회장이 최근 열린 연례회의에서 주주들에게 말했다. "그리고 차를 마시는 사회에서 우리가 난관을 돌파할 수 있을지 의심하는 사람들이 너무나 많았습니다. 하지만 우리는 돌파했습니다. 중국은 스타벅스의 세계 최대 시장이 될 겁니다."

인스턴트커피는 잊어라

차가 중국에서는 여전히 전통 음료이지만, 도시 지역을 중심으로 커피숍에서 어울리기 좋아하고 일상에서 더 나은 삶을 추구하는 젊은 전문직 종사자 사이에서 커피 문화가 인기를 얻고 있다. 많은 중국 도시에서 스타벅스의 초록색 로고를 쉽게 볼 수 있다. 이 미국 특제 커피 전문점은 50% 이상의 점유율로 중국 시장을 장악하고 있지만, 캐나다의 팀 호튼스Tim Hortons와 영국의 코스타 커피Costa Coffee 등 다른 국제 브랜드와의 경쟁도 점점 더 치열해지고 있고, 슈퍼마켓과 하이퍼마켓의 새로운 유통 매장과 무엇보다도 중국의 신흥 업체 루이싱 커피의 부상에 직면해 있다.

스타벅스가 중국에서 처음 팔린 것은 1999년 H&Q 아시아 퍼시픽H&Q Asia Pacific을 설립한 아시아계 사모펀드 리더인 타린 슈Ta-lin Hsu가 중국 베이징과 톈진에서 스타벅스 판매권을 보유한 현지 체인을 인수하면서부터다. 당시 중국 사회는 경제개혁과 소비지상주의, 미국 프리미엄 브랜드들에 열려 있었다. 스타벅스는 중국 중추절 축제 기간에 등불 상자에 중국 전통 케이크인 월병을 담아 판매해서 인기를 끌었다. 그리고 스타벅스는 최근의 홍보 참사에서 가까스로 회복했다. 스타벅스는 베이징의 역사적인 자금성 중심부에 카페라떼와 프라푸치노_frappuccino_(커피와 우유, 크림 등을 얼음과 함께 갈아 만든 커피 음료이며, 프라페와 카푸치노의 합성어로 스타벅스의 등록 상표다-옮긴이)를 파는 커피숍을 거의 7년 동안 열었는데, 이에 대한 현지 항의가 거세지자 2017년 이 논란이 많은 매장 문을 닫았다. 같은 해 스타벅스는 중국에 대한 변함없는 애정의 징표로, 대만 식품 대기업 두 곳으로부터 중국 내 합작법인의 나머지 50% 지분을 13억 달러에 사들여 100% 자사 소유 판매장으로 만들었다. 스타벅스는 중국에서 성공한 미국 기업 중 하나가 되었으며, 커피 문화 차이에도 불구하고 선두를 유지하려고 애쓰고 있다.

경쟁자들은 중국 시장의 큰 성장 잠재력에 주목한다. 커피를 마시는 중국인들은 인스턴트커피에서 취향이 고급화되었다. 중국의 32억 달러 커피 소매시장은 두 자릿수 성장을 거듭해서 2022년 115억 달러에 이를 것으로 예상된다.* 하지만 여전히 커피 마시기는 중국에서는 일상적인 습관이 아니다. 미국인이 평균 하루 커피 한 잔을 마시는 데 비해 중국인은 일 년에 네댓 잔밖에 안 마신다.

루이싱 커피

루이싱 커피가 중국 커피 시장을 깨우고 있다. 루이싱은 2018년 1월 1호점을 낸 뒤 스타벅스를 추월하는 목표를 세우고 알려진 바

---

* 국제커피기구와 미국 농무성에 따르면, 전 세계 평균 성장률 2%에 비해 커피 소비는 지난 10년 동안 매년 16%씩 증가했다.

와 같이 30개 도시 2000여 곳으로 확장했다. 루이싱은 2018년 싱가포르 국부펀드 GIC, 투자 금융 기업 차이나 인터내셔널 캐피털China International Capital Corp, 조이 캐피털Joy Capital로부터 유니콘 평가를 받아 4억 달러를 조달해서 자금이 두둑하다. 다음 단계는 기업공개다. 하지만 특히 스타벅스를 이기기 위한 현금 고갈 전략에 대해서는 많은 이견이 있다.

"지금 우리가 원하는 것은 규모와 속도입니다." 루이싱 커피 마케팅 책임자 양 페이Yang Fei가 베이징 기자회견에서 한 말이다. "지금 시점에서 이익을 논하는 건 의미가 없어요."

루이싱의 비즈니스 모델은 승차 공유가 아닌 커피라는 점만 빼고 우버의 주문형 서비스와 놀라울 정도로 닮았다. 두 회사의 연결고리는 루이싱 커피 설립자인 제니 첸 지야Jenny Qian Zhiya가 중국의 우버라고 할 수 있는 운전기사 딸린 렌터카 서비스 유카UCAR의 경영진이었다는 사실이다. 제니는 우버가 데이터를 활용해서 승객이 있는 위치와 승객이 원하는 목적지로 운전자를 보내는 것과 마찬가지로 데이터를 활용하는 스마트 주문과 배달을 기반으로 사업을 구축했다.

루이싱이 중국에서 오랫동안 선두를 지켜온 스타벅스를 제치고 시장을 석권할 수 있을지는 의문이다. 스타벅스는 중국에서 선도자의 이점과 글로벌 자원, 그리고 새로 발견한 기술 지식 등을 활용해서 루이싱 커피에 대한 경쟁우위를 유지하려 하고 있다. 하지만 중국 내수시장에서 성장한 중국 신흥 기업이 미국 주요 브랜드를 이긴 사례는 많다.

중국에서의 돌파구

스타벅스가 했던 것처럼 중국 사업 운영을 현지화하고, 현지 기업과 제휴하고, 새로운 디지털 첨단 기술을 도입하는 방식은 링크드인, 에어비앤비, 위워크, 에버노트Evernote 등 중국에 진출한 몇몇 다른 대표적인 미국 기술기업에도 효과적인 방식이다.

우버, 이베이, 야후, 아마존, 그루폰 등 많은 미국 기술기업이 중국 진출에 실패했고 앞으로도 계속 그럴 것이다. 가장 두드러진 실패 사례는 우버다. 우버 차이나는 3년 동안 엄청난 비용을 탕진한 혈전 끝에 250억 달러의 계약으로 중국 라이벌 디디에 합병당하고 중국 사업을 접었다. 중국 기업의 경쟁력을 과소평가한 것이 언제나 중국에서 매출 증대를 추구하는 미국 기업의 근본적인 실수였다.

수억이 넘는 중국 소비자를 얻을 수 있다는 자본주의 유혹에 빠진 미국 기업들이 계속 만리장성을 넘기 위해 애쓴다. 중국의 검열은 중국을 제외한 세계 거의 모든 곳에서 사업을 벌이고 있는 미국 거대 인터넷 회사들에 가장 큰 장애물이다. 구글은 사내에서 개발한 '프로젝트 드래건플라이Project Dragonfly'를 통해 중국 시장에 다시 진입하는 방안을 모색해왔다. 이 계획은 검열받은 검색엔진을 중국에 가져간다는 것인데, 미국 정부는 물론 구글의 일부 직원들도 이를 비난하고 있어서 계획이 무산될 수도 있다. 페이스북은 소셜 네트워크를 검열해서 중국 시장에 접근할 수 있는 소프트웨어 도구를 개발해온 것으로 알려졌다.

중국 국내법 문제에 봉착한 링크드인

네트워킹 서비스 링크드인은 페이스북, 구글, 트위터, 핀터레스트 Pinterest가 차단된 중국에서 여전히 접속 가능한, 드문 미국 인터넷 콘텐츠 회사 중 하나다. 전문가 네트워킹에 집중한 링크드인은 중국에서 개방돼 있다. 중국에서 링크드인을 클릭해서 게시물이나 메시지, 콘텐츠를 공유할 수 있는데, 나도 중국에서 차단당하지 않고 링크드인을 해왔다.

링크드인은 중국 경제의 급속한 발전과 세계 지식인 5명 중 1명꼴인 1억 4000만 명 이상 전문 인력의 성장으로 인해 중국에서 인기를 얻게 되었다. '중국에서 우리 서비스의 확대는 세계 전문가들을 연결해서 이들이 더 효율성을 높이고 성공할 수 있게 하려는 우리 임무의 중요한 진전을 의미한다.' 링크드인 CEO 제프 와이너 Jeff Weiner는 2014년 중국어 간체 웹사이트를 개설하면서 이렇게 썼다. '중국 전문가들을 서로 연결하고, 나머지 200개 이상의 국가와 지역의 2억 7700만 링크드인 회원과도 연결하는 것이 우리 목표다.'

링크드인 차이나는 많은 일을 제대로 해왔다. 그중 하나는 현지 콘텐츠의 중국어 버전이다. 또 하나는 혼자 들어가지 않는 것이다. 링크드인 CEO 와이너는 세쿼이아 캐피털 차이나와 차이나 브로드밴드 캐피털 파트너스China Broadband Capital Partners라는 두 현지 투자회사와 합작회사를 설립했다. 숙련된 기술 기업가 데릭 선Derek Shen을 고용해서 중국 링크드인을 이끌게 했다. 데릭 선은 중국의 페이스북인 소셜 네트워크 서비스 런런의 부사장과 구글차이나의 사업개발본부

중국이 세계를 지배하는 날

장을 지냈으며, 바이두가 인수한 공동 구매 사이트 누오미를 설립한 사람으로 깊이 있는 지식을 갖추고 있다.

CEO 와이너가 최고경영자이지만, 데릭 선에게 링크드인 사이트를 조정할 수 있는 자율권이 있다. 그는 현지 기능을 통합해서 회원이 중국의 트위터인 웨이보에서 연락처를 가져오고 위챗에 집속해서 모든 네트워크에서 콘텐츠를 공유할 수 있게 했다.

4년도 안 돼 링크드인 차이나는 매출액이 8배 증가했고, 회원 수도 400만 명에서 4100만 명으로 증가했다. 이는 실리콘 밸리의 기업가 리드 호프만Reid Hoffman이 2003년에 시작한 이 비즈니스 중심 소셜 네트워킹 서비스의 5억 명이 넘는 전 세계 사용자 중 일부다. 하지만 이 같은 실적은 경쟁이 치열한 중국 시장에서 큰 성과로 간주하고 있다. 중국 시장에서 링크드인의 두 경쟁 상대는 문을 닫았다.

링크드인 CEO 와이너는 중국 진출에서 프라이버시 문제와 정부가 부과하는 검열 문제가 있었음을 인정했다. 링크드인은 회원들의 권리와 데이터를 보호하겠다고 약속했지만 맹공격을 받으면서도 콘텐츠를 검열해야 했다. 10년 전 야후 공동 창업자인 제리 양Jerry Yang이 중국에서 프라이버시 문제에 봉착해 중국 블로거 두 명의 이름을 중국 공안에 넘겨줘서 감옥살이를 하게 했다는 이유로 두들겨 맞았던 사실을 기억하라.

링크드인은 온라인 회원 그룹을 제한하고, 기업이 아닌 개인이 전화번호 등으로 신원을 확인하지 않고 채용 공고를 올리는 행위를 제한하는 중국의 규제에 봉착했다. 링크드인은 또한 중국 IP 주소를 가진 링크드인 회원들이 메인 페이지에 접근하기 위해서는 개인 모바일 번호를 계정에 연결하도록 하는 요구 사항에도 직면했다. 중국의 거의 모든 앱은 문자나 채팅 시대에 빠르게 사라지고 있는 이메일 대신 휴대전화 번호를 요구한다. 중국에서 공항 등 많은 공공장소에서 와이파이로 인터넷에 접속하려면 현지 휴대전화 번호가 필요하다.

이런 문제를 해결하고 중국 팬들을 설득하기 위해 애쓰고 있던 링크드인 차이나는 2017년 중반 중국 매니저인 데릭 선이 전에 있던 팀에 합류해서 중국 아파트 관리 스타트업인 당케 어파트먼트Danke Apartment에 앤젤 투자하기 위해 그만두는 바람에 큰 타격을 입었다. 그의 후임으로 선임된 사람은 중국 최대 온라인 교육 업체 후장Hujiang의 전자학습 자회사 전 CEO이자 중국 사이버 보안 회사 치후360Qihoo 360의 비디오 사업부에서 CTO를 지낸 지안 루Jian Lu였다.

하지만 특히 경쟁이 치열해지면서 주요 고객들에게 다가가는 방법이 중요한 과제로 남아 있었다. 텐센트와 알리바바는 각자 치예 웨이신과 딩톡이라는 오피스 생산성과 비즈니스 연결, 협업을 위한 기업용 앱으로 기업 시장에 진출했다.

특히 주목할 것은 링크드인 차이나가 같은 분야에서 기본적으로 링크드인을 모방한 다른 중국 스타트업을 이기고 살아남았다는 사실이다. 2007년 중국 스타트업 텐지Tianji를 인수한 프랑스 소셜 네트워크 비아데오Viadeo는 2015년 중국 내 영업을 접었다. 홍콩 사모펀드 투자자인 도미니크 페날로자Dominic Penaloza가 설립한 상하이 소재 우시Ushi는 거의 성공할 뻔했다. '뛰어난 전문가'라는 뜻의 우시는

중국이 세계를 지배하는 날

2010년 창업 1년 만에 회원 수가 20만 명에 달했다. 우시는 초대받은 초창기 회원들의 입소문, 그리고 《월스트리트저널 차이나The Wall Street Journal China》와의 공동 브랜드 마케팅 프로그램 등 영리한 홍보 전략에 의존했다. 나도 회원으로 가입해서 우시가 주로 중국 기술계와 벤처계의 외국인들과 연결하기 편리한 도구임을 알게 되었다.

우시가 뉴욕에 본사를 둔 비즈니스 연결 플랫폼인 거슨 레만 그룹Gerson Lehrman Group의 소수 지분 투자로 450만 달러를 조달한 뒤 인터넷 사용자들이 질의, 응답, 편집하는 미국 질의응답 웹사이트 쿼라Quora와 유사한 소셜 네트워크 연동 질의응답 기능을 추가하기 위해 제휴할 때까지 모든 것이 순조로워 보였다.

하지만 투자자 페날로자의 말대로 이 사이트는 투자자들로부터 규모를 확대하라는 압력을 받고 있었고, 급성장을 이루기는 했지만 충분히 많은 사용자를 확보하지 못했다. 페날로자는 중국의 사내 채용 및 셀프 인재 검색 시장이 자신이 처음에 생각했던 것보다 시기상조라는 결론을 내린다. 그는 "유독 링크드인만 그런 것이 아니라 '중국의 링크드인'이라는 다른 스타트업도 큰 관심을 끌지 못했다는 사실을 알게 되었지만, 기분이 썩 좋아지지는 않는다"라고 말했다. 나중에 그는 "2016년 현재 중국에는 아직 이 시장의 견인차 역할을 하는 '중국의 링크드인'이 없으며, 링크드인도 시장 발전 추이를 지켜보면서 본격적인 투자를 미루고 있다"라고 덧붙였다.

표 7-1
중국에서 승리하기 위한 조언

- 혼자 가지 말고, 현지 중국 파트너를 찾아라.

- 중국 비즈니스 경험과 기술이 있는 현지 팀을 고용하라.

- 현지 팀에 자율적인 의사결정 권한을 부여해서 독자 비즈니스 모델을 구축하고, 미국 본사와 독립적으로 운영할 수 있게 하라.

- 서비스와 기능을 중국 고객에게 맞춰라.

- 사업을 도약시킬 수 있는 기업인수 전략을 수립하고 추진하라.

- 까다로운 중국 고객과 협상하는 방법을 배우고, 매번 이길 것으로 기대하지 마라.

- 급성장하는 중국 시장에서는 이익보다 높은 성장을 목표로 하라.

- 어수선한 환경에서 눈에 띄고 즉시 적용할 수 있는 재미있는 홍보 전략을 개발하라.

- 중국의 급격한 규칙 변화에 대비하라.

- 장기적인 비전과 관점을 유지하고, 내일 당장 기업공개하기를 기대하지 마라.

이기려면 배짱이 필요하다

무엇이 승패를 가르는가? 이는 다음과 같은 몇 가지 요소로 귀결된다. 중국 문화에 대한 이해, 중국 소비자들을 위한 맞춤 서비스, 국내 경영자들이 빠르게 진행되는 시장에서 신속한 결정을 내릴 수 있는 권한 부여, 중국 토착 기업들과의 제휴 등이다. 하지만 무엇보다도 맹렬한 중국 기업가들과 경쟁할 배짱이 필요하다(표 7-1 참조).

위워크와 네이키드 허브

샌프란시스코에 본사를 둔 위워크는 2016년에 중국에 진출해서 호황을 맞은 중국 오피스 공유 시장에 바로 뛰어들어 독립 기업 위워크 차이나를 설립했다. 위워크 차이나가 잘했던 것은 잘 계획된 기업 인수와 대규모 자금 지원을 기반으로 계산된 확장을 꾸준히 해온 것이다. 해외시장에 진출한 지 2년 만에 위워크는 상하이 소재 고급 리조트 운영 업체인 네이키드 그룹Naked Group으로부터 중국 합작 스타트업 네이키드 허브Naked Hub를 4억 달러에 인수했다. 위워크는 네이키드 허브 인수를 계기로 급부상했다. 위워크는 중국의 자체 지점 13개에 베이징, 상하이, 홍콩에 있는 네이키드 허브 지점 25개를 추가했다.

오래지 않아 위워크 CEO 애덤 노이만Adam Neumann은 네이키드 허브의 트렌디한 신티엔디Xintiandi(신천지) 운영에서 힌트를 얻었다. 신티엔디는 월 계약 없이 융통성 있게 임차인이 원하는 방식으로 사무실 공간을 임대하는 비즈니스 모델로 엄청난 돈을 벌고 있었다. 위워크는 곧바로 이 서비스 이름을 위워크 고WeWork Go로 바꿔 시작했다. 위워크 고는 중국에 기반을 둔 고객들이 모바일 앱을 사용해서 빈 사무실을 확인하고, 그 위치로 가서 QR코드로 등록하면 그때부터 시간 계산이 시작된다. 요금은 시간당 15위안(약 2500원)이며, 프리미엄 사무실은 두 배다. 위워크 차이나는 한 달 임대료 270달러에 해당하는 이 시간제 사무실 임대 서비스를 3개월 동안 시험 운영해서 상하이에서 등록 사용자 5만 명을 확보한 것으로 알려졌다. 창업자 노이만은 미국에서는 우선 뉴욕 맨해튼에서 이 시간제 사무실 임대 서비스를 시작했다.

위워크는 중국에서 네이키드 허브의 브랜드는 쇄신했지만, 현지인들에게 인기 있는 파격적인 장식을 위워크의 트레이드마크인 흑백 글라스 디자인으로 바꾸기까지는 시간이 좀 걸릴 것이다. 내가 확인한 베이징 중심가의 네이키드 허브는 수영장까지 갖추고 있었다.

우리 실리콘 드래건은 상하이에 있는 위워크와 네이키드 허브 양쪽에서 기술 벤처 행사를 열었다. 넓고 쾌적한 공간에 대한 불평은 없었지만, 약간 놀라운 일이 있었다. 우리가 행사를 개최했던 위워크의 대표적인 웨이하이 루Weihai Lu 지점은 전에 아편 공장이었는데, 지금은 환한 아트리움을 중심으로 회의실과 책상을 갖춘 다층 건물로 완전히 변모했다.

중국의 코워킹Coworking(서로 다른 회사 근로자들이 사무실 공간을 공유하고 장비와 유틸리티, 접수원, 관리원 등 공통 인프라 사용을 통해 비용 절감과 편리성을 추구하는 것—옮긴이) 시장은 자전거, 우산, 농구, 생활 공간 등을 공유하는 공유 경제의 일부로 기술 창업 붐과 함께 인기를 얻기 시작했다. 책상과 회의실, 주방을 갖추고 있는 이 최첨단 코워킹 장소들은 베이징과 상하이, 홍콩에 밀집돼 있다. 몸집을 더 키우고 더 많은 창업자와 스타트업, 프리랜서를 끌어들이려는 경쟁이 시작되었다. 전통적인 직장 개념을 무너뜨리고 점점 더 붐비는 공유 사무실 분야에서 대변혁의 조짐이 나타나고 있다. 가격 전쟁이 발발했다. 무분별하게 확장하고 비용을 통제하지 않던 중국 코워킹 업체가 최근 40여 곳이나 자취를 감췄다. 중국 기술 뉴스 사이트 36케이알36Kr이 소유하는 비교적 큰 코워킹 업체인 베이징의 케이알 스페이스Kr Space는 위워크를 이기기 위해 경쟁했으나 최근 인력을 감축하고 야심 찬 확장 계획을 축소했다.

새로 자금을 조달하는 기업은 생존하고 그렇지 못한 기업은 문을 닫아야 한다. 자금이 풍부한 위워크와 그 중국 자회사는 신규 자본도 넘친다. 위워크 차이나는 2017년에 조달한 5억 달러에 더해 2018년에도 위워크 본사에도 44억 달러의 거액을 투자한 소프트뱅크가 선도하는 투자 라운드에서 5억 달러를 추가로 조달했다. 위워크는 전 세계 23개국의 기존 지점에 추가해서 중국 12개 대도시의 60개 지점을 세밀하게 검토했다. 위워크가 최근 브랜드를 위컴퍼니We Company로 바꾼 것은 이 회사가 심지어 주택 임대나 초등학교, 코딩coding 아카데미 등 사회적 생활 방식social lifestyle으로 사업 방향을 전환하고 있으며, 이런 개념을 중국에 도입할 수 있을 것이라는 사실을 나타낸다.

하지만 위워크는 중국에서 큰 비전을 가지고 이 시장에 뛰어드는 침입자들과 싸우며 힘겨운 사투를 벌이고 있다. 위워크는 중국 경쟁사인 베이징 소재 코워킹 업체 유알워크URWork를 상표권 침해 혐의로 고소했다. 이 소송은 2018년 유알워크가 브랜드를 유코뮌UCommune

으로 바꾸면서 일단락되었다. 유코뮌의 창업자인 부동산 베테랑 마오 다칭Mao Daqing은 중국 코워킹의 왕으로 알려져 있다. 2015년부터 시작해서 세쿼이아 캐피털, 젠펀드Zhen Fund, 매트릭스 파트너스 Matrix Partners, 시노베이션 벤처스 등 주요 벤처 투자사로부터 자금 6억 5000만 달러를 지원받은 유코뮌은 중국에 120개 지점을 개설하고 중국 최대 공유 오피스 제공 업체임을 내세우고 있다. 유코뮌은 또한 기술에도 정통하다. 베이징에서 내가 둘러본 한 유코뮌 지점은 얼굴인식 시스템을 통해 들어간다.

유코뮌은 위두Wedo, 파운타운Fountown, 워킹덤Workingdom, 뉴스페이스New Space, 우스페이스Woo Space 등 중국의 소규모 코워킹 업체를 집어삼키고, 아시아 주요 도시로 진출해서 자카르타에 기반을 둔 리워크Rework를 인수하는 등 일련의 기업 인수전으로 힘을 키워왔다. 또한 유코뮌은 미국에도 진출하고 있는데 세렌디피티 연구소 Serendipity Labs와 합작으로 로스앤젤레스와 시애틀, 그리고 월스트리트 등에 침투하고 있다.

코워킹은 이제 멋진 책상과 무료 커피, 네트워킹 행사 이상의 비즈니스로 진화하고 있으며, 매력적인 시설을 갖춘 공간의 임대 수익을 보완할 수 있는 데이터 기반 기술과 서비스로 옮겨가고 있다. 미래의 사무실은 모든 책상을 연결하는 스마트 사물인터넷 기술, 난방과 조명 제어용 센서, 사무실 사용 시간을 추적할 수 있는 컴퓨터 카메라, 온라인 커뮤니티 빌딩에 관한 것이다. 중국은 기술이 침투한 다른 많은 분야와 마찬가지로 이러한 발전에서도 선두를 달리고 있다.

유코뮌 창업자는 들뜬 목소리로 나에게 자기 회사가 기존 코워킹 공간에서 기술 플랫폼으로 진화했다고 말했다. 최근 이 회사가 선보인 유바자Ubazaar라는 모바일 앱은 위워크의 모바일 앱과 서비스 스토어Services Store와 유사한 것이다. 이 앱을 통해 회원들은 책상과 회의실을 예약하고 콘텐츠와 전자상거래, 금융 자문, 광고 등에 접속하고 법률, 인적자원, 기술 서비스 등의 도움을 받을 수 있다. 유코뮌에서 정말 혁신적인 아이디어는 커넥티드 데스크connected desk다. 이것은 얼굴인식 시스템과 클라우드 컴퓨팅 기능이 내장돼 있어 정보 포털 역할을 하는 것으로, 회원들이 자리에 앉아서 정보를 교환하고 자신들의 작업과 커뮤니티에 접근할 수 있다. "우리는 우리 사업을 부동산업으로 생각하지 않습니다. 중국에서 우리가 하는 일은 '빠른 대응 기술'로 알려져 있습니다"라고 유코뮌 창업자 마오 다칭이 나에게 말했다. "공간이나 면적이 문제가 아니에요. 이런 지능형 기술 테이블은 사무실 로비나 공항 라운지 등 어디에도 접목할 수 있습니다." 유코뮌에서는 기술팀과 협력해서 베이징에서 이 개념 공간conceptual space을 시험하고 있다. 마오 다칭은 이 개념 공간은 이러한 기술을 통합해서 관리자 없이도 운영할 수 있다고 한다.

스타벅스와 마찬가지로 위워크는 기술 도구를 잘 활용하는 영리한 중국 도전자를 이기기 힘들지도 모른다.

성공적으로 착륙한 에어비앤비

중국에는 중국의 역사와 문화유산을 체험할 수 있는 입이 떡 벌어지는 장소들이 많다. 에어비앤비는 여행객들이 이런 장소를 발견하도록 돕고자 한다. 첸위 정Chenyu Jeong은 인적이 드문 곳의 에어비앤비 숙소에 머문 자신의 모험을 담은 책을 썼다. 한번은 첸위 정이 중국 광시좡족 자치구 북동부에 있는 도시 구이린Guilin의 한 예술가 집에 머물렀는데, 집 주인이 버려진 1970년대 소련 공장에 있는 자신의 스튜디오를 구경시켜주었다. 첸위 정은 또한 중국 남서부 지역의 외딴 마을 양쉬Yangshuo에 있는 한 건축가가 중국 청 왕조 시대에 지은 집에 머물면서 중국의 20위안 지폐에 인쇄된 산봉우리들을 관찰했다.

중국 에어비앤비에서는 손님들이 중국 만두국 조리법을 배우거나 중국 경극을 감상할 수 있다. 그리고 에어비앤비가 중국에 대한 인식을 높이고 여행객들이 홈셰어링home-sharing 개념에 익숙해지도록 하기 위해 만든 콘텐츠 사이트에서 자신들이 현지에서 체험한 정통 중국 이야기를 공유할 수 있다.

에어비앤비 홈페이지

자료: Wikimedia Commons

에어비앤비는 중국에서 정말 큰 노력을 하고 있다. 하지만 이러한 노력이 항상 성공적이지는 않다. 최근 한 홍보 캠페인에서 지난 1년 동안 여행할 기회가 없었던 밀레니엄 세대 100명에게 에어비앤비 무료 숙박과 체험 기회를 제공했는데, 1만 명이나 신청했다. 하지만 에세이 콘테스트 수상자 4명이 중국으로 날아가 만리장성 망루에서 머무는 특집을 계획한 또 다른 홍보 캠페인은 무산되었다. 에어비앤비가 중국 관광청과 공동으로 계획한 이 콘테스트가 네티즌들의 반대와 정부의 승인 거부로 인해 갑자기 중단되었기 때문이다.

뉴욕 증시 기업공개를 준비하는 에어비앤비로서는 중국 여정이 기업공개 성공의 관건이 될 것이다. 샌프란시스코에 본사를 둔 이 홈셰어링 스타트업은 2015년 중국 벤처캐피털 회사인 세쿼이아 캐피털 차이나와 차이나 브로드밴드 캐피털, 그리고 GGV 캐피털, 호라이즌 벤처스Horizon Ventures, 힐하우스 캐피털Hillhouse Capital의 지원을 받아 현지 운영을 통해 중국에 진출했다. 중국 진출 2년 만에 에어비앤비는 브랜드를 '사랑으로 서로를 맞이한다'는 뜻의 '아이비잉Aibiyin'이라는 중국 이름으로 바꿨다. 하지만 이 이름은 중국 마이크로 블로깅 사이트들에서 발음도 어렵고 어색하다는 혹평을 받았다.

중국에서 단기 체류를 위한 임대 시장은 아직 초기 단계다. 중국 국내 소비자들은 낯선 사람에게 방을 빌려주는 생각에 익숙하지 않다. 에어비앤비의 호소는 주로 해외여행에서 공유 주택에 머문 경험이 있는 중국인 관광객들에게 향한다. 하지만 점차 많은 중국 관광객이 고국으로 돌아와 집주인이나 손님이 되어 이런 서구의 아이디어를 중국에 소개하면서 이 시장은 점점 성장하고 있다. 에어비앤비는 글로벌 브랜드의 면모를 잃지 않았다. 이 회사는 고급스러우면서도 개인화되고 모험으로 가득한 여행을 강조한다.

최근에 선임된 에어비앤비 차이나의 타오 펑Tao Peng 사장은 현지에서 결정을 내리고 신속하게 대응하며 기회를 활용하는 자율권을 가지고 있다. 그는 2030년까지 중국이 프랑스를 제치고 세계 최대 관광지가 되리라는 전망에 근거해서 초 성장을 예측한다. 더 많은 중산층 아시아인들이 여행에 돈을 더 많이 쓰고 중국의 4억 밀레니엄 세대가 관광에 나설 것으로 예상되기 때문이다. 그는 2020년까지 중국이 에어비앤비의 세계 1위 시장이 되고, 중국 관광이 최대 수익원이 될 것으로 기대한다.

현재 그는 중국에서 200명 규모의 팀을 이끌며 중국 지역에 있는 약 20만 채의 임대 주택과 아파트를 관리 감독하고 있다. 이는 에어비앤비의 전 세계 500만 홈스테이 목록에 비하면 작지만 규모가 확대되고 있다. 에어비앤비 차이나 숙박 시설의 질은 세계 어느 곳과도 비슷하지만, 중국의 손님과 집주인은 서구 문화에 적응한 밀레니엄 세대로 더 젊은 경향이 있다.

중국 관광산업의 기회는 무궁무진하다. 관광산업이 중국 경제 성장의 주요 원동력이기 때문이다. 에어비앤비 투숙객들에게 가장 인기 있는 행선지는 상하이와 베이징이며, 선전은 가장 빠른 성장을 보인다.

에어비앤비는 직접 현지에 가서 모든 숙박 시설을 검토하고, 그 품질을 모니터링하며, 집들을 일일이 검사하고, 디자인과 가정 내 서비스에 대해 집주인들에게 조언한다. 더 호화로운 집을 가진 집주인들에게 에어비앤비는 실내장식 컨설팅과 사진 팁을 제공하고, 인터넷 검색 결과에서 최상단에 올려준다. 에어비앤비는 워크숍을 열어 집주인들이 손님을 맞이할 때 해야 할 일과 해서는 안 될 일을 가르쳐주고, 위챗 라이브 채팅 프로그램을 제공하며, 교육 비디오를 시청하는 기회도 제공한다.

중국 시장 깊숙이 파고든 에어비앤비는 최근 중국에서 아름다운 집과 친절한 집주인, 마음의 안식을 위한 호텔 같은 특징을 갖춘 플러스Plus 서비스를 시작했다. 중국 12개 도시에서 제공되는 이 집들은 청결과 편안함, 디자인 등 100개 항목의 체크리스트를 사용해서 직접 점검하고 검증한다. 에어비앤비는 또한 2개 국어가 가능한 중국 고객 서비스 전담팀을 운영하고 있다. 에어비앤비는 또한 위챗을 활용하고, 소셜 미디어 앱의 소셜 고객 서비스에 투자하고 여행객이 위챗을 통해 에어비앤비 숙박 예약을 할 수 있게 한다. 에어비앤비는 또 자사의 글로벌 체험 플랫폼 익스피어리언스Experiences를 중국까지 확대했다. 익스피어리언스에서는 식사와 예술, 문화 체험 등을 제공할 집주인을 선정하는데, 2년 동안 중국에서 1000건의 익스피어리언스를 제공했다.

데이터 공유 규칙 준수

에어비앤비는 미국과 유럽에서 단기 체류를 위한 주택 임대에 대한 엄격한 규제를 받고 있으며, 중국도 예외는 아니다. 중국에서 사업하려면 중국 정부의 규칙을 따라야 한다. 에어비앤비는 손님과 집주인 관련 데이터를 여러 중국 정부 기관과 공유하고, 세부 사항을 로컬 서버에 저장한다. 중국에서는 호텔들도 투숙객의 세부 사항을 넘겨준다. 하지만 공유 임대 숙박 시설의 비공식적인 성격에 익숙한 외국인 관광객들은 에어비앤비에서 이런 사실을 알고 놀랄지도 모른다.

에어비앤비는 중국 정부에 협력하면서 안전하고 긍정적인 영향을 미치는 서비스 사업으로서 단기 임대 비즈니스의 표준 설정을 위한 지침을 제공해왔다. 에어비앤비는 또 중국관광연구원China Tourism Academy과 제휴해서 홈셰어링을 통해 농촌 지역 관광을 활성화하고, 구이린과 같은 경치 좋은 시골 지역 주민들이 집주인이 되는 경제적 기회를 찾아 제공하고 있다. 2008년 샌프란시스코에서 다른 두 명의 창업자들과 홈스테이라는 개념을 꿈꿨을 때 에어비앤비의 공동 창업자 브라이언 체스키Brian Chesky도 에어비앤비 중국 사업의 이렇게 현지화된 측면은 상상하지 못했을 것이다.

에어비앤비는 몇 가지 자연스러운 이점 때문에 중국에서 순조롭게 출발했다. 에어비앤비는 여행업계에서 세계적인 기업이다. 에어비앤비는 중국 사업을 운영하기 위해 캘리포니아에서 중국 경영 초보자를 공수해오는 것보다 현명하게 현지인을 고용했다. 하지만 중국 경영자의 높은 이직률이 에어비앤비를 괴롭혔다.

중국 에어비앤비 설립팀은 홍콩 JP모건JPMorgan과 맥쿼리 그룹

Macquarie Group의 투자 거래를 맡고 있는 헤넥 로Henek Lo와 홍콩 전자 상거래 스타트업 두 곳의 공동 창업자인 로버트 하오Robert Hao였다. 몇 년 안에 이들은 팀을 100명 이상 규모로 성장시켰고 파트너십, 정책, 브랜딩, 소셜 마케팅, 커뮤니티 구축, 공유 주택 목록 확대에 집중함으로써 중국을 전 세계에서 가장 빠르게 성장하는 에어비앤비 시장으로 만들었다. 이들은 또한 자신들의 플랫폼을 중국에 맞게 수정했다. 이들은 에어비앤비의 통상적인 파트너지만 중국에서 차단된 구글과 페이스북에 의존하지 않고, 중국의 앱 스토어와 소셜 네트워크, 위챗 결제 등과 연계했다. 하지만 2017년에 헤넥 로와 로버트 하오 모두 에어비앤비를 떠나 중국에서의 풀뿌리 경험을 살려 홍콩에서 경영 자문 회사 하이프HYPE를 설립해서 스타트업들의 아시아 시장 개척을 도왔다.

이에 대응해서 에어비앤비는 페이스북 기술 이사직으로 있던 홍 게Hong Ge를 데려와서 중국 사업을 이끌게 했다. 하지만 그는 직원과의 불륜이 드러나면서 넉 달 만에 그만뒀다. 샌프란시스코에서 온 에어비앤비 공동 창업자 겸 최고전략책임자인 네이선 블러차직Nathan Blecharczyk이 다음 에어비앤비 차이나 회장으로 나섰다. 블러차직 회장은 한 달에 한 번꼴로 캘리포니아에서 중국으로 날아와서 운영 상황을 점검하고 방향을 조정했다. 그는 중국어를 배우기 시작했지만 아직 자신이 중국어의 달인이 아님을 인정한다.

에어비앤비 차이나의 리더를 물색하는 조사가 거의 1년 동안 진행되었다. 중국 경영계에서 최고 수준의 인재를 찾으려면 시간이 좀 걸릴 수 있다. 에어비앤비 차이나는 마침내 2018년 중반 여행 업계 경험이 있고 창업을 계속해 오던 기업가 타오 펑을 사장으로 선임했다. 타오 펑은 텐센트와 루퍼트 머독Rupert Murdoch의 지원을 받는 모바일 여행 가이드 앱 브레드트립Breadtrip의 설립자이고, 에어비앤비가 500만 달러를 지원했고 통합할 기회도 있었던 홈스테이 호스팅 플랫폼 시티홈City Home의 설립자다. 공동 창업자 블러차직은 계속 정기적으로 중국을 오가며 타오 펑과 긴밀히 협력하고, 현지와 글로벌 운영 간 대사 역할을 하면서 에어비앤비 차이나 회장으로 남아 있다.

중국에서 에어비앤비는 중국 대기업의 후원을 받으면서 이 사업 영역의 다른 부분에 종사하는 두 주요 중국 국내 경쟁 업체와 경쟁하고 있다. 중국 토박이 기업 투지아Tujia는 중국의 부동산 붐으로 부동산 개발업자들과 개인 소유주들이 공실로 둘 때가 많은 고급 아파트 관리를 전문으로 하고 있다. 에어비앤비는 2017년 투지아와 합병 직전까지 갔지만, 우버가 중국에서 경쟁사이던 디디와 한 거래와 비슷한 지분 교환을 포함한 거래에서 손을 뗐다.

투지아는 중국 전역의 255개 여행지에 31만 개의 부동산을 보유하고 있고, 이전 모회사인 중국 최대 온라인 여행 사이트 씨트립과 잘 알려진 모건스탠리 아시아퍼시픽Morgan Stanley Asia-Pacific 연구소장을 지냈던 올스타 인베스트먼트Aall-Stars Investment의 파트너 리처드 지Richard Ji로부터 3억 달러의 자금을 지원받는 등 유리한 입지를 확보하고 있다. 투지아는 지난 몇 년 동안 씨트립과 여행 사이트 취날Qunar의 홈스테이 채널을 인수하고, 단기 임대 플랫폼인 마이닷컴Mayi.com을 사들였으며, B2B 예약 플랫폼 피시트립Fishtrip을 낚아채서 동남아 시장으로 확장했다.

에어비앤비의 또 다른 도전자는 알리바바의 후원을 받는 샤오주Xiaozhu로, 중국 대도시 외곽의 보급형 숙박 시설을 임대하는 중국 토박이 주택 공유 업체 중 하나이다. 샤오주 역시 알리바바 잭 마의 윈펑 캐피털로부터 6억 달러에 가까운 벤처 투자를 받았으며, 다른 영향력이 큰 후원자들로부터도 자금을 지원받고 있다. 알리바바와의 관계와 알리바바의 기술 노하우를 고려해서 샤오주는 중국에서 얼굴 인식 기술을 이용해 손님의 숙박 수속을 하고 있다. 아마도 이 기술은 에어비앤비도 채택할 수 있을 것이다.

기업공개를 노리고 신흥 시장의 성장에 기대를 걸고 있는 유니콘 기업 에어비앤비는 압박을 느끼고 있다. 에어비앤비는 중국에 대한 투자를 두 배로 늘리고 중국 내 인력도 세 배로 늘렸다. 하지만 에어비앤비의 현지 경쟁자들은 홍보와 마케팅에 더 많은 돈을 쓰고 있다.

에어비앤비 차이나 회장은 현실적으로 미국계 회사가 중국 국내 경쟁사만큼 빨리 움직이거나 돈을 쓸 수 없음을 잘 안다. "수입이 적은데도 불구하고 기꺼이 많은 돈을 쓰는 중국 국내 기업들이 정말 놀랍다." 블러차직 회장은 '996 팟캐스트996 podcast'의 공동 진행을 맡고 있는 에어비앤비 투자사 GGV 캐피털의 한스 텅과 자라 장Zara Zhang과의 인터뷰에서 이렇게 말했다. "우리는 아마도 경쟁자들만큼 많은 돈을 쓰지는 않겠지만, 다른 나라에서 쓰는 것보다 확실히 더 많은 돈을 쓸 것이다."

중국 비즈니스에 주목하는 에버노트

극단적인 현지화 접근 방식을 취하는 실리콘 밸리의 필기 앱 에버노트는 2018년 중반 중국 사업부를 따로 떼어내고 중국 경영진에게 일상적인 운영에 대해 완전한 자율권을 부여했다. 에버노트 글로벌 매출의 약 10%가 중국에서 나온다. 미국에서 에버노트는 스마트폰이나 태블릿에 메모를 녹음하고 정리, 저장하는 앱으로서 몇 년 전 절정기의 인기를 유지하려고 애써왔다. 중국에서 성공하기 위한 이 회사의 전략은 무엇일까?

에버노트는 2007년 러시아 이민자 출신의 선견지명이 있는 기술자 필 리빈Phil Libin이 만들었다. 9년 동안 에버노트를 책임진 그는 이 회사를 떠나 제너럴 캐털리스트 파트너스General Catalyst Partners의 벤처 투자자가 되었고, 이후 샌프란시스코에서 인공지능 스타트업 연구소 올 터틀스All Turtles를 설립했다. 리빈은 2012년 에버노트의 중국 서비스를 시작할 때 인샹비지Yinxiang Biji라는 완전 중국식 이름을 붙였다. 하지만 그는 의도적으로 자사가 제공하는 제품들을 세계 표준과 다르지 않게 만들었다. "우리는 애플이 하는 방식과 거의 비슷한 핵심 브랜드 가치를 추구했습니다. 우리는 우리 제품이 모든 사람이 원하고, 국경을 초월할 정도로 훌륭하기를 원했습니다." 리빈은 나에게 이렇게 말했다. "우리는 중국을 국가나 시장이 아니라 장소라고 생각했습니다."

리빈은 1년에 적어도 8번 중국을 여행하며 자기 회사의 중국 영업 상황을 살폈다. 그는 에버노트가 뛰어난 팀을 조직하고 '세상을 바꾸기 위한 충분한 역량이 있음을 확신시키는 데 성공했다고 믿는다.

에버노트 차이나의 첫 번째 총지배인은 스탠퍼드대학 MBA를 졸업한 에이미 구Amy Gu가 맡았다. 에이미 구는 중국에서 인터넷 스타트업 두 군데를 설립했고, 브리티시 텔레콤 그룹British Telecom Group과 차이나 모바일China Mobile의 전략 담당 임원을 역임했다. 그는 에버노트 차이나의 사업 개발과 마케팅, 제품 개선, 고객 지원 등을 맡기 시작해 4년 안에 에버노트의 2위 시장인 중국에서 2000만 명의 사용자 기반을 구축했다. 임무를 달성한 그는 2015년 중국을 떠나 신흥 기술기업에 투자하기 위해 샌프란시스코 베이 에어리어에 헤미 벤처스Hemi Ventures를 설립했다.

에버노트 성공의 또 다른 정신적 지주는 모르겐탈러 벤처스Morgenthaler Ventures의 제너럴 파트너였던 켄 굴릭센Ken Gullicksen이었다. 그는 기업 개발과 글로벌 영업, 대 투자자 홍보를 맡았다. 그는 2009년 에버노트의 첫 기관 자금 조달을 이끌었고, 2011년 상근직으로 합류하기 전 이사회에서 근무하며 중국에서 회사 전략 실행을 도왔다. 그의 재임 기간 중에 에버노트 차이나는 기업 버전을 출시했고, 세쿼이아 캐피털 차이나와 모르겐탈러 벤처스를 비롯한 전략 투자자와 벤처 투자자, 개인 투자자들로부터 2억 1500만 달러 이상의 투자를 받았다.

에버노트 성공 비결의 하나는 투자자 에드워드 톈Edward Tian이다. 그는 차이나 브로드밴드 캐피털 파트너스의 설립자이자 회장이며, 2001년 자신의 인터넷 기술 스타트업 아시아인포 홀딩스AsiaInfo

Holdings를 나스닥에 상장해서 중국 최초의 첨단 기술 공개 기업으로 만든 유명한 중국 기업가다. 텐은 에버노트가 중국의 정치적 상황을 무난히 헤쳐 나갈 수 있도록 도왔고, 에버노트가 자신의 또 다른 스타트업인 클라우드밸리Cloud Valley의 중국 서버에서 실행되도록 했다. 현지 데이터 센터로의 이전은 중국 내 연결과 데이터 동기화 속도를 높이고 에버노트 기능이 원활하게 작동하는 데 도움이 되었다.

중국어 이름 인샹비지의 한자는 '기억을 돕는 메모'로 번역되고, 운 좋게도 에버노트의 로고에 있는 코끼리 모양을 닮은 한자가 포함돼 있다. 하지만 에버노트는 중국의 강력한 인터넷 검열과 개인정보 보호 문제를 피하고, 주로 개인 데이터 저장용 앱이라는 인식을 주기 위해 중국 버전에서는 에버노트의 주요 특징인 소셜 네트워킹 측면을 포기해야만 했다.

에버노트는 또 위챗을 활용해서 인지도를 높이고, 알리페이를 결제 수단에 포함하고, 고객 서비스를 현지화하고, 특별히 중국 고객을 위한 전자상거래 환경을 만드는 등 여러 가지 현명한 조처를 했다.

현재 에버노트 운영을 맡은 레이먼드 탕Raymond Tang이 이끄는 중국 현지 관리팀은 독자적인 조직으로서 이러한 초기 성공을 지체 없이 계속 추진하고 있다. 특별히 중국 전용으로 만든 더 많은 기능을 선보일 계획이다. 2018년 중반 텐과 벤처 투자 업계 최고 인물인 세쿼이아 캐피털 차이나의 닐 선, 에버노트 현지 임원들, 에버노트 모회사, 투자자인 세쿼이아 CBC 크로스-보더 디지털 인더스트리 펀드 Sequoia CBC Cross-Border Digital Industry Fund 간 소유권 분할과 함께 신규 자금을 유치했다. 다음 순서로는 중국에서 관계를 맺는 데 도움이 될 것이 확실한 주식 공모가 있을 수도 있다.

4부

중국 벤처 투자

8장

지상명령:
더 많은 돈을 벌어라

세쿼이아 캐피털 차이나 파트너인 글렌 쑨Glen Sun은 벤처캐피털 투자 성공의 필요조건을 안다. 간단하다. "돈을 버세요"라고 그는 말한다. "그게 다예요." 홍콩에서 내가 사회를 보던 한 실리콘 드래건 토론회에서 한 그의 말에 청중들은 자신들도 다 안다는 듯 웃음을 지었다.

하지만 그는 물론 청중들도 단지 그것이 중요한 것이 아님을 안다. 구글과 애플에 대한 초기 투자로 알려진 세쿼이아는 중국 신흥 기업들에 투자하는 높은 기준을 설정했다. 60개 투자사의 팀들이 중국에서 거래를 물색하고 있는 가운데, 세쿼이아는 거의 모든 유망한 중국 기술기업에 관여하고 있으며, 그중에서 2018년에만 가장 인기 있는 스타트업 3개 사를 포함해 14개 회사가 상장되었다. 하버드대학 경영학 석사와 법학 박사인 글렌 쑨은 세쿼이아 최대 히트작 중 하나인 중국 슈퍼 앱 메이투안에 대한 투자를 주도했다. 세쿼이아 캐피탈 차이나가 메이투안에 투자한 4억 달러는 2018년 9월 메이투안 기업 공개 당시 평가 가치 49억 달러를 기준으로 하면 12배 이상의 수익을 올렸다.

"우리는 이 분야에서 경쟁이 그리 치열하지 않을 때 일찍 들어와서 중국 최고의 기업가와 파트너가 되었습니다." 세쿼이아 파트너 글렌 쑨은 이렇게 말했다. "좋은 투자회사라면 성과주의와 능력주의로 가야 합니다. 그리고 저는 돈을 버는 것이 가장 중요한 일이라고 생각합니다." 확실히 시에라네바다 산맥의 거대한 나무 이름을 딴 세쿼이아는 그야말로 돈 버는 기계로, 마오쩌둥의 후계자 덩샤오핑으로 인해 유명해진 '부자가 되는 것은 영광'이라는 슬로건을 받아들이고 있다.

> "좋은 투자회사라면 성과주의와 능력주의로 가야 한다. 그리고 나는 돈을 버는 것이 정말 중요한 일이라고 생각한다."
>
> **글렌 쑨, 세쿼이아 캐피털 차이나 파트너**

세쿼이아 캐피털 차이나에서 가장 중요한 인물은 예일대학교 경영대학원을 졸업한 닐 선이다. 그는 투자 은행가였으며, 익스피디어Expedia를 닮은 여행 사이트 씨트립과 저가 호텔 체인 홈인Home Inn의 공동 설립자다. 순자산이 16억 달러나 되는 억만장자 선은 2019년 《포브스》 세계 100대 VC 순위에서 세계 1위 벤처 투자자로 세계적으로 인정받고 있다. 중국 투자자가 1위를 차지한 것은 닐 선이 처음이

다. 21명이라는 기록적인 수의 중국 벤처 투자자들이 2019년 순위에 올랐으며, 세쿼이아 캐피털 차이나에서는 선과 함께 그의 파트너인 스티븐 지Steven Ji와 저우 쿠이Zhou Kui도 함께 올라 가장 많이 순위에 올랐다.

이전에 가장 높은 점수를 받은 투자자는 우버와 아마존, 썬 마이크로시스템즈Sun Microsystems 투자를 성공적으로 끝낸 클라이너 퍼킨스Kleiner Perkins의 존 도어John Doerr, 구글과 페이팔, 자포스 투자에 성공한 세쿼이아 캐피털의 마이클 모리츠Michael Moritz, 그리고 페이스북에서 거액을 벌어들인 브레이어 캐피털Breyer Capital의 짐 브레이어Jim Breyer 등이다.

선의 지휘 아래 세쿼이아 차이나는 이 책에 등장하는 몇몇 기술 스타트업 챔피언들과 함께 승승장구하고 있다. 세쿼이아는 예컨대 자전거 공유 스타트업 오포처럼 비정상적인 과열 현상으로 자금을 지원받은 대형 실패작들은 피했다. 닐 선과 글렌 쑨은 모두 학교에서 스마트 벤처 투자 기법을 잘 익혔고, 공학과 비즈니스, 컴퓨터 과학 분야에 수학을 적용하고, 본능적으로 직감을 발휘했다.

세쿼이아 캐피털은 20년 전 모두 실리콘 밸리에 있는 애플과 구글, 오라클에 대한 투자에 성공한 기업으로 가장 잘 알려져 있다. 미국 파트너 마이클 모리츠와 더그 리온Doug Leone은 2005년 샌드힐로드가 이제 막 중국 기술의 독창성을 발견할 무렵에 중국으로 프랜차이즈 사업을 확장하는 선견지명이 있었다. 세쿼이아는 초기에 2억 5000만 달러의 중국 펀드를 조성했다. 닐 선의 파트너 팀은 DFJ 이플래닛 벤처스DFJ ePlanet Ventures에서 영입한 장 팬Zhang Fan과 함께 중국의 27개 유망 디지털 기업에 재빠르게 투자했다. 하지만 검색엔진 바이두에 대한 초기 투자로 알려진 장 팬이 2009년 뇌물과 리베이트 의혹 속에 '개인적인 사유'로 사임하면서 차질이 빚어졌다.

이 일로 인해 세쿼이아는 명성에 타격을 입었지만, 중국의 직업윤리와 기업가적 문화를 좋아하는 미국 파트너 모리츠는 이 중국 계열사의 재기를 도왔다. 오늘날 중국에 거의 200억 달러를 투자하고 있는 세쿼이아 캐피털 차이나는 실리콘 밸리에 기반을 둔 기업으로서 중국에서 가장 유망하고 규모 있는 기업이며, 최고의 실적과 신뢰도를 자랑한다. 세쿼이아는 새로운 80억 달러 글로벌 펀드의 거의 3분의 2를 중국용으로 준비하고 있다. 또한 세쿼이아에서 최근 출시한 세 개 펀드의 총 25억 5000만 달러는 중국 신흥 첨단 기술기업들을 위한 것이다.

세쿼이아의 성공 비결 중 하나는 세쿼이아 차이나 공동 창업자 선이 그의 모교 예일대학과 함께 설립한 예일 센터 베이징Yale Center Beijing이다. 이 학교에서는 세쿼이아의 자금 지원을 받는 창업자들을 위한 1년 과정의 리더십 교육 프로그램을 운영하고 있다.

지금이 중요한 시점이다. 흥망성쇠를 되풀이해온 벤처 캐피털 50년 역사에서 중국이 미국과 대등하게 높은 수준에 다다른 적은 일찍이 없었다. 이제 중국은 운용 자본, 투자 총액, 펀드 실적, 유니콘, 혁신적인 포트폴리오 기업 등 여러 측면에서 고급 수준이다.

"중국의 최근 혁신과 벤처캐피털 시장 규모가 세계 무대에서 중국 경쟁력의 견인차가 되고 있다." 굴지의 미·중 벤처캐피털 회사인 키밍 벤처 파트너스Qiming Venture Partners의 파운딩 매니징 파트너인 게리 리셜은 이렇게 말한다. 여러 강력한 지표들이 오랫동안 기술 주도권을 쥐고 있던 실리콘 밸리에서 중국의 스타트업 생태계로 중심이 이동하고 있음을 나타내고 있다.

- 2018년 중국의 벤처 지출은 전년 대비 56% 증가한 1050억 달러로, 42% 증가해서 1110억 달러인 미국과 거의 비슷한 수준에 도달했다. 2018년 상반기 중국의 벤처 투자는 560억 달러로 420억 달러인 미국을 앞질렀다.
- 2010년 중국 벤처캐피털 지출은 56억 달러에 불과해서 353억 달러인 미국과 비교도 안 되는 수준이었다.
- 2018년 전 세계 벤처 투자액 2750억 달러에서 중국과 미국이 차지

하는 비중은 거의 같았다. 2010년 중국의 비중은 12%에 그쳐 전 세계 투자 470억 달러의 66%를 차지한 미국의 그늘에 가렸었다.

- 중국 벤처 자금 조달은 2018년 236억 달러로 약 8% 증가했으며, 지난 8년 동안 대부분 증가해서 2016년 447억 달러로 정점을 찍었다. 이는 2010년의 99억 달러에서 급증한 것이다. 미국 벤처 펀드는 2018년 488억 달러로 2010년 166억 달러보다 증가했다.

- 중국과 미국의 벤처 펀드 실적을 분석한 결과, 저명한 중국 VC 펀드의 수익률은 평균 21.4%로 대부분 미국 펀드보다 약간 높았다.*

- 세계 40대 벤처캐피털 투자 대상 가운데 12개가 중국 기술 스타트업이다.

- 중국은 2018년 잭 마가 지배하는 앤트 파이낸셜의 140억 달러 규모의 대규모 자금 지원을 포함해서 세계 10대 벤처 거래 중 7건을 체결했다.

- 중국은 2018년에 86개의 유니콘에 관여해 151개인 미국에 이어 2위를 차지했다. 중국은 전 세계 유니콘 기업 중 벤처 기업 지원

---

* 사모 펀드와 벤처캐피털 펀드에 투자하는 글로벌 모태 펀드 투자회사가 실리콘 드래건을 위해 준비한 중국과 미국 벤처 펀드 내부 수익률 벤치마킹 자료에 따르면, 7개의 저명한 중국 벤처 펀드의 평균 수익률은 21.4%로 141개 미국 펀드의 평균 19.3%보다 높았지만 상위 25개 미국 벤처 펀드의 평균 수익률 34% 수준에는 미치지 못했다. 전 세계 벤처캐피털 펀드를 자세히 분석한 결과, 중국계 펀드의 수익률은 1.79배로 미국과 유럽계 펀드보다 약간 높은 것으로 나타났다.

을 받는 311개 비상장 기업 4분의 1에 대한 권리를 주장했다.

- 중국의 인공지능 기반 디지털 콘텐츠 앱 바이트댄스는 시총 750억 달러로 680억 달러인 우버를 따돌리고 세계에서 가장 가치 있는 유니콘에 올랐다. 중국 주문형 승차 공유 서비스 업체 디디는 560억 달러로 3위를 차지했다.

- 2018년 총 470억 달러를 조달한 190개 미국 기업공개 중 중국은 85억 달러를 조달한 31개 기업공개를 기록해 16개 기업공개에서 33억 달러를 조달한 2017년보다 증가했다. 이는 2014년 알리바바의 250억 달러 기업공개 이후 8년 만에 최고치다. 2018년 미국 기업공개 중 상위 4개 기업은 모두 중국 기업이었다. 또한 2018년 44개의 중국 기업이 홍콩 증시에 상장해서 320억 달러를 유치했는데, 이는 1년 전보다 거의 3배 증가한 것이다(표 8-1, 8-2, 8-3 참조).

표 8-1
급증하는 중국의 벤처 투자

	2018	2015	2010
중국	1050억 달러	447억 달러	56억 달러
미국	1110억 달러	750억 달러	308억 달러
세계	2746억 달러	1550억 달러	464억 달러

자료: 프레킨(Preqin)

표 8-2
증가하는 중국의 벤처 자금 조달

	2018	2015	2010
중국	236억 달러	227억 달러	99억 달러
미국	488억 달러	346억 달러	166억 달러
세계	791억 달러	701억 달러	314억 달러

자료: 프레킨

표 8-3
2018년 미국 10대 상장 기업 목록 중 4개가 중국 기업 IPO

	조달 금액	순위	거래소
아이치이	24억 달러	3	나스닥
핀뚜어뚜어	17억 달러	4	나스닥
니오	12억 달러	9	뉴욕증권거래소
텐센트 뮤직	11억 달러	10	뉴욕증권거래소

자료: 딜로직(Dealogic)

중국은 세계가 지금까지 보지 못했던 대규모 기술 혁신과 벤처캐피털이 주도하는 경제혁명을 겪고 있다. 현재 중국 기술 기업가들과 벤처 투자자들은 문화혁명 이후 그리고 개혁개방 이후 첫 번째 세대다. 20년도 안 돼 중국은 실리콘 밸리 수준에 도달했다. 세쿼이아 캐피털의 돈 발렌타인Don Valentine과 클라이너 퍼킨스Kleiner Perkins의 톰 퍼킨스Tom Perkins가 샌드힐로드 스타일의 투자를 개척한 것은 50년 전이다. 당시 실리콘 밸리는 아직도 포도나무로 덮여 있었고(실리콘 밸리는 원래 포도주 생산 지대였다-옮긴이), 중국은 대부분 농업에 종사하고 있었다.

나는 실리콘 밸리에서 베이징과 상하이로 이어지는 벤처 투자 자취를 따라가며 중국이 부상하는 과정을 추적해왔다. 오늘날 비록 벤처 투자가 더 위험하고 경기 영향을 강하게 받고 유동성이 떨어지기는 하지만, 최상위 중국 벤처 펀드의 투자 수익은 대부분 미국 펀드, 그리고 부동산과 주식 시장 투자보다 더 크다.

보석을 발굴하는 3단계

중국의 벤처 투자자들은 지난 20년 동안 세 단계로 발전해왔다.

첫 번째 단계는 아마존, 페이스북, 구글, 유튜브를 그대로 모방한 중국 업체에 투자하고 실리콘 밸리에서 사람을 데려와서 거래를 관리하는 단계였다. 두 번째 단계는 중국 현지에서 꾸려진 팀이 중국 입맛에 맞는 맞춤형 아이디어를 가진 현지 기업인들에게 자금을 지원하는 단계였다. 세 번째 단계는 중국 밖에서 모방의 대상이 되고 해외 진출 가능성이 있는 파괴적인 중국 스타트업에 투자하는 완전한 파트너십으로 옮겨가는 단계다.

이에 맞춰 중국 기술도 세 가지 유형의 기술 단계를 거쳐 발전했다. 첫 번째는 2003~2010년의 인터넷 스타트업, 두 번째는 이후 몇 년간의 모바일 중심 스타트업, 그리고 마지막으로 오늘날 교통, 금융, 의료, 교육 등 경제 전반에 영향을 미치는 인공지능, 생명공학, 자율주행, 로봇공학, 드론, 라이브 스트리밍, 모바일 결제, 소셜 네트워킹, 소셜 커머스 분야의 첨단 기술과 비즈니스 모델이 그것이다. 이러한 거래들은 일반적으로 벤처 투자자들이 선호하는 것으로 알려진 그런 손쉬운 거래가 아니다. 불과 10년 전만 해도 상상조차 할 수 없었던 도전적인 거래다.

"중국 기술 기업들은 거의 모든 부문에서 승리를 거두었고, 중국 인터넷 시장은 검색부터 콘텐츠, 전자상거래에 이르기까지 모든 것을 갖춘 독립적인 자급자족 시장이 되었다"라고 실리콘 밸리 레드포인트 벤처스Redpoint Ventures에서 분사한 레드포인트 차이나 벤처스Redpoint China Ventures의 파운딩 매니징 파트너인 데이비드 위안David Yuan은 말한다. "모바일과 소비자 인터넷에서는 중국 내수시장 규모 덕분에 중국의 기술 혁신이 세계적으로 앞서게 되었다. 2015년부터 현재까지 점점 더 많은 중국 기술기업이 세계 시장 진출이라는 야망을 추구하며 해외시장을 과감히 공략하고 있다. 이런 추세는 앞으로도 상당 기간 지속될 것이다."

> "중국 기술 기업들은 거의 모든 부문에서 승리를 거두었고, 중국 인터넷 시장은 독립적인 자급자족 시장이 되었다."
>
> **데이비드 위안, 레드포인트 차이나 벤처스 창업자 및 매니징 파트너**

뉴욕에서 벤처 투자자 짐 로빈슨Jim Robinson도 거든다. "25년 전만 해도 중국이 베꼈던 것이 사실이다. 하지만 오늘날 중국은 최첨단 기술을 보유하고 있다. 칭화대학은 최정상 수준이다." 뉴욕에 본사를 둔 RRE 벤처스RRE Ventures의 제너럴 파트너인 로빈슨은 이렇게 말한다. 중국에서 오랫동안 투자해온 그는 중국이 퀀텀 컴퓨팅quantum computing(원자 집합을 기억 소자로 간주해 원자의 양자역학적 효과를 기반으로 방대한 용량과 초병렬 계산이 가능한 컴퓨터.

양자역학 컴퓨팅이라고도 함-옮긴이),
머신 러닝, 블록체인, 게임용 소
프트웨어 분야에서 빠르게 성장
하는 모습을 보고 있다.

> "25년 전만 해도 중국이 베꼈던 것이
> 사실이다. 하지만 오늘날 중국은
> 최첨단 기술을 보유하고 있다.
> 칭화대는 최정상 수준이다."
>
> **짐 로빈슨, RRE 벤처스 공동 창업자 및
> 제너럴 파트너**

하지만 단점도 잠재한다. 벤처
캐피털 지원을 받는 많은 중국 스타트업이 (아마존이 그랬던 것처럼) 수익
은 뒷전이고 성장만을 추구하며 내일이 없는 듯이 현금을 마구 소진
하고 있다.

"우리는 중국 스타트업의 대규모 수익성 시대가 이제 막 시작되었
다고 생각한다." 베이징에 있는 차이나 크리에이션 벤처스China Creation
Ventures의 설립자 겸 매니징 파트너인 웨이 저우Wei Zhou는 이렇게 말
한다. 차이나 크리에이션 벤처스는 그가 클라이너 퍼킨스 차이나
Kleiner Perkins China에서 한 팀을 분리해서 만든 회사다. "나는 스타트업
이 손해 보는 것을 걱정하지 않는다. 나는 스타트업이 얼마나 많은 가
치를 창조하고 있는지 더 걱정한다. 이들이 성공하면 많은 이익을 실
현할 수 있다."

미·중 무역 전쟁과 기술 주도권 경쟁이라는 더 큰 이슈에도 불구
하고, 대규모 펀드들이 계속해서 거세게 돌아가는 기술 경제에서 미
래 중국 스타들을 지원하고 있다. 젊은 기술기업에 투자하기 위한 경
쟁은 가열되고, 유니콘 기업 가치가 있는 중국 스타트업들이 계속 늘
어나고 있다. '중국의 차세대 새로운 주인공을 놓치면 안 된다'가 이들
이 외치는 구호다. 돌연 나타난 소셜 커머스 혁신 기업 핀뚜어뚜어가

이 회사를 놓친 많은 벤처 투자자를 깜짝 놀라게 했다.

중국 벤처캐피털 시장은 오랫동안 성공을 이어온 핵심 기업 그룹으로 좁혀졌다. 중국 투자의 선구자인 클라이너 퍼킨스와 드레이퍼 피셔 저벳슨Draper Fisher Jurvetson은 이제 중국에 투자하지 않는다. 새로운 독립 기업들이 실리콘 밸리 기업들로부터 분사했다. 클라이너 퍼킨스에서 나온 차이나 크리에이션 벤처스, NEA에서 나온 롱힐 캐피털Long Hill Capital, 그리고 코슬라 벤처스Khosla Ventures에서 나온 1955 캐피털1955 Capital 등이다.

캘리포니아 공무원 퇴직연금CalPERS: California Public Workers's Return System과 캘리포니아 교직원 연금CalSTRS: California State Teachers Return System 등 미국의 대규모 연기금, 싱가포르의 테마섹과 GIC 등 국부펀드, 부유한 창업가, 패밀리 오피스family office(초고액 자산가들의 자산 배분, 상속·증여, 세금 문제 등을 전담해 처리해주는 업체-옮긴이), 모태 펀드fund of funds(개별 기업에 직접 투자하는 대신 펀드나 투자조합에 출자하는 간접투자 방식의 펀드-옮긴이), 그리고 예일, 프린스턴, 노스웨스턴, 듀크 등 대학 기부금으로부터 더 많은 자본이 검증된 중국 벤처회사로 유입되고 있다. 또한 중국 정부의 지원을 받는 투자 그룹의 자금도 선전의 중국판 나스닥인 차이넥스트ChiNext와 중국의 신흥 기업 상장을 돕는 상하이과학기술혁신위원회Shanghai Science and Technology Innovation Board와 같이 중국 스타트업들에 직접 투자하고 이들을 중국에서 상장할 수 있는 중국 위안화 펀드로도 흘러들어 갔다.*

하지만 중국 금융 산업의 부채 비율을 낮추기 위해 더 엄격해진

중국이 세계를 지배하는 날

표 8-4
주요 중·미 벤처 투자사

기업	자본금	펀드	투자	엑시트	시작 연도
세쿼이아 캐피털 차이나	200억 달러	21	500*	70	2005
치밍 벤처 파트너스	43억 달러	12	344	50	2006
GGV 캐피털**	62억 달러	13	345	103	2000
DCM 벤처스***	40억 달러	14	400	75	1996
매트릭스 파트너스 차이나	35억 달러	10	520	65	2008
GSR 벤처스	21억 달러	12	255	26	2005
시노베이션 벤처스	20억 달러	7	350	40	2009
라이트스피드 차이나	15억 달러	7	96	15	2012
레드포인트 차이나	10억 달러	6	70	9	2016
젠펀드	10억 달러	5	700	45	2011
NEA	-	8	50	20	2003

* 기업들
** 중국, 미국 포함
*** 중국, 미국, 일본 포함
— NEA는 별도 중국 펀드 없이 한 펀드에서 투자한다.
자료: 실리콘 드래건 리서치, VC 기업들

위험 통제 정책과 중국 최초 펀드 매니저들의 부진한 성적으로 인해 위안화 펀드 조달은 더 어려워졌다. 오늘날 중국에 투자하고 있는 대부분의 미국계 기업들은 위안화 펀드와 달러 펀드를 모두 가지고 있으며, 주로 역외의 소유 자회사를 통해 중국 스타트업에 자금

---

* 2009년 53억 달러였던 위안화 펀드가 2017년 84억 달러로 늘어났다. 2018년에 조성된 280개의 중국 벤처 펀드 중 18개가 미국 달러화 펀드였으며, 위안화 펀드의 평균 규모는 6600만 달러인 데 비해 미국 달러화 펀드의 평균 규모는 3억 8600만 달러였다.

표 8-5
핵심 중국 유니콘 기업과 주요 미·중 벤처 투자자

샤오미	모닝사이드 벤처스, 치밍 벤처, IDG, 테마섹, DST 글로벌
메이투안 디앤핑	치밍 벤처, 세쿼이아 캐피털 차이나, 제너럴 애틀랜틱
핀뚜어뚜어	라이트스피드 차이나, IDG 캐피털, 반얀 파트너스, 세쿼이아 캐피털 차이나
바이트댄스	SIG 아시아, GGV 캐피털, 치밍 벤처, 뉴 엔터프라이즈 어소시에이츠, 힐하우스 캐피털, 세쿼이아 캐피털
콰이쇼우	DCM 벤처스, 세쿼이아 캐피털 차이나, 모닝사이드 벤처캐피털
센스타임	타이거 글로벌, CDH, IDG 캐피털, 피델리티 인터내셔널, 테마섹, 실버 레이크, HOPU 캐피털
페이스++	치밍 벤처, 시노베이션 벤처스
디디	GGV 캐피털, GSR 벤처스, 매트릭스 파트너스 차이나
DJI	세쿼이아 캐피털 차이나, 액셀 파트너스
니오	세쿼이아 캐피털 차이나, 테마섹, IDG 캐피털
샤오홍슈	젠펀드, GGV 캐피털
UB테크	치밍 벤처, CDH 인베스트먼츠
모바이크	치밍 벤처, 버텍스 벤처스, 힐하우스 캐피털

자료: 실리콘 드래건 리서치

을 지원하고 있다.

알리바바의 잭 마, 샤오미의 레이쥔 등 부유한 창업가들, 그리고 뉴욕증권거래소 상장 기업 뉴 오리엔털 에듀케이션 & 테크놀로지 그룹New Oriental Education & Technology Group을 창업한 엔젤 투자자 밥 쉬Bob Xu의 젠 펀드로부터 앤젤 펀드가 탄생했다.

중국 신흥 기술기업을 지원하는 최고의 투자자들에게 노다지가 끊임없이 쏟아지고 있다.

디지털 실크로드를 비틀거리며 걸어가다

성장하는 기회, 신기술에 활짝 열린 구조, 그리고 중국의 기업가적 문화에도 불구하고, 성공은 그저 주어지지 않는다. 몇몇 일류 샌드힐 로드 기업들은 실리콘 밸리에서 터득한 자신들의 지식을 제대로 접목하지 못하고 디지털 실크로드에서 비틀거리며 걸어왔다.

중국에서 세력을 유지하기는 힘들다. 스카이프, 핫메일, 테슬라에 대한 투자로 알려진 팀 드레이퍼는 거의 20년 전으로 거슬러 올라가 중국 기술 혁신의 아주 초창기 투자자였다. 하지만 그는 초창기에 자신이 DFJ와 이프래닛ePlanet을 통해 투자했던 검색 기업 바이두가 2005년 나스닥 상장에 성공하면서 28% 지분과 33% 수익이라는 성과를 올렸음에도 중국 투자를 중단했다. 드레이퍼는 해외로 흘러나가는 자본에 대한 중국 정부의 통제 강화 때문에 자금을 중국에서 해외로 빼내는 데 어려움을 겪고 있다. 드레이퍼 어소시에이츠Draper Associates의 설립자 겸 매니징 파트너, 그리고 캘리포니아 주 서부 샌마테오San Mateo에 있는 기업가 학교 드레이퍼대학의 슈퍼히어로인 드레이퍼는 드레이퍼대학 CEO인 앤디 탕Andy Tang이 운영하는 2016년에 설립된 드레이퍼 드래곤Draper Dragon 펀드의 유한 책임 파트너 투자자로 중국과의 인연을 유지하고 있다.

마찬가지로 RRE 벤처스의 벤처 투자자 로빈슨은 중국 대기업인 핑안Ping An의 매각 거래에서 번 수백만 달러를 중국으로부터 해외로 반출하는 데 애먹고 있는 이야기를 들려준다. 그는 먼저 6개 성이 각각 전체 수익의 20%를 요구하는 세금 문제를 해결해야 했다. 일단 중국의 한 법률 회사의 도움으로 이 문제를 해결한 로빈슨은 위안화를 국외로 반출할 방법을 고민해야 했다. 몇몇 웃기는 제안으로 큰 다이아몬드를 사서 미국으로 가져오거나, 현금을 더플 백duffel bag에 담아 홍콩으로 가지고 가서 홍콩달러와 교환한다는 아이디어도 있었다. 하지만 그의 회사는 홍콩과 케이맨제도의 두 100% 자회사를 통하는 해결책을 생각해냈다.

보스턴의 찰스 리버 벤처스Charles River Ventures 실리콘 밸리 사무소를 설립한 당시 파트너였던 빌 타이Bill Tai는 일찍부터 이 회사를 중국으로 이끌었다. 2006년 찰스 리버 벤처스는 베이징에 기반을 둔 혁신적인 맞춤형 웹 브라우저 기업 맥스톤Maxthon을 지원했지만 맥스톤은 메이저리그에 진출하지 못했다. 빌 타이는 2014년 찰스 리버 벤처스에서 명예 파트너로 전환한 뒤 2016년 맥스톤 이사회에서 물러났다. 지금은 왕성한 개인 투자자이자 열정적인 블록체인 투자자, 그리고 카이트보딩kite-boarding(몸에 연을 달고 스케이트보드나 스노보드를 타는 스포츠-옮긴이) 선수가 된 빌 타이는 자신이 초기에 투자했던 중국의 화상회의 소프트웨어 회사인 줌Zoom이 최근 나스닥에 기업공개를 하는 성과를 올렸다.

메이필드 펀드Mayfield Fund는 2004년 케빈 퐁Kevin Fong 전무가 이끄는 중국 베이징의 GSR 벤처스와 손잡고 중국에 진출했다. 오늘날 메이필드는 중국 대신 미국과 인도에 투자하고 있다. 매트릭스 파트너스Matrix Partners는 2008년 전 이베이 CEO 보 샤오Bo Shao와 이베이가 인수한 이치넷EachNet의 창업자, 그리고 중국에 오래 투자해온 WI 하퍼WI Harper에서 분리한 벤처 투자팀이 매트릭스 차이나 파트너를 결성하면서 중국에 진출했다. 엑셀 파트너스Accel Partners는 2005년 짐 브레이어가 현재 자신이 공동 회장을 맡고 있는 베이징에 본사를 둔 IDG 캐피털과 팀을 이뤄 중국에 진출했다. IDG 캐피털은 1992년 첫 외국 자본을 중국으로 들여와 텐센트, 바이두, 샤오미 등에 초기 투자해 큰 수익을 올렸다.

몇몇 베이 에어리어의 첨단 기업은 중국에 투자할 용기나 의욕도 없었지만, 중국의 추이를 예의 주시해왔다. 앤드리슨 호로비츠의 파트너이자 많은 사람이 따르는 디지털 중국 전문가 코니 챈은 중국의 발전 과정을 추적하고 앤드리슨 호로비츠의 미국 스타트업들을 위한 기회를 모색한다. 피터 틸Peter Thiel의 파운더스 펀드Founders Fund는 2018년 제프 론스데일Jeff Lonsdale을 아시아 담당 전무로 임명했고, 론스데일은 실리콘 밸리에서 아시아로 자주 여행하며 일어나는 상황을 파악하고 투자 기회를 엿보고 있다.

인도 태생의 억만장자 비노드 코슬라Vinod Khosla가 설립한 코슬라 벤처스Khosla Ventures는 자사의 미국 포트폴리오 기업들이 중국에 진출할 수 있도록 돕지만, 직접 투자는 하지 않았다. 몇몇 실리콘 밸리 기업은 여전히 중국에 대한 벤처 투자를 너무 위험하다고 일축하고 있으며, 배타적인 샌드힐로드 커뮤니티의 많은 기업은 불확실성과 언어와 문화 장벽을 두려워하며 베이 에어리어에서 가까운 안전지대에 투자하기를 선호한다.

경험 많은 중국 벤처 투자자들도 때때로 실패할 때가 있다. 알리바바뿐만 아니라 매트릭스 차이나, GSR 벤처스, 젠펀드도 중국 자전거 공유 스타트업 오포에 22억 달러를 투자한 후 중국의 자전거 공유 열풍 붕괴 사태에 휘말렸다. 오포는 과도한 광고와 확장, 경쟁, 그리고 적자 비즈니스 모델 때문에 도산했다. 투자자들에게 큰 손해를 끼친 또 다른 중국의 거래는 실패한 블로깅 플랫폼 보키Bokee다. 보키는 10년 전 소프트뱅크, 베세머 벤처 파트너스Bessemer Venture Partners, 그래닛 글로벌 벤처스Granite Global Ventures(현재 GGV)로부터 1000만 달러의 자금을 지원받았다. 보키의 창업자 팽 싱동Fang Xingdong은 디지털 미디어 콘텐츠를 잘 이해하고 있었지만, 온라인 광고 수익이 뒤따르지 않아 고용했던 수백 명의 직원을 해고해야 하는 상황이 되면서 이사회와 갈등을 빚고 CEO 자리에서 물러났다. 이후 베세머 벤처 파트너스는 중국 지사 문을 닫았다.

벤처 투자 기행

신흥 벤처 투자 강국으로서 중국의 역사는 미국의 닷컴 버블 붕괴 이후 실리콘 밸리 샌드힐로드 기업들이 차세대 대형 먹거리를 찾기 시작하던 2002년으로 거슬러 올라간다. H&Q 아시아퍼시픽H&Q Asia Pacific의 타린 슈와 월든 인터내셔널Walden International의 립부 탄Lip-Bu Tan 등 아시아 중심 벤처캐피털 설립자들이 이미 이 길을 닦아 실리콘 밸리의 리더들이 중국에 투자할 생각을 쉽게 할 수 있게 해주었다. 실리콘 밸리 벤처 투자자들은 2004년 실리콘 밸리 은행Silicon Valley Bank(1983년 미국 실리콘 밸리에 설립된 벤처 금융 전문 은행-옮긴이)이 주도한 투자 투어를 계기로 중국에 진출하게 되었다.

베이징과 상하이에서 일주일 동안 바쁘게 진행된 이 투자 투어에서 클라이너 퍼킨스의 존 도어John Doerr, 세쿼이아 캐피털의 돈 밸런타인Don Valentine, NEA의 딕 크램릭Dick Kramlich 등 투자 책임자들이 중국 기업인들과 공기업 임원들, 정부 관계자들을 만났다. 이들은 중국의 기업가적 조직과 시장 잠재력에 경외심을 가지고 미국으로 돌아갔다. 이 캘리포니아 북부 벤처캐피털의 파트너들은 곧 상하이 실리콘 밸리 은행의 게스트 오피스guest office를 자신들의 거점으로 사용했다. 몇 년 안에 많은 실리콘 밸리 회사가 중국의 도시에 사무소를 설립하고, 중국 현지 파트너들과 함께 중국에 맞는 펀드를 선보이고 거래를 성사시켰다.

처음 중국에 진출한 미국 실리콘 밸리의 벤처 투자 리더들은 중국이 완전히 낯설었고, 중국의 환경도 잘 모르고, 문화에도 익숙하지 않고, 언어도 구사하지 못하는 상황에서 검증되지 않은 중국 기업가들에게 투자해야 했다. 이런 상황을 고려하면 몇몇 기업이 좋은 성과를 거둔 것은 꽤 놀라운 일이다.

중국 벤처 투자 초기에 실리콘 밸리 기업들은 몇 가지 실책을 저질렀다. 이 기업들은 소규모 팀들로 이 기회를 다루기에는 벅찼고, 캘리포니아에서 투입된 파트너들도 이 공백을 채우지 못했다. 새로운 벤처 전초기지에서 급조된 팀들은 서로 의견이 맞지 않았으며, 전략적 의사결정과 전술적 움직임이 현지보다는 실리콘 밸리에서 이루어졌다.

클라이너 퍼킨스를 창업한 존 도어가 중국에서 미국 기업을 출범하고 실리콘 밸리의 성공 공식을 중국에 그대로 적용하기 위해 2007년 베이징에 나타나 기자회견을 열던 때가 생각난다. 이 회사는 중국을 위해 3억 6000만 달러의 특별 자금을 조성했다. 두 명의 유명 중국 벤처 투자자 티나 주Tina Ju와 조 저우Joe Zhou를 엄선해서 중국 클라이너 퍼킨스를 이끌게 했다. 하지만 조 저우는 2008년 초 이해가 상충되는 거래 방식 때문에 1년 만에 이 회사를 떠났다. 조 저우는 2009년 중반 중국에서 클라이너 차이나 설립을 도왔던 유한책임 파트너 투자자들과 함께 클라이너 차이나로부터 7개의 포트폴리오 거래를 인수해서 새로운 회사 키톤 벤처스Keytone Ventures로 끌어들였다. 이 동안 클라이너 퍼킨스는 팀을 안정화시키고 강화하는 한편, 타이밍이나 실행 방법이 좋지 않았거나 사업 경험이 없는 기업가 때문에 지지부진했던 투자를 성공시키기 위해 바삐 움직였다.

클라이너 퍼킨스는 2017년 중국을 위해 중국에서 운영하는 새로운 중국 초기 기술 투자회사인 차이나 크리에이션 벤처스China Creation Ventures를 설립하기 위해 투자자 한 팀이 회사를 떠난 후 중국 활동을 접었다. 클라이너 퍼킨스는 기존 투자 관련 업무 마무리를 위해 상하이에 최소한의 인원만 남겨놓고 있다. 2018년 벤처 투자자 메리 미커Mary Meeker가 클라이너 퍼킨스에서 떠난 것도 중국에서의 추가 계획에 또 다른 타격이었다. 클라이너 이름으로 발행되던 미커의 연례 기술 동향 보고서는 중국에 대해 낙관적이었다. 미커는 현재 자신의 새 회사 본드Bond에서 새로운 투자 기금을 조성하고 있다.

청두에서의 만남

벤처 투자는 큰 꿈을 가지고 크게 혁신하고, 능력 있는 팀을 이끌고 적절한 분야에서 적절한 비즈니스 모델로 경쟁해서 이기는 열정을 가진 창업가를 발굴·조사해서 자금을 지원해야 한다. 쉬운 일이 아니다. 벤처캐피털 일은 실리콘 밸리에서도 힘들지만, 유망 업종 조사, 독립 스타트업 발굴, 추천서 입수, 증빙서류 확인, 장부 기록 검토 등 통상적인 일도 중국에서는 더욱더 골치 아프다.

보석을 발굴하려면 사람들이 많이 다니는 길에서 벗어나야 한다. 몇 년 전 신예 기술 기업가를 취재하기 위해 청두에 머물 때, 홍콩에 본사를 둔 모닝사이드 벤처Morningside Venture의 벤처 투자자 리처드 류와 우연히 마주쳤다. 그는 내가 취재할 예정이던 창업가와 막 회의를 마친 참이었다. 벤처 투자에는 이런 진지한 사고방식과 시간이 많이 소요되는 접근 방식이 필요하다. 그리고 이것이 바로 부동산 재벌 로니 챈의 모닝사이드 벤처에서 15년간 일한 리처드 류가 중국에서 가장 성공한 벤처 투자자 중 한 사람이 될 수 있었던 이유다. 리처드 류는 스마트폰 제조사 샤오미와 소셜 엔터테인먼트 회사 와이와이에 일찍 대담하게 투자했고, 두 중국 스타트업 모두 상장에 성공하면서 큰 성과를 거뒀다.

벤처 투자자들은 엑시트exit에서 이익을 얻는다. 엑시트란 투자자들이 공모나 인수에서 자신들의 스타트업 지분을 현금화하는 투자 후 출구전략을 말한다. 새로운 스타트업의 90% 정도가 실패하고, 벤처캐피털의 극히 일부만이 자신들의 투자에서 돈을 번다는 것이 일반적인 통념이다. 또 다른 공통 법칙은 투자 수익의 80%가 20%의 스타트업 거래에서 나온다는 것이다. 이는 삼진을 많이 당했지만, 홈런도 많이 터뜨린 미국의 전설적인 야구 선수 베이브 루스의 이름을 따서 '베이브 루스 효과Babe Ruth effect'로 알려져 있다. 벤처캐피털에서는 한 번의 성공적인 거래가 손실을 만회하고, 회사가 이익을 내는 데 필요한 투자 수익을 가져올 수 있다. 펀드 투자가 완전히 마무리되는 데는 보통 10년이 걸린다. 하지만 좋은 결과는 거의 보장되지 않는다. 생산 연도에 따라 다르고 햇수에 따라 좋아질 수 있는 고급 와인과 마찬가지로 벤처캐피털 수익률은 경기 주기와 해당 펀드의 투자 연도에 따라 변동이 심하다.

거대 기업 NEA의 개입

실리콘 밸리에서 가장 크고 오래된 기업 중 하나인 뉴 엔터프라이즈 어소시에이츠NEA는 중국에서 여러 난국을 헤쳐나간 중국 투자의 개척자였다. 이 회사는 현재 20개 이상의 회사들로 구성된 포트폴리오를 가지고 있다. 하지만 매니징 제너럴 파트너인 스콧 샌델Scott Sandell이 NEA의 중국 투자를 이끌 당시 내게 말했던 것처럼 초기에는 당초 예상보다 상황이 더 어려웠다. NEA는 대부분 실리콘 밸리 기업이 뛰어들려고 하지 않던 2003년 초에 중국에 투자하기 시작했다. 이 회사는 중국 반도체 제조업체인 SMICSemiconductor Manufacturing International Corporation에 1억 2000만 달러를 과감하게 투자해서 돈을 벌었다. SMIC는 아시아 벤처캐피털 선두 기업인 H&Q 아시아퍼시픽과 월든 인터내셔널의 지원을 받았으며, NEA가 이 거래에 참여하도록 도왔다.

대표적인 대만 파운드리Foundry 업체(반도체 설계 전문 기업으로부터 제조를 위탁받아 반도체를 생산하는 기업−옮긴이)에서 영입되어 NEA의 운영을 맡고 있던 당시 CEO 리처드 창Richard Chang과 함께 방문한 적이 있는 이 상하이 반도체 제조업체는 2004년 뉴욕증권거래소에 상장해서 17억 달러를 유치했다. SMIC는 세계 최대 반도체 제조업체의 하나가 되었지만 대만, 미국, 한국 등의 선진 파운드리 업체에는 뒤처져 있다.

NEA는 2007년 자사 중국 포트폴리오에 속한 다른 기업들의 밀린 엑시트 업무 처리를 위해 신규 스타트업에 대한 자금 지원을 잠시 중단했다. NEA는 미국에 기반을 둔 파트너 샌델이 중국에 가기를 바랐지만, 샌델이 아이들 학교 문제로 상하이로 이사하는 대신 계속 미국과 중국을 왔다 갔다 하기를 선택하자 이 회사의 전설적인 설립자 딕 크램릭Dick Kramlich이 나섰다. 중국에 대한 회사의 약속을 보여주기 위해 크램릭과 그의 아내 파멜라Pamela는 샌프란시스코의 부유층 거주 지역 노브힐Nob Hill 집을 떠나 2008년 상하이로 이사해서 1년 반 동안 이 회사의 중국 투자 업무를 감독했다. 크램릭은 이 회사 최초의 중국 정규직 직원인 현지 파트너 샤오둥 장Xiaodong Jiang과 함께 일했다. 샤오둥 장은 NEA의 베이징과 상하이 사무실을 모두 개설했고 11년 동안 현지 투자 팀을 이끌었다. 2016년 장은 NEA를 떠나 자회사인 롱힐 캐피털을 설립하고, 1억 2500만 달러를 조달해서 투자사이자 자문사인 NEA와 함께 주로 건강관리 기업에 투자했다.

NEA는 현지의 독립 팀들과 공동 투자하고, 실리콘 밸리 펀드로 스타트업들을 후원하는 등 중국 거래를 계속해왔다. NEA는 2012년 기업 및 증권 전문 변호사였던 카르멘 창Carmen Chang을 특별 보좌관으로 추가해 베이 에어리어에서 중국 활동에 힘을 실어왔다. 카르멘 창은 곧 파트너로 승진했다. 현재 아시아 지역 제너럴 파트너 겸 회장인 카르멘 창은 법무법인 윌슨 손시니 굿리치 & 로사티WSGR: Wilson Sonsini Goodrich and Rosati의 전 파트너로서 회사에 깊이 있는 지식을 제공한다. 이곳에서 그는 NEA가 후원하는 중국 반도체 회사 SMIC와 스프레드트럼Spreadtrum의 기업공개 등 많은 중요한 거래에 관여했다. 2018년 NEA는 중국 최고 스타트업 중 하나인 바이트댄스에 공동 투자하고, 세쿼이아 캐피털 차이나, GGV 캐피털과 함께 중국 온라인 교육 분야의 유망 스타트업인 쥐예방Zuoyebang에 출자하면서 적극적인 움직임을 보였다.

붐비는 중국의 기술 허브

그동안 중국 기술과 벤처캐피털 업계는 발전을 계속해왔다. 이런 활동은 주요 거점인 베이징과 상하이에서 텐센트가 있는 하드웨어 혁신의 수도 선전과 알리바바 본사가 있는 항저우까지 확산되었다. 더 나아가 청두, 우한, 충칭도 관심을 끌고 있다. 무역과 금융, 부동산으로 유명한 홍콩은 벤처 투자자들과 스타트업 창업자들에게도 매력적인 곳이 되었다. 홍콩은 세제 혜택과 즐거운 생활 방식, 기술 중심 대학들, 중국 본토 근접성, 홍콩증권거래소에 상장할 때 유리한 기술

친화적인 새로운 개혁 정책, 그리고 중국 비즈니스 모델에 익숙한 기관 투자자 기반 등 벤처 투자자들과 스타트업 창업자들이 좋아할 장점이 많기 때문이다.

중국의 중심지들에는 엔지니어와 경영 인재, 코워킹 공간과 핵스HAX와 같은 하드웨어 액셀러레이터와 기업 인큐베이터들이 모여 있는 산업 집적 단지, 수많은 네트워킹 이벤트, 젊은 기업들에 은행, 법률 및 회계 서비스를 제공하는 전문 기업 등 인프라가 잘 갖춰져 있다. 중국에는 전 세계 어느 나라보다도 많은 7500개의 인큐베이터와 메이커 스페이스maker space(3D 모델 파일과 다양한 재료들로 소비자가 원하는 사물을 즉석에서 만들어낼 수 있는 작업 공간-옮긴이)가 있다.

중국의 벤처캐피털과 기술 스타트업 현장이 활기를 띠고 있지만, 실리콘 밸리도 아직 세계 기술 혁신의 중심지로서 지위를 잃지 않았다. 실리콘 밸리는 지금도 전 세계에서 벤처기업을 찾는 사람들을 끌어들이는 동서양의 교차로로 남아 있다.

샌프란시스코 공항의 유나이티드 항공 라운지는 미국과 아시아를 빈번하게 오가는 비즈니스 여행자들이 긴 비행 전에 정보를 교환하고 휴식을 취하는 인기 있는 만남의 장소다. 그리고 나는 이곳에서 내 신분을 숨길 수 없다. 나를 아는 벤처캐피털 관계자들이 거기서 많은 시간을 보내고 있고, 나와 같은 비행기를 탈 수도 있기 때문이다. 중국에 기반을 둔 벤처 투자자들이 실리콘 밸리의 동정을 살피고 가족 휴가를 보내려고 부유층 거주지인 애서튼Atherton, 로스 앨터스Los Altos, 팰로 앨토 등에 제2의 집을 가지는 것은 드문 일이 아니다.

이것은 또한 중국에서 뭔가 잘못될 때, 혹은 붐비는 중국 도시의 팍팍한 생활 방식이 견디기 어려울 때를 대비한 대비책이기도 하다.

하지만 중국 벤처 투자자들이 자국에서 철수하리라고는 기대하지 않는 것이 좋다. 중국에서 이 거대한 변혁의 최전선에 서는 것은 매우 흥미롭고 보람이 있을 수 있다. 변화의 속도는 믿을 수 없을 만큼 빠르다. 아이디어는 빠르게 돌아다니며, 이런 아이디어를 위챗 그룹에서 제공할 때도 많다. 중국의 기업가들은 하루 12시간씩 일주일에 6일을 근무한다. 오전 9시부터 오후 9시까지 6일을 일한다고 해서 996이라는 말이 중국 기술계와 벤처계에서 유행하고 있다. 중국 기업가와 벤처 투자자들이 한밤중에 전화로 회의하는 것은 다반사다. 이들이 15시간의 시차가 있는 캘리포니아의 파트너나 동료들과 거래하기 때문이기도 하다.

중국에 투자하는 일류 기업의 벤처 파트너들은 엘리트 집단이다. 이들은 하버드, 스탠퍼드, 예일, 프린스턴, 노스웨스턴, UC버클리, 코넬 등 일류 대학에서 경영학과 공학 학위를 받고, 구글, 퀄컴, 인텔, 마이크로소프트 등 다국적 기업에서 회사를 운영한 경험이 있다. 이들은 팀원들과 잘 협력하고, 자신들의 일에 첨단 기술 혁신에 대한 열정을 불어넣는다.

많은 이에게 이는 단지 돈 때문만은 아니다. 개중에는 기술밖에 모르는 괴짜들도 있다. 대부분은 국제 마인드를 가지고 있고, 여행을 좋아하고, 길에서 많은 시간을 보내며, 비즈니스 클래스로 야간 비행기를 신물 나도록 타는 것도 개의치 않는다. 이들은 오랜 시간 일하지만, 좋은 와인과 해변에서 휴양을 즐기고, 자기 아이들의 최고 사립학교 등록금을 내기에 충분한 돈이 있다. 이들은 개인 운전기사가 딸린 차를 타거나 우버(중국에서는 디디)를 이용하며, 스탠퍼드대학과 가까운 샌드힐로드 연변에 있는 아름답게 디자인된 넓은 사무실이나 베이징과 상하이의 도심 타워에서 일한다. 편해 보일지 모르지만 근면과 헌신 그리고 결단력이 필요하다.

대립과 시너지

중국 실리콘 밸리의 초기 마법과 같은 일의 많은 부분은 미국 국경을 넘어온 아이디어와 자본에 의존한 바가 크다. 베이징 중관춘 소프트웨어 파크에서 멘로파크의 샌드힐로드까지 자본의 양방향 고속도로가 뚫리고, 태평양 양안에서 펀드를 조성해서 스타트업들을 지원하고 있다. 이 양방향 채널이 시너지를 창출하고, 미국과 중국뿐만 아니라 전 세계적으로 스타트업 창업과 혁신을 가속화하고 이들의 규모를 키우고 있다.

워싱턴발 긴장이 고조되고 있지만, 미국에 대한 중국 투자는 증가 일로에 있다. 중국 벤처 펀드는 2018년 미국에 31억 달러를 투자했는데, 대부분을 생소하지만 중요한 분야인 새로 부상하는 심층 기술에 투자했다. 이는 2017년의 21억 달러와 2010년 거의 제로에 가까운 금액에서 많이 늘어난 수준이다. 또한 중국은 2018년 231건의 거래에서 미국 벤처케피탈과 공동 투자해 미국 전체 거래의 약 9% 선을 안정적으로 유지했다.

이런 중국 벤처 투자 흐름이 미군의 신기술 활용을 돕는 임무를 맡고 있는 미 국방부와 산하 국방혁신지원단DIU: Defense Innovation Unit 의 관심을 끌었다. 국방혁신지원단은 중국의 기술이전 관행에 대한 보고서를 발간했는데, 이 보고서에서 중국이 미국 기술 투자에 얼마나 깊이 관여하고 있는지를 보여주는 통계를 인용하고 있다.*

중국 벤처캐피털들의 미국에 대한 자금 지원은 계속 증가해왔지만, 무역과 기술 주도권 문제를 둘러싼 미·중 관계 악화, 그리고 지난 2018년 말 이란 제재 위반 혐의로 중국 통신 대기업 화웨이의 최고재무책임자를 체포한 사태의 영향으로 중국 기업들의 미국에 대한 벤처 투자는 주춤했다. 기업 벤처캐피털 흐름의 또 다른 약화 요인은 자본 유출에 대한 중국 정부의 통제가 더 엄격해진 데 있다.

실리콘 밸리에서 오랫동안 미·중 국경 간 투자를 해온 투자자들은 미국과 중국의 기술 및 무역 긴장의 영향을 대수롭지 않게 보며, 자신들의 기술 경제에 큰 영향을 미치지 않을 정치적 이슈로 간주한다. "정의하자면 기술은 세계적이며, 따라서 국경도 없다." 실리콘 밸리의 CSC 업숏 벤처스CSC Upshot Ventures 파운딩 매니징 파트너인 밍 예Ming Yeh는 이렇게 말했다. 그는 최근 샌프란시스코 베이 에어리어에서 열린 실리콘 드래건 포럼에서 "이러한 기술 혁신에는 사실상 경계가 따로 없다. 우리는 국경을 초월해서 투자하고 있다"라고 말했다.

---

* 중국계 투자자들은 2017년 10월까지 7년 동안 1201건의 벤처 거래에서 약 310억 달러를 미국 기술회사에 투자했다. 게다가 중국은 미국의 젊은 기술기업들에 대한 투자 3720억 달러 중 8%를 차지했고, 2015년에는 16%, 115억 달러로 정점을 찍었다.

중국이 세계를 지배하는 날

국제 기술투자회사인 애틀랜틱 브리지Atlantic Bridge의 제너럴 파트너 데이비드 램David Lam은 모든 장벽이 대부분 정치에 의해 야기된다면서 다음과 같이 지적했다. "세계 공급 체인은 국제적이며, 이 움직임은 막을 수 없다. 이는 기정사실이다. 따라서 시간을 되돌리기는 어렵다. 일부 정치 지도자들은 반드시 이 견해에 동의하지는 않는다. 이들은 많은 규제 정책을 추진하며 장벽을 만드는 사람들이지만, 사업보다는 정치적인 동기가 더 강하다."

> "이러한 기술 혁신에는 사실상 경계가 따로 없다. 우리는 국경을 초월해서 투자하고 있다."
>
> **밍 예, CSC 업숏 벤처스 파운딩 매니징 파트너**

미·중 벤처 교량 우회도로

하지만 이러한 균열로 인해 실리콘 밸리와 중국 사이의 국경을 넘는 투자 경로를 재설정하기에 이르렀다. 하나의 양방향 도로 대신, 벤처 교통은 2개의 일방통행 도로로 갈라지기 시작했다. 그 결과 별도의 미·중 벤처 영역이 미국과 중국 내에 따로 형성되고 있다. 이러한 변화의 조짐으로 베이징에 본사를 둔 시노베이션 벤처스는 기존에 미국과 중국 양쪽으로 해오던 거래에서 중국 거래에 집중하는 방향으로 사업 방향을 재조정하고 있으며, 회장 겸 CEO인 카이푸 리가 베이징에서 이 회사의 아성인 인공지능 사업을 주도하고 있다.

이런 상황에도 불구하고, 중국을 대상으로 하는 신규 펀드는 아직도 많이 조성되고 있다(표 8-6 참조). 텐센트, 바이두, 징동닷컴 등 상징적인 기업들을 대거 지원해온 중국 투자회사 힐하우스 캐피털

표 8-6
중·미 벤처 투자사의 신규 중국 펀드(2018~2019)

세쿼이아 캐피털 차이나	25억 달러	3개 중국 펀드, 80억 달러 신규 글로벌 펀드 자금 조달
치밍 벤처 파트너스	13억 9000만 달러	3억 4000만 달러 RMB 펀드 포함 3개 펀드
GGV 캐피털	18억 8000만 달러	4개 펀드 + 2억5000만 달러 RMB 펀드*
시노베이션 벤처스	5억 달러	1개 펀드 + 3억7500만 달러 RMB 펀드*
매트릭스 파트너스 차이나	7억 5000만 달러	1개 펀드
라이트스피드 차이나 파트너스	5억 6000만 달러	2개 펀드
차이나 크리에이션 벤처스	2억 달러	1개 펀드
롱힐 캐피털	2억 6500만 달러	1개 펀드
DCM 벤처스	7억 5000만 달러	1개 펀드
젠펀드	1억 9000만 달러	1개 펀드
레드포인트 차이나	4억 달러	2개 펀드

*RMB 펀드(중국 위안화에 기반을 둔 펀드) 규모는 대략적인 미국 달러 가치로 인용함.
자료: 실리콘 드래건, 벤처 투자사들

Hillhouse Capital은 2018년 9월 중국과 아시아에 투자하기 위해 106억 달러 규모의 초대형 펀드를 조성했다.

NEA에서 분사한 롱힐 캐피털은 중국의 고령화에 도움이 되는 의료와 소비재 사업에 투자하기 위해 2억 6500만 달러의 두 번째 펀드를 출범시켰다. 클라이너 퍼킨스에서 분사한 차이나 크리에이션 벤처스는 2018년에 2억 달러의 신규 펀드에 2억 달러를 추가해 총 4억 달러를 중국 기술, 통신, 미디어 스타트업에 투자했다. 이 회사는 2018년 말 트래픽 증가와 상업화에 초점을 맞춘 중국 안드로이드 스마트폰 브

랜드 연합인 완카 온라인Wanka Online이 홍콩증권거래소에 상장함으로
써 첫 기업공개를 기록했다. "우리는 중국에서 더 나은 기회를 포착하
길 원한다. 중국의 혁신 속도가 너무 빠르기 때문이다." 16명의 파트
너로 이루어진 팀을 이끄는 차이나 크리에이션 벤처스의 웨이 저우는
이렇게 말한다. "중국에서는 항상 놀라운 일이 일어난다."

이전에 코슬라 벤처스의 투자자였던 앤드류 청Andrew Chung의 1955
캐피털은 서양 기업가들이 중국과 인도에서 자신들의 기술을 상업화
할 수 있도록 돕는 2억 달러의 펀드를 설립했다.

동쪽으로 이동하는 무게중심

벤처 투자자들의 다음 개척지는 동남아다. 동남아는 6억 6500만
명의 대규모 인구와 2억 6000만의 대규모 인터넷 거점을 스타트업
들에게 제공한다. 중국의 비즈니스 모델과 혁신을 이 지역으로 쉽게
옮겨올 수 있고, 문화적 유사성과 중국과 현지 자본 유입을 통해 빠
르게 발전할 수 있다. 아시아 기업들에 대한 자금 지원은 전년 대비
11% 증가한 810억 달러로 2013년 70억 달러보다 많이 증가했다. 거
래 건수는 5년 연속 증가해서 2018년 5066건으로 42%나 급증했다.

여행이나 현지 취재를 통해 동남아에 대해 잘 아는 나로서도 내가
연사로 참가한 방콕에서 열린 거대하고 화려한 기술 정상 회담에서
여전히 새로운 기업가적 문화에 놀랐다. 현지 기술 및 비즈니스 커뮤
니케이션 그룹인 테크소스TechSause가 운영하는 이 행사는 인근의 기
술 허브와 일부 서방으로부터 수백의 스타트업과 벤처 투자자를 끌

어모았다. 이 행사는 샌프란시스코에서 매년 열리는 테크크런치 디스럽트TechCrunch Disrupt(북미 최대 정보기술 온라인 매체인 '테크크런치'가 2011년부터 매년 샌프란시스코에서 개최하는 창업 콘퍼런스-옮긴이)가 작고 무색하게 느껴질 정도였다.

동남아시아는 '중국에 버금가는 기회'라고 신흥 시장에서 인터넷 사업을 확대하고 있는 투자회사 라이즈 캐피털Rise Capital의 설립자 나자르 야신Nazar Yasin은 주장한다. 최근 홍콩에서 열린 실리콘 드래건 포럼에서 투자자 야신은 동남아 스타트업이 2017년 전 세계 12대 인터넷 기업 중 5개, 2018년 전 세계에서 가장 큰 기업 중 3개를 차지했다고 지적했다.

GGV 캐피털을 포함한 몇몇 중국 중심 투자 기업들이 싱가포르에 사무실을 열었다. 2002년에 중국 북부를 가로지르는 고비 사막의 이름을 따서 만든 고비 파트너스Gobi Partners는 알리바바와 연계된 홍콩 기업가 펀드Hong Kong Entrepreneurs Fund를 운영하지만, 동남아 시장에도 눈을 돌렸다. 고비 파트너스는 동남아 지역의 58개 스타트업에 투자했으며, 인도네시아에 초기 투자하기 위해 1000만 달러, 말레이시아에 투자하기 위해 1450만 달러 규모의 펀드를 조성했다. 나는 30세 이하 기업가를 다루는 '포브스 아시아 30 특별 보고서'에 실릴 몇몇 젊은 슈퍼스타들의 프로필을 작성했는데, 이들 중 다수는 인도네시아, 말레이시아, 싱가포르 출신이며, 이들은 이미 이 길을 보여준 중국 기업인들만큼 인상적이다.

9장

떠오르는
중국 벤처캐피털 기업

새로운 지역의 매력에도 불구하고, 중국은 그 규모와 기업가적 문화, 기술 인재, 그리고 속도로 인해 계속해서 아시아의 등대가 되고 있다. 중국에서 중국어를 사용하는 파트너를 고용하고 사무실을 개설함으로써 깊이 뿌리내린 벤처케피털은 자신들의 진정성을 보여주었다. 이들은 벤처 투자에서 흔히 일어나는 각종 부침을 인내하면서 계속 몸집을 키우고 있다.

이어지는 부분에서는 중국에서 가장 활발하게 활동하는 중·미 벤처 투자자들을 좀 더 자세히 살펴본다. 이들은 시장이 젊고, 기회가 무궁무진해 보이고, 투자 가치가 오늘날보다 훨씬 적었던 적절한 시기에 중국 기술 붐을 탔다.

치밍의 여명

중국에서 오래된 최고 벤처캐피털 중 하나인 치밍 벤처 파트너스는 주로 중국 내 5개 사무소를 거점으로 중국 거래에 초점을 맞추고 있으며, 최근에 미국 사무실을 개설하고 미국 펀드를 출범시켰다. 치밍은 2006년 설립 파트너 게리 리셜의 주도 하에 중국 기술 투자에 일찌감치 착수했다. 게리 리셜은 벤처캐피털 사업의 선구자이자 멘토이며, 내가 닷컴 거품이 붕괴되기 전부터 그 경력을 추적해온 투자자다. 그는 1980년대 후반 일본에서 일한 경험과 1990년대 중반 호경기부터 약 8년 후에 끝나는 후퇴기에 이르기까지 실리콘 밸리에서 소프트뱅크의 미국 벤처캐피털 회사를 설립하고 운영한 경험이 있어서 막 호경기에 접어드는 기술 경제에 대한 감각이 좋았다.

2005년 소프트뱅크와 관계를 청산한 리셜은 아내와 함께 인터넷 스타트업들의 씨앗이 뿌려지던 상하이로 이사했다. 그는 2006년 시애틀 지역의 벤처캐피털 기업인 이그니션 파트너스Ignition Partners와 손잡고 인텔 캐피털 차이나의 이사였던 두엔 쾅Duane Kuang과 함께 치밍 벤처를 설립했다. 하지만 리셜은 나중에 치밍이 중국에서 사업을 구축하기 위해서는 미국 브랜드를 사용하는 것보다 자기 정체성을 가져야 한다고 결정했다. 리셜은 이 회사 이름을 중국 이름으로 하고 싶었는데, 그의 아내가 자신들의 두 아이 중국 이름에서 '영감을 주다' 또는 '깨우치다'라는 뜻인 치밍을 생각해냈다.

리셜은 그가 보기에 미국의 기술 주도권에 도전할 정도로 점점 진화하고 있는 중국에서 언젠가는 성공해서 승리를 자축할 것이라고 말했다. 그는 현재 중국에 투자하는 벤처캐피털 중 상위권에 속해서 30% 정도의 투자수익률을 기록하면서 승리를 자축하고 있다.

치밍은 미국 달러화 펀드 7개와 위안화 펀드 5개 등 총 12개 펀드의 43억 달러 이상을 관리하고 있으며, 클린 테크clean tech(에너지와 자원 소비를 줄이면서 오염물질 발생을 근본적으로 줄이거나 없애는 새로운 환경 기술–옮긴이), 의료, 인터넷 및 정보기술 분야의 280개가 넘는 젊고 성장이 빠른 혁신 기업에 투자했다. 이 가운데 스마트폰 제조사 샤오미와 주문형 음식 배달 및 서비스 앱인 메이투안 등 50여 개 회사가 미국, 중국, 홍콩 등에서 인수 또는 공개되었다.

다른 많은 벤처 투자사와 달리 치밍의 파트너들은 각자 전문 분야가 있다. 예컨대 이전에 소프트뱅크에서 리셜과 함께 일했던 홍콩의 매니징 파트너 니사 렁Nisa Leung은 헬스케어 투자를 전문으로 한다.

이 회사의 매니징 파트너 5명 중 치밍 매니징 파트너 JP 간JP Gan은 메이투안과 인기 있는 셀카 편집 앱인 메이투Meitu에 대한 투자 덕분에 《포브스》지 세계 최고 VC 명단에서 8위에 올랐다. 이 회사의 포트폴리오 기업 중 20여 곳은 유니콘 기업으로 성장했다. 2018년 메이투안에 흡수된 자전거 공유 스타트업 모바이크 등 다른 회사들도 큰 금액으로 인수되었다.

게리 리셜은 상하이에서 11년간 살면서 진 마오 타워Jin Mao Tower에 있는 사무실에서 일하다가 2016년 미국으로 다시 건너가 시애틀에 정착했다. 2018년 그는 이 회사의 중국 이외 지역 펀드 1호인 1억 2000만 달러 규모의 미국 펀드를 출범시켜 미국 시애틀, 팰로 앨토,

보스턴 사무소에서 새로 부상하는 건강관리 기업들에 투자했다. 리셜은 계속 중국에서 일어나는 일을 감독하는 데 적극적으로 참여하고 있다.

GGV 캐피털의 강점

2018년 GGV 캐피털의 19억 달러에 육박하는 신규 자금과 62억 달러의 운용 자금은 이 회사의 미·중 국경 간 투자 전략이 제대로 효과를 발휘하고 있음을 보여준다. 이 회사는 전자상거래와 모바일 인터넷 거래에 초점을 맞추고 있다. GGV 캐피털의 명성은 2003년 말 알리바바에 대한 투자를 계기로 구축되었다. 당시 이 투자는 확실치 않았지만, 몇 년 앞서 이루어진 골드만삭스와 소프트뱅크의 초기 투자에 뒤따라 들어감으로써 위험을 회피했다. GGV는 2014년 초대형 기업공개 이전에 알리바바 지분 대부분을 매각해서 더 큰 이익을 얻지는 못했지만, 알리바바에 780만 달러를 투자해서 2억 달러를 벌었다고 주장한다.

그 이후로 원래 그래닛 글로벌 벤처스Granite Global Ventures로 불렸지만 2008년에 GGV로 바뀐 GGV 캐피털은 차기 알리바바를 찾아 나섰다. 이 회사는 엔젤 투자자와 샤오미 CEO 레이쥔이 설립하거나 씨를 뿌린 몇몇 거래에 투자했다. GGV 파트너들은 정기적으로 스탠퍼드, 하버드, 그리고 기타 훌륭한 대학의 창업자들이 만든 스타트업을 찾으러 다닌다. GGV는 실리콘 밸리에서 변호사를 하던 조엘 켈만Joel Kellman과 싱가포르에 본사를 둔 첨단 기술 투자자인 토머스 응

Thomas Ng을 포함한 네 명의 설립 파트너 때문에 훨씬 주목을 받아왔다. 이들은 이후 모두 회사를 떠나 은퇴하거나 개인 투자자가 되었다. 2000년 포시즌스 호텔Four Seasons Hotel에서 열린 TDF 벤처스TDF Ventures 연례회의에서 이들 중 몇 사람을 만난 기억이 난다. 이곳에서 우리는 몇몇 젊은 기술 기업가가 자신들의 스타트업에 대해 이야기하는 것을 들었다. 우리는 막 개장한 고급 쇼핑 및 주거 지역 신톈디Xintiandi를 둘러보고 이 지역을 개발한 슈이온 그룹Shui On Group의 빈센트 로Vincent Lo를 만났다. 흥미진진하고 유익한 시간이었다.

GGV 캐피털은 미국과 중국의 51개 시장 선도 기업과 기타 몇몇 떠오르는 기업에 계속 투자하고 있다. 그중 하나가 중국의 드론 제조사 이항이다. 이항은 몇 년 전 CES에서 하늘을 나는 택시로 관중들을 열광시켰지만, 이후 중국 내수시장으로 규모를 축소해서 내실을 다진 후 중국에서 다시 부상하고 있다. 긍정적인 면으로 51개 GGV 포트폴리오 회사 중 약 절반이 공개되었다. 국경을 초월한 이 투자회사는 25%의 내부 수익률IRR을 자랑하고 있는데, 이는 중국이나 다른 나라에 투자하는 벤처캐피털 중 최고 수준이다. 약 2억 2500만 달러 규모의 위안화 펀드를 포함한 최근 펀드 조성에서, GGV는 펀드 출자자 중 성공한 회사 설립자들의 에너지와 자본, 노하우를 이용하는 6000만 달러 규모의 기업가 펀드Entrepreneurs Fund를 추가로 조성했다.

GGV 캐피털에서 가장 중요한 사람은 실리콘 밸리에 기반을 둔 매니징 파트너 한스 텅이다. 그는 2005년에서 2007년 사이에 베세머 벤처 파트너스의 상하이와 멘로파크 사무실에 있을 때부터 내가 알던 대만인이다. 그의 경력은 2007년부터 2013년까지 치밍 벤처에서 시작되었다. 치밍 벤처에서 그는 2010년부터 치밍 벤처의 샤오미 투자를 도왔으며, 같은 업종의 엔터프라이즈Enterprise와 자본 제휴를 맺고 2014년 뉴욕 증시 상장에 성공한 중국 렌터카 회사 이하이 카 서비스eHi Car Services에 처음으로 투자했다. 상하이에서 실리콘 밸리로 거점을 옮기려던 텅은 2013년 샌프란시스코와 캘리포니아 주 샌마테오 카운티의 우드사이드Woodside로 건너가 GGV 캐피털에 합류했다.

이제 그는 실리콘 밸리에서 가장 유명한 벤처 투자자 중 한 명이다. 그는 자기 회사의 인기 있는 996 팟캐스트 쇼에서 기술 스타트업 설립자들과 자신의 파트너들을 인터뷰하고, 회사의 위챗 그룹에서 의견을 공유하며, 피치 대회 심사를 맡고, 기술 행사에서 정기적으로 연설하며, 중국 기술 해설자로 CNBC TV에 정기적으로 출연한다. 그는《포브스》선정 최고 벤처 투자자 명단에 6번 올랐고, 가장 최근에《포브스》100 리스트에서 7위에 올랐다. 그리고 그의 포트폴리오에는 10억 달러 이상의 가치를 지닌 13개의 유니콘 기업이 있는데, 여기에는 스마트폰 제조사 샤오미, 전자상거래 사이트 샤오훙슈Xiaohongshu, 2017년 바이트댄스에 약 9억 달러에 팔린 음악 예능 스트리밍 앱 뮤지컬리Musical.ly 등 이 책에서 소개하는 몇 개 기업도 포함된다. 한스 텅은 샤오미에 대한 초기 투자에서 2018년 기업공개 평가 가치 기준으로 초기 투자액의 866배를 벌었다는 사실을 자신 있게 이야기한다. 미국으로 돌아온 후 한스 텅은 또한 미국 기업들과 중국 진출을 위한 협력에 시간을 쏟고 있으며, 에어비앤비 공동 창업자인 네이선 블러차직에게 중국 홈셰어링 회사 전략을 조언하기도 했다.

전반적으로 경기 침체기임에도 불구하고 한스 텅은 중국의 기술 기회에 대해 계속 고무돼 있다. "경제 전체의 체질이 바뀌고 있다. 인터넷 중심의 새로운 경제는 원래의 오프라인 경제를 업그레이드하고 있다. 이 과정에서 전체적인 성장은 둔화하고 있지만, 인터넷 부문 성장은 일반 경제보다 훨씬 빠르게 성장하고 있다." 그는 알리바바, 텐센트 등 심지어 기존 중국 유명 기술기업까지 높은 성장률을 보이는 것을 증거로 지목했다.

매니징 파트너인 제니 리도 《포브스》 명단 수위에 올랐다. 자칭 괴짜인 그는 전공이 전기 기술자이며, 싱가포르에서 상하이로 건너가 상하이 GGV 캐피털을 세우는 데 크게 공헌한 전투기 기술자 출신이다. 나는 그 몇 년 전에 제니 리가 일본 투자회사인 자프코 아시아JAFCO Asia의 부사장으로 있으면서 중국 벤처를 바라보기 시작할 때 그를 만났다. 그는 2012년부터 《포브스》지가 선정한 벤처기업 최고 투자자 명단에서 벤처 업계 여성의 유리 천장을 깨고 2015년 10위권 이내에, 그리고 2019년 12위에 오른 것으로 유명하다. 최첨단 기술에 대한 열정으로 그는 드론 스타트업인 이항의 꿈의 비행 택시에 투자하고, 2018년 뉴욕 증시에서 기업공개로 7200만 달러를 모은 링고챔프LingoChamp로도 알려진 인공지능 언어 학습 로봇 류리쇼Liulisho에도 투자했다. 제니 리는 동영상 스트리밍으로 중국에서 스크린을 장악해온 중국 소셜 미디어 업체 와이와이에도 자금을 지원했다. 와이와이는 2012년 나스닥에 상장했으며, 공모 이후 가치가

10배 이상 올랐다.

DCM 벤처스

DCM 벤처스는 동서양을 잇는 샌드힐로드 거점 벤처캐피털의 선두에 서서 태평양 횡단 전문 투자 기업으로서 지위를 누리고 있다. 이 회사는 40억 달러의 운용 자금을 관리하고 있으며, 1996년 설립된 이래로 400개 이상의 회사에 투자해왔다.

나는 DCM 벤처스 창립 20주년을 기념해서 캘리포니아 페블 비치Pebble Beach에서 열린 DCM 정상회의에 참석했다. 이날 저녁의 하이라이트는 DCM 벤처스의 공동 창업자이자 제너럴 파트너인 데이비드 차오David Chao와 야후 공동 창업자 제리 양의 대화였다. 두 사람의 대화는 12년 전 제리 양이 잭 마와 같은 해변을 거닐며 잡담을 나누던 바로 그 시간에 이루어졌는데, 그때 야후는 알리바바 지분 40%를 당시로선 엄청난 금액인 10억 달러에 가져갔다.

2007년 벤처 투자자 차오가 10년이나 20년 안에 중국에서도 빌 게이츠Bill Gates나 스티브 잡스 같은 사람을 보게 될 것이라고 말한 이후 확실히 많은 변화가 있었다. 그들이 알리바바의 잭 마나 샤오미의 레이쥔일지도 모른다. 제리 양은 현재 자신이 2012년 창업한 혁신 투자 회사인 AME 클라우드 벤처스AME Cloud Ventures를 통해 기술 기업가들과 함께 일하고 투자하며, 이제 야후를 제외하고 중국 알리바바와 레노버Lenovo, 디디 등 5개 기업의 이사를 맡고 있다.

벤처캐피털로서 DCM의 차별화 요소는 실리콘 밸리와 베이징, 도쿄에 사무소를 두고 미국과 중국, 일본에 초점을 맞추는 3대 시장 접근법이다. 중국은 스타트업 투자의 3분의 1을 차지하지만 이 회사의 대부분 거래는 미국에서 이루어진다. 샌프란시스코 미술관에서 열리는 이 회사의 송년 파티는 반드시 참석해야 하는 행사로 내가 아는 국경 간 벤처 비즈니스 업계의 많은 거래자가 모인다.

《포브스》 명단에 오른 DCM의 두 파트너는 데이비드 차오와 허스트 린Hurst Lin이다. 공동 창업자 차오는 아시아 최고 벤처 투자자들 중 한 명으로 기록되고 있으며, 《포브스》의 벤처 투자자 명예의 전당에도 오른 사람이다. 정력적이고 완벽주의자인 그에 관한 오래된 농담은 DCM이 데이비드 차오 매니지먼트David Chao Management의 약자라는 것이다(하지만 사실은 현재 베이 에어리어에서 임팩트 벤처캐피털Impact Venture Capital이라는 자신의 회사를 가지고 있는 전설적인 벤처 투자자 딕슨 돌Dixon Doll에서 돌Doll을 의미한다). 차오는 의대를 중퇴하고 애플에서 마케팅과 제품 관리 파트에서 일한 후 1996년 DCM을 공동 설립해서 큰 영향을 미쳤다.

그는 또한 DCM이 거래에서 협력하고 있는, 레노버의 중량급 벤처 계열사인 레전드 캐피털Legend Capital의 자문위원회에 소속돼 있다. 차오는 내가 아는 몇몇 기술 스타트업 설립자와 투자자의 소울메이트였는데, 대표적인 인물은 소셜 네트워킹 사이트 런런의 조 첸이다. 조 첸은 2001년에 7억 4000만 달러에 달하는 뉴욕 증시 기업공개를 기록했지만, 런런을 중국의 페이스북으로 만드는 데 실패한 후 현재 자신의 기술 투자 사업을 하고 있다. 차오는 DCM의 모든 지역에서 활약했는데, 중국에서는 나스닥에 상장된 인력 광고 서비스 51잡51job과 완다Wanda 그룹 소유의 99빌99bill을 주요 실적으로 꼽는다.

또 다른 눈에 띄는 파트너는 DCM 차이나의 공동 창업자 허스트 린이다. 그는 나스닥에 상장된 중국 대형 인터넷 포털 SINA의 공동 창업자로서 중국 인터넷 시장 개척 시절부터 잘 아는 분야인 소비자 인터넷 사업에 대한 투자에 초점을 맞추고 있다. 눈치 빠르고 예리한 그는 2006년 베이징의 DCM 벤처스에 합류해 그를 정기적으로 《포브스》 명단에 오르게 한 일련의 성공을 거둔 후 벤처 투자자로서의 두 번째 소명을 발견했다. 그는 이 책에서 소개하는 비디오 공유 앱인 콰이쇼우와 뉴욕 증시에 상장한 온라인 할인점 브이아이피숍Vipshop 에 대한 투자로 잘 알려져 있다. 허스트 린의 또 다른 주목할 만한 중국 거래로는 2016년 뉴욕 증시에 상장한 온라인 영어 과외 서비스 51톡51Talk과 2013년 이후 나스닥에서 거래되고 있는 온라인 분류 웹사이트 58닷컴이 있다.

전광석화와 같은 라이트스피드

라이트스피드 벤처 파트너스Lightspeed Venture Partners의 계열사 라이트스피드 차이나 파트너스Lightspeed China Partners를 무시할 수 없다. 이 회사는 창립 파트너이자 중국 기술 투자자인 제임스 미James Mi가 이끌고 있다. 라이트스피드 차이나는 2012년 모회사에서 분리한 뒤 중국 거래를 독점해왔다. 상하이와 베이징에 사무소를 개설하고 약 8700만 달러 규모의 위안화 펀드를 포함한 7개 펀드 총 15억 달러를 조성해서 96개 투자 실적을 달성했다. 2019년을 시작하면서 라이트 스피드 차이나는 두 개의 신규 중국 펀드에서 5억 6000만 달러를 조성해서 성장하는 젊은 기술기업 투자에 집중했다.

제임스 미는 2008년 자신이 바이두에 대한 투자를 주도하던 회사 구글 차이나의 인수합병 프로젝트를 주도하면서 라이트스피드에 합류했다. 라이트스피드 차이나에서 제임스 미는 2017년과 2018년에 혁신적인 스타트업 핀뚜어뚜어와 메이투안, 인터넷 금융회사 롱360Rong360, P2P 온라인 대출 플랫폼 업체 PPDAI를 기업공개하고, 포트폴리오 회사 중 셀카 편집 및 공유 앱 스타트업 페이스유FaceU를 바이트댄스에 3억 달러에 매각하는 실적을 올렸다.

"중국의 기업 서비스와 심층 기술 혁신은 발전 초기 단계에 있다. 중국의 광대한 시장과 풍부한 인재 풀, 그리고 다양한 산업 전반에서 토박이 심층 기술에 대한 수요가 증가하는 상황을 고려할 때, 우리는 빠른 성장과 상당한 투자 기회를 기대한다"라고 제임스 미는 말한다.

레드포인트

레드포인트 차이나Redpoint China는 2019년 소비자, 기업, 첨단 기술 분야의 초기 스타트업과 성장 기업을 위한 신규 펀드 2개를 출범시키면서 투자를 계속해왔다. 설립자 겸 매니징 파트너인 데이비드 위안David Yuan은 이 펀드가 3개월 만에 조성되었으며, 초과 공모가 이루어졌다고 말한다. 이 신규 펀드에는 2016년 첫 펀드 1억 8000만 달러 조성 때보다 두 배 이상 많은 30여 기관 투자자들이 참여했다.

데이비드 위안은 "중국 중심 펀드의 자금 조달 풍토가 점점 더 '가진 자와 없는 자' 사이를 갈라놓고 있다"라고 말한다. "초보 펀드 매니저들은 자금 조달에 점점 더 큰 어려움을 겪고 있다. 기존 중국 중심 펀드의 많은 출자자는 이미 배정된 출자 한도에 완전히 도달했고, 열린 슬롯이 있을 때만 새로 펀드 매니저를 추가할 수 있다."

2018년 게임 업체 아이드림스카이iDreamSky와 뉴스 수집 제공 앱 취터우탸오Qutoutiao 등 레드포인트의 중국 포트폴리오 기업 중 네 곳이 미국, 홍콩, 중국에서 기업공개에 성공했다.

GSR 벤처스

마지막으로, GSR 벤처스GSR Ventures는 중국 벤처 투자를 일찍 시작한 것과 정력적인 공동 창업자 소니 우Sonny Woo를 이 회사 성공의 주요 요인으로 꼽는다. 소니 우는 항상 "최선의 상황은 아직 오지 않았다"라는 말로 인터뷰를 끝내곤 했다. 그가 옳았을지도 모른다. 소니 우는 현재 국경을 초월한 기업 인수에 초점을 맞춘 인수합병 펀드인 GSR 글로벌 M&A를 운용하고 있으며, GSR 벤처스는 몇몇 신세대 중국 기업의 최초 기관 투자자가 되었다. 베이징에 기반을 둔 파트너 알렌 주Alen Zhu는 4년 연속 《포브스》 선정 세계 100대 벤처 투자자 명단에 이름을 올렸으며, 승차 공유 업계 선두주자인 디디추싱과 알리바바가 인수한 식품 배달 서비스 에러머, 그리고 불운한 자전거 공유 스타트업 오포에 투자했다.

무게중심

벤처 투자의 중심은 아직 실리콘 밸리에서 중국으로 옮겨가지 않았고, 앞으로도 그럴 것이다. 하지만 만약 그렇게 된다면, 여기서 소개하는 중·미 벤처 투자자들이 기술기업가 정신과 벤처캐피털이 중국을 변혁하기 시작했을 때부터 현장에 있었던 선구자들이다. 이들은 기회를 놓치지 않고 빠르게 성장하는 중국의 기술 스타트업에 큰돈을 투자했다. 이들이 투자한 많은 스타트업은 이미 고평가된 기업공개와 인수합병을 통해 스타가 되었다. 이들이 최근에 조성한 새로운 메가 펀드는 중국과 세계의 기술을 파괴할 수 있는 수많은 다른 기업을 발굴해낼 것이다. 아직 도약할 기회는 많이 남아 있다. 중국 기술 스타트업 설립자들은 본래의 실리콘 밸리에서 수천 km 떨어진 새롭고 활기찬 실리콘 드래건 기술 허브에서 투자를 받아 미래의 리더로 다듬어지고 있다.

5부

압도적인
차이나 테크 파워

10장

세계 제일의
인공지능

중국의 인공지능 혁명

세계에서 가장 가치 있는 인공지능 스타트업 센스타임의 공동 창업자 CEO 쉬 리Xu Li 박사가 중국어 회사 이름 상탕商湯의 유래를 말해준다. 이 이름은 기원전 1600년경부터 시작해서 수학과 천문학, 농업, 그리고 수공예가 발달했던 중국 상商 왕조와 이 왕조의 초대 황제 탕湯의 음역에서 유래되었다. 올해의 실리콘 드래건 창업자 상을 받은 쉬 리 박사는 청중들에게 자신의 스타트업이 세계 최고의 인공지능 유니콘 기업이 되리라고는 상상도 못 했지만, 처음부터 자신의 꿈은 인공지능 기술을 사용해서 상 왕조 시대 탕 황제가 이룩한 발전만큼 많은 영향을 주는 것이었다고 말했다.

센스타임 창업자 쉬 리

자료: 유튜브 〈Equal Ocean〉

  센스타임의 초기 투자자는 유명한 홍콩 투자 은행가 프랜시스 륭
Francis Leung으로, 중국 기업들을 홍콩에 상장시키는 레드칩red chip(홍
콩 증시에 상장된 중국 기업의 주식으로, 우량주를 뜻하는 블루칩에 대항해서 홍
콩 주식 투자자들 사이에서 통용되는 용어-옮긴이)의 아버지로 알려져 있다.
륭은 홍콩 상장식에서 쉬 리 박사 옆에 앉으며 축하의 표시로 고개를
끄덕이며 눈인사를 했다. 륭은 센스타임이 중국 인공지능 분야에서
선두를 달리고 있는 바이두와 알리바바, 텐센트의 반열에 오를 것으
로 믿는다고 말했다.

  센스타임은 중국 공안을 위해 얼굴과 자동차 번호판, 차량 종류,
이벤트 등을 분석하는 카메라 감시 기술을 완성했다. 센스타임의 첨
단 기술 시스템은 무인 계산대 결제, P2P 대출, 전화 잠금 해제 등을
위한 신분 확인도 한다. 여행이 절정을 이루는 중국 설에 센스타임의

　　　　　　　　　　　　　　　　　중국이 세계를 지배하는 날

얼굴인식 기술은 티켓과 짐이 신분증과 일치하는지 대조해서 승객들이 긴 줄을 서서 기다리는 시간을 줄여준다. 승객들은 또한 '스마트' 센서 카메라 앞에 서서 탑승 시간, 항공편 상태, 탑승 게이트 등의 정보를 확인할 수 있다. 이 기술은 베이징의 신공항에 적용될 예정이지만, 조만간 시카고 오헤어 공항O'Hare Airport에도 나타날 것으로는 기대하지 않는 것이 좋다.

중국에서는 카메라가 주요 교차로와 공공장소에서 영상을 촬영하고 있고, 전국에 걸쳐 2억 대의 카메라가 무단 횡단, 무단 침입, 소매치기 등을 잡아낼 수 있다. 중국 감시 당국은 사회적 행동에 따라 모든 개인의 점수를 매기며, 이는 개인의 신용등급과 심지어 기차표 구입 능력에도 영향을 미칠 수 있다. 영국 공상과학 드라마 〈블랙 미러 Black Mirror〉의 에피소드는 말할 것도 없고, 모든 일을 감시하는 빅 브라더Big Brother의 이미지를 떠올리게 한다. 하지만 이는 중국만이 아니다. 뉴욕 시 경찰청NYPD은 센스타임의 협력사인 하이크비전Hikvision이 중국에서 개발한 얼굴인식 소프트웨어와 카메라를 이용해 시민들을 감시하는 것으로 알려졌다.

미국에서는 테크 타이탄인 구글과 마이크로소프트, 아마존, 페이스북, IBM 등이 미래지향적이고 실용적인 용도의 인공지능 시장을 지배하고 있다. 예컨대 구글 자율주행차는 캘리포니아 101 고속도로에서 시험 운행 중이며, 페이스북은 콘텐츠 선호도에 대한 딥 러닝 결과를 바탕으로 게시물을 만들어 올린다. 아마존의 알렉사는 음성인식으로 조명과 TV, 스피커를 작동시키고, 마이크로소프트가 제공하는 퍼블릭 클라우드 서비스 애저Azure는 연설과 언어 애플리케이션을 인지 컴퓨팅cognitive computing(인간의 두뇌가 사물을 인지하고 학습과 추론을 통해 다양한 환경에 대응하듯이 동작하는 컴퓨팅—옮긴이)에 의존한다. IBM의 인공지능 기반 컴퓨터 시스템 왓슨은 생산성을 높이고, 콜센터의 고객 서비스와 생산 라인, 창고 관리를 개선한다.

중국에서는 바이두와 알리바바, 텐센트가 인공지능 분야의 세계 선두주자가 되기 위해 미국 기술 대기업들과 마찬가지로 기술 개발 경쟁을 벌이고 있다. 중국 과학기술부는 인공지능 세계 지배를 위한 기본 계획에서 이들 중국 테크 타이탄에 각각 전문 분야를 배정했는데, 바이두에는 자율주행, 알리바바에는 스마트 시티 계획, 텐센트에는 의료 진단용 컴퓨터 비전을 배정했다. 중국 정부는 또 인공지능 개발을 주도할 스타트업 두 곳을 선정해서 얼굴인식 기술에 센스타임, 음성인식 기술에 아이플라이텍iFlytek을 지정했다.

바이두와 알리바바, 텐센트는 모두 자율주행에 힘을 쏟고 있으며, 각각 인공지능에서 자신들만의 특화된 전문 분야가 있다. 바이두는 스마트 가전제품의 듀어OSDuerOS 라인과 자율주행 기술 솔루션용 오픈 플랫폼인 아폴로Apollo를 보유하고 있으며, 2015년 구글보다 몇 년 앞서 인공지능 개발을 시작했다. 알리페이는 얼굴인식을 결제에 활용하고, 알리바바는 더 나은 도시 계획을 위해 데이터를 고속으로 처리해서 패턴을 결정하는 인공지능 클라우드 플랫폼 '시티 브레인City Brain'을 보유하고 있다. 텐센트는 얼굴 바꾸기face swapping 효과와 비디오 채팅 필터 등 풍부한 미디어 포맷을 자사 소셜 미디어에 통합하고, 맞춤 의료 서비스와 환자 건강관리 기록 디지털화, 원격 건강관리 모니터링 등에 투자하고 있다. 이들은 인공지능 경쟁에서 승자가 되기 위해 전 세계 인공지능 스타트업에 투자하고, 새로운 인공지능 기술과 응용 분야를 찾고 있다. 이 중국 3대 기술기업은 2014년 이후 인공지능 칩과 소프트웨어를 만드는 스타트업과 39건의 지분 거래를 했다.

중국의 미국 기술 스타트업 투자에 대한 정밀 조사에도 불구하고, 미국 인공지능 기술에 대한 중국의 투자는 매우 활발하다. 텐센트가 미국에서 가장 많은 거래를 했지만, 바이두가 의료와 광고, 미디어 스타트업에 이르는 가장 다양한 인공지능 포트폴리오를 가지고 있다. 바이두의 인공지능 포트폴리오에는 이 회사의 전 세계 생태계에 속한 자율주행 관련 협력사 95개뿐만 아니라 핀테크 기업 제스트-파이낸스Zest-Finance, 대화형 언어conversational language 검색 기업 키트닷에이아이Kitt.ai, 데이터 링크 분석 기업 타이거그래프TigerGraph, 빅데이터 기업 타이거 컴퓨팅 솔루션Tiger Computing Solutions, 자율주행용 컴퓨터 비전 기업 엑스퍼셉션xPerception 등 미국 내 인공지능 관련 스타트업에 대한 투자도 포함돼 있다. 텐센트는 건강관리 분야에서 전 세계적으로 다수의 인공지능 파트너십을 맺고 있으며, 아바타를 창시한 오벤ObEN 등 12개 미국 인공지능 스타트업과 애텀와이즈Atomwise와 엑스탈피XtalPi라는 딥 러닝 기반 신약 개발 회사 두 곳에도 투자했다.

백악관이 개입한다

중국은 자동차나 반도체 분야에서 세계적인 기업을 배출하지 못했다. 하지만 전자상거래 사기 탐지에서부터 암을 감지할 수 있는 시스템, 자율주행 센서, 로봇 배송, 교육, 온라인 대출까지 우리 일상생활에 영향을 미치는 인공지능 기초 기술에서 일취월장하는 중국의 실력을 업신여길 사람은 거의 없다.

인공지능의 등장으로 미국과 중국 기술 업체 모두 인공지능 기술과 응용 분야에 돈과 인재를 쏟아붓고 있다. 관건은 세계 경제 질서의 변화 가능성이다. 중국은 2030년까지 1500억 달러 규모의 산업을 창출하고, 글로벌 리더가 되기 위해 점점 더 강하고 빠르게 밀어붙이고 있다. 미국은 오랫동안 인공지능 인재 양성과 연구에서 주도권을 쥐고 있었다. 하지만 중국은 인공지능에 관한 영향력이 큰 과학 논문 수에서 미국을 앞서고 있다.

미국이 중국을 따라가지 못하고 있다는 우려의 목소리가 높아지면서 백악관이 인공지능의 중요성과 세계 기술 주도권 경쟁에 각별한 관심을 가지게 되었다. 지난 2019년 2월 트럼프 대통령은 이른바 '미국 인공지능 이니셔티브American AI Initiative'를 발표하고, 연방기관들이 이 계획의 채택을 앞당기기 위해 투자와 연구개발의 우선순위를 정하도록 지시했다. 하지만 이 명령에는 증가하는 예산에 대한 재정 지원 계획은 빠져 있다. 이번 미국의 인공지능 국가 전략은 2017년 중국이 2030년까지 인공지능 분야에서 세계 1위를 차지하겠다는 계획을 밝히고, 중국의 두 도시에서 이러한 노력에 70억 달러를 투자하기로 한 데 따른 것이다.

인공지능 개발의 미래는 생산성 향상과 노동 자동화에서부터 스마트 건강관리의 발전까지 그 범위가 넓고 깊다. 맥킨지 글로벌 연구소McKinsey Global Institute에 따르면, 인공지능의 발전으로 인해 전 세계 GDP가 2030년까지 16% 성장해서 13조 달러에 이를 수 있다고 한다. 이는 1800년대 증기기관, 1990년대 로봇, 2000년대 이후 인터넷과 같은 파급효과다. 프라이스워터하우스쿠퍼스 차이나 PricewaterhouseCoopers China의 별도 연구는 인공지능으로 인해 2030년까지 GDP가 26% 성장한 15조 7000억 달러를 기록할 것으로 전망하고 있으며, 인공지능으로 인한 가장 큰 경제적 이득은 북미(14.5% 증가)보다 중국(26% 증가)으로 갈 것으로 보고 있다. 인공지능 경쟁에서 중국이 가진 한 가지 장점은 미국과 같은 개인정보보호법의 규제가 없어서 인공지능의 부분집합인 머신 러닝 패턴을 인식하는 데 이용되는 대량의 데이터 세트를 수집하기가 더 쉽다는 점이다.

인공지능 전문가이자 벤처 투자자인 카이푸 리는 미국이 인공지능 연구와 하드웨어 분야에서 오랫동안 세계 선두주자의 자리를 지켜왔으며, 지금도 그렇다고 강조한다. 하지만 그는 중국이 이 기술의 실제 구현에서 엄청나게 빠른 속도로 따라잡고 있다고도 한다. 그는 중국이 잘 훈련된 인공지능 인재와 정부의 지원 정책, 그리고 인공지능의 원동력이 되는 세계 최고의 인터넷과 휴대전화 사용자들로부터 얻은 대량의 데이터 세트를 기반으로 한 장점이 있다고 지적한다. 인공지능 시대에 데이터는 새로운 석유이므로, 중국은 새로운 사우디아라

비아라고 『AI 슈퍼파워AI Superpower』의 저자 카이푸 리는 말한다.

내가 여러 차례 방문했던 베이징에 있는 카이푸 리의 벤처 투자회사 시노베이션 벤처스는 인공지능의 미래에 투자하고 있다. 음성인식과 인공지능 분야의 선구자로 널리 알려진 카이푸 리는 중국 인공지능 유니콘 업체 다섯 곳에 투자하고 있다. 이 가운데 가장 대표적인 기업은 얼굴인식 시스템 페이스++Face++를 개발한 중국 업체 메그비Megvii와 보험과 은행 사기를 감지하는 기계학습 소프트웨어 업체인 4패러다임4Paradigm이다. 나는 카이푸 리가 구글 차이나를 운영하던 2006년부터 그를 알게 됐고, 1999년 그가 시노베이션 벤처스를 창업한 이후 중국 기술 투자자로, 세계적인 인공지능 전문가로 번창하는 그의 경력을 지켜봤다. 카이푸 리의 베이징 운영 파트너인 아니타 황Anita Huang은 그가 중국 인터넷 초기에 유튜브와 유사한 투더우Tudou를 구축하기 위해 공들이던 때부터 알고 있었다. 아니타 황이 이 벤처 캐피털의 최첨단 포트폴리오 회사들을 소개하는 전시실을 둘러보게 해주었다. 한 가지 두드러지는 점은 베이징의 고급 베이커리 체인점 위드휫Withwheat이 무인 매장 운영에 사용하는 인공지능 통합 대화형 창구였다.

더 많은 인공지능 기술을 개발하고 구현하기 위한 조사가 진행 중이며, 2018년 중국 내 인공지능 스타트업 투자를 위해 카이푸 리의 회사 시노베이션 벤처스가 주도해서 5억 달러 규모의 달러화 펀드와 3억 7500만 달러 상당의 위안화 펀드를 조성했다. 이 회사는 또 차세대 인공지능 기술을 연구한 뒤 창업자들에게 자금을 지원하고 함께 개발하는 인큐베이터도 운영하고 있다. 이 회사는 중국 교육부와 베이징대학의 지원을 받아 기계학습과 다른 인공지능 기술 분야의 최고 공학도와 과학도를 양성하는 인공지능 학교도 개설했다. 시노베이션 벤처스는 중국에서 열리는 45만 달러의 상금이 걸린 인공지능 대회의 공동 주최자다.

혁신적인 인공지능 기술 분야는 스타트업 기술 투자의 가장 뜨거운 분야로 부상했다. 세계 인공지능 양대 강국 미국과 중국이 모두 기회를 노리고 경쟁적으로 막대한 투자를 하고 있으며, 특히 중국이 탄력을 받고 있다. 중국이 인공지능 기반 경제로 전환하면서 인공지능에 대한 중국 벤처캐피털 투자가 누적되고 있다. 중국은 인공지능 스타트업에 대한 몇몇 대형 투자 라운드에 힘입어 2017년 전 세계 인공지능에 대한 벤처캐피털 투자 금액의 48%인 49억 달러와 전체 거래의 10%를 차지하면서, 44억 달러에 머문 미국을 처음으로 앞질렀다. 2016년 전 세계 인공지능 투자에서 중국이 차지하는 비중은 약 11%에 불과했다. 하지만 미국이 우월한 지위를 잃지는 않을 것이다. 미국 내 인공지능 스타트업에 대한 벤처캐피털 투자는 2013년 이후 매년 큰 폭으로 증가해왔다. 2018년에 거래 건수는 466건으로 533건이었던 전년도에 비해 줄었지만, 금액은 93억 달러로 72%나 급증했다.

전 세계 유니콘 기업을 선도하는 센스타임

전 세계 인공지능 유니콘 클럽은 점점 더 붐비고 있다. 2017년 유니콘 기업은 11개였는데, 2018년 17개의 인공지능 스타트업들이 새로 유니콘 기업 지위를 얻었다. 전 세계 32개 인공지능 유니콘 기업 가운데 9개가 중국 기업이다. 센스타임은 시가총액 45억 달러로 세계 최고 가치의 유니콘으로 선두를 달리고 있으며, 알리바바와 텐센트로부터 받은 투자를 특별한 자랑으로 삼고 있다. 센스타임의 뒤를 바짝 쫓고 있는 것은 시각 컴퓨팅 및 얼굴인식 플랫폼 페이스++를 보유한 메그비Megvii다. 이 회사의 가치는 알리바바의 앤트 파이낸셜 서비스가 시노베이션 벤처스와 함께 주도한 2017년 10월 6억 800만 달러의 자금 조달에서 10억 달러로 평가되었다.

2014년 창업 이래 센스타임은 명성을 쌓아가고 있다. 이 회사는 전 세계적으로 500여 건의 특허를 출원했고, 중국과 해외에 700여 기업 고객과 파트너를 확보하고 있으며, 스마트 시티와 금융, 소매, 교육, 부동산 등 여러 업종에서 시장 지배력을 발휘한다. 이 중국 인공지능 스타트업은 2017년 흑자를 달성했고, 최근 3년 사이 매년 400%나 급증하는 매우 높은 성장률을 기록하고 있다.

센스타임은 자금 조달 노력도 소홀히 하지 않는다. 이 스타트업은 지금까지 16억 달러의 벤처캐피털 자금을 조달했다. 최근 2018년 5월에 실버 레이크Silver Lake, 피델리티 인터내셔널Fidelity International, 타이거 글로벌Tiger Global 등 몇몇 유명 기업으로부터 기업 가치가 45억 달러가 넘는 것으로 평가받고 6억 2000만 달러의 자금을 유치했다. 불과 두 달 전에는 이 회사 최대주주인 알리바바와 싱가포르의 국영 투자회사인 테마섹이 이끄는 투자 라운드에서 6억 달러를 조달했다. 그

중국이 세계를 지배하는 날

전해 센스타임은 사모펀드 CDH 인베스트먼츠CDH Investments와 초기 후원사인 IDG 캐피털이 이끄는 투자 라운드에서 4억 1000만 달러를 유치했다. 다음번에는 거대한 소프트뱅크 비전 펀드SoftBank Vision Fund 가 센스타임에 투자할 가능성도 있다.

대학의 연구에서 시작된 기업

센스타임은 홍콩중문대학교Chinese University of Hong Kong 컴퓨터 비전 연구실에서 성장했다. 이 연구실을 이끄는 탕 샤오우Tang Xiaoou 교수는 학생들과 함께 인간의 눈보다 정확한 얼굴인식 알고리즘을 개발했다. 센스타임 그룹은 홍콩 정부가 후원하는 첨단 과학기술 산업단지인 홍콩과학기술원Hong Kong Science and Technology Park에 입주해 있으면서 기업으로 전환했다. 탕 샤오우 교수의 제자 중 한 명으로 2010년 홍콩중문대학교 대학원 컴퓨터과학 박사 과정을 수료한 쉬 리 박사는 수년간 연구에 파묻혀 지내다가 센스타임의 CEO가 되었다. 센스타임은 2016년 쉬 리(36) 박사가 CEO로 있을 때 제품 출시를 시작했다.

2017년까지 센스타임은 스탠퍼드대학, 칭화대학, 매사추세츠공대MIT 등 중국 국내와 세계의 명문 대학에서 선발한 박사 140명을 포함해서 1000명 규모의 기업으로 성장했다. 센스타임은 중국 정부의 지원으로 상업적 성공을 거두었다. 중국 정부의 여러 기관에서 제공한 데이터 세트를 활용해서 센스타임의 알고리즘이 그래픽과 이미지, 물체를 인간의 뇌보다 훨씬 빠르고 정확하게 알아보도록 훈련했다. 센스타임 중국 고객의 약 3분의 1은 범죄자 신원 확인을 위해 이 시스템을 사용하는 중국 남부의 경찰국 등 공안 분야 고객이다. 고객 명단에는 중국 스마트폰 제조사 샤오미와 오포, 소셜 네트워크 서비스 웨이보, 하이난 항공Hainan Airlines, 결제 시스템 차이나 유니온페이 China UnionPay 등도 포함돼 있다.

혼다와 퀄컴과 협력

중국 본토 밖에서 센스타임은 일본에 자회사를 설립해 혼다와 자율주행 개발에 협력하고 있으며, 도쿄 인근의 이 회사 전용 자율주행 차 시험 코스를 공개했다. 센스타임은 또한 이 회사의 전략적 투자자인 퀄컴과도 관계를 맺고 있다. 센스타임의 독자적인 알고리즘과 이미지 인식 기능을 차세대 모바일 기기에 통합하기 위해서다. 그리고 센스타임은 여러 분야에서 인공지능을 진전시키기 위해 매사추세츠 공대가 이끄는 동맹에도 합류했다.

센스타임의 업적에 대한 자부심과 중국의 발전은 확실히 이해할 만하다. "세계는 동쪽을 향하고 있다"라고 최근 중국 기업가 정상회의에서 쉬 리 박사가 말했다. "과거에 우리는 서양으로 갔다. 선진 기술과 산업 모드를 서양에 의존했기 때문이다. 이제 우리는 첨단 기술로 다른 산업에 더 나은 서비스를 제공하기 위한 항해에 나서야 한다."

중국이 세계를 지배하는 날

교육공학 분야 인공지능 기업, 라익스

중국 스타트업들이 인공지능 기술을 자신들의 사업에 빠르게 구현해 우위를 점하고 있다. 교육공학 분야의 라익스LAIX, 핀테크의 위랩WeLab, 의학 진단의 링크－독Link-Doc 등 내가 아는 몇몇 스타트업은 이미 다양한 분야에서 인공지능을 활용하고 있다.

곧 기업공개를 추진할 것으로 예상되는 인공지능 관련 스타트업들의 물결 속에서 선두를 달리는 회사는 상하이에 본사를 둔 인공지능 영어 과외 시스템 개발사 라익스다. 중국에서 리우리슈어Liulishuo로 알려진 라익스는 2018년 10월 뉴욕 증시에 상장해 7190만 달러를 조달했다. 이 혁신적인 회사는 전문가 팀과 GGV 캐피털, 허스트 벤처스Hearst Ventures, 체루빅 벤처스Cherubic Ventures 등 핵심 투자자 그룹에 힘입어 유리한 조건에서 출발했다.

이 인공지능 기반의 교육공학 스타트업은 분석과 클라우드 컴퓨팅을 담당하던 전 구글 제품 매니저이자 프린스턴대학 컴퓨터공학 박사인 왕 이Wang Yi가 2012년 설립했다. 왕 이의 이 스타트업은 중국인들이 휴대전화로 인공지능 기반 대화형 맞춤 강좌에 접속해서 영어를 배울 수 있게 하면서 온라인 교육 분야를 파괴하고 있다. 이 회사의 인공지능 기술은 고속으로 처리한 데이터를 음성인식 엔진에 공급해서 발음과 문법, 어휘에 대한 피드백을 제공한다. 라익스는 게임과 소셜 네트워크 공유를 모바일 앱에 통합해서 더욱더 재미있는 대화형 학습 경험을 제공한다. 중국의 온라인 지식 플랫폼화 추세에 힘입어 라익스는 2018년 1억 1000만 명의 등록 사용자를 확보했다. 이 가운데 250만 명은 1년치 수강료를 일시불로 냈다. 상장 기업이 된 첫해에 수익이 285%나 급증해서 9300만 달러를 기록했다.

핀테크 분야 인공지능 기업, 위랩

인공지능이 기존 은행을 파괴하는 예로는 홍콩 핀테크 스타트업 위랩이 있다. 위랩은 온라인에서 즉시 소액 대출 서비스를 제공하는 데, 인공지능과 데이터에 의존해서 신용도를 결정하는 방법으로 채무 불이행률을 평균 이하로 낮추고 있다. 위랩 기술은 청구서 결제 기록과 소셜 미디어 프로필 등 온라인 데이터를 조사해서 어떤 잠재 대출자들이 제때 대출금을 갚을지 알아낸다. 그런 다음 고객에 맞춰 소비자 대출을 제공한다. 소비자들은 스마트폰으로 모든 대출 과정

위랩의 주요 임원진들

자료: 위랩 홈페이지

을 완료할 수 있고, 직장 생활을 시작하는 젊은이들 사이에서 문제가 되는 기존 신용 이력은 필요 없다. 개별 대출자를 위한 대출 결정은 몇 초 안에 온라인으로 이루어진다. 한 가지 조언을 하자면, 온라인 양식을 모두 대문자로 작성하지 않는 것이 좋다. 위랩은 글을 대문자로 쓰는 대출 신청자들의 신용이 좋지 않다는 사실을 발견했기 때문이다.

210명이 넘는 엔지니어와 데이터 과학자로 구성된 기술팀은 위랩이 전통적인 대출 및 신용 위험 평가 방법을 버리고 위디펜드WeDefend, 위리치WeReach, 위플렉스WeFlex라는 세 가지 독점적인 인공지능 시스템에 따르도록 지도했다. 위디펜드는 1초 이내에 2500개 이상의 사용자 데이터 요소를 분석해서 사기와 의심스러운 행동을 탐지한다. 위리치는 소셜 네트워크에서 소비자의 영향력과 의사소통 모습을 엿본다. 위플렉스는 대출금 추심에 문제를 일으킬 수 있는 소비자 행동 변화를 모니터링해서 신용 한도나 대출 조건을 변경할 수 있도록 한다. 위랩은 25%의 상대적으로 높은 이자율을 적용하고 있으며, 중국 본토의 연체율은 1.5%로 미미하다. 홍콩보다 훨씬 낮은 수준이다.

위랩은 중국의 선진 핀테크와 모바일 결제 시장에 뛰어들어 번거로운 대출 과정을 과감하게 혁신함으로써 3200만 명 이상의 사용자를 유치해서 수익성 있는 1억 5500만 달러 기업으로 성장했다. 위랩은 2018년 홍콩증권거래소에 상장할 준비를 하고 있었지만, 이후 상장을 연기했다. 이 온라인 대출 스타트업은 최근 홍콩에서 네 번째 온라인 전용 은행 면허를 취득했는데, 이로 인해 사업이 확장되면 기업 공개를 재고할 수 있다. 이 중국 핀테크 스타트업은 미국에서 이 회사와 가장 유사한 렌딩클럽LendingClub보다 몇 년 앞서 인공지능을 대출에 적용했다. 중국에서 위랩은 규제 단속 후 최근 냉각된 중국 P2P 대출 서비스 부문의 뉴욕 상장 기업인, 알리바바가 후원하는 취뎬Qudian과 레전드 캐피털이 투자한 PPDAI 그룹 외에도 중국의 거대기술 업체인 앤트 파이낸셜과 텐센트 위뱅크WeBank의 온라인 은행 등여러 경쟁 업체와 경쟁하고 있다.

스텐퍼드대학 출신 설립자

위랩을 생각해낸 사람은 CEO 겸 회장인 창업자 사이먼 룽Simon Loong이다. 그는 스탠퍼드대학교 경영대학원을 졸업하고 씨티은행과 스탠다드차타드은행에서 20년 동안 아시아 은행 경력을 쌓았다. 사이먼 룽은 2013년 7월 위랩을 홍콩 최초의 온라인 대출 플랫폼으로 출범시키고, 1년 뒤 중국 본토로 확장했다.

설립자 사이먼 룽은 자신의 인맥과 노하우를 동원해서 위랩을 유니콘 가치를 가진 기업 리그에 포함시켜줄 잘 검증된 투자자들을 끌어들였다. 2015년 1월 세쿼이아 캐피털, DST 글로벌 설립자 유리 밀너, 그리고 거물 리 카싱Li Ka-shing의 재벌 기업 CK 허친슨CK Hutchison의 기술 투자 부문인 TOM 그룹으로부터 2000만 달러를 처음 투자받았다. 그리고 1년 후 말레이시아 국부펀드 카자나 나시오날 베르하드Khazanah Nisional Berhad가 주도하고 네덜란드 다국적 기업 ING 그룹이 포함된 투자자들로부터 1억 6000만 달러를 조달했다. 알리바바 기업가 펀드Alibaba Entrepreneurs Fund, 국제금융공사International Finance Corporation, 크레디트 스위스Credit Suisse, 중국건설은행 등에서도 2억 2000만 달러가 들어왔다. 위랩이 상장되면 이들은 이익을 얻을 것이다.

건강관리 분야 인공지능 기업, 링크독

인공지능 기업의 또 다른 좋은 예는 빠르게 성장하는 의료용 인공지능 스타트업 링크독LinkDoc이다. 베이징에 본사를 둔 이 젊은 회사는 암 진단이 전문이다. 이 회사는 점점 더 고령화하는 중국 사회에서 중국 정부가 '메이드 인 차이나 2025' 이니셔티브의 일환으로 지정한 건강관리 분야에서 좋은 위치를 차지하고 있다.

링크독은 오진과 부정확성을 줄이는 데 머신 러닝 도구와 이미지 진단 시스템에 의존한다. 불과 3년 만에 이 인공지능 건강관리 스타트업은 중국 30여 개 성에서 1000여 개 병원을 가입시키고, 중국 내 암 환자 300만 명의 임상 자료를 축적했다. 세계에서 암 발생률이 가장 높은 중국에서 월평균 약 20만 명의 환자 데이터를 추가한 것이다.

2014년 설립된 링크독은 2015년 중국 벤처기업 롱힐 캐피털에서 처음 투자받고, 기타 많은 투자자가 뒤를 이어 투자했다. 2018년 1억 5100만 달러에 달하는 이 스타트업의 네 번째 자금 조달에서 2개의 국부펀드인 테마섹과 중국투자공사를 끌어들였다.

링크독은 첫해에 7000만 달러의 이익을 올렸는데, 이는 초기 생명공학 기업으로서 견실한 결과였다. 이러한 성장은 인공지능과 빅데이터 기술을 생체 의학으로 통합해서 모든 종류의 암을 다루는 종양학 매체 기록oncology media record을 개발함으로써 가능했다. 롱힐 캐피털의 매니징 파트너 샤오둥 장은 "이런 일은 이전에는 불가능했을 것이다. 나는 이런 일이 일어나리라고는 결코 예견하지 못했다"라고 말했다.

11장

디디가 우버를 이기다, 공유 경제

베이징 자금성에서 차로 한 시간 거리인 이 거대 도시 북서쪽의 첨단 기술 지역 중관춘에 디디추싱의 현대적 본사가 있다. 이 회사는 중국 승차 공유 서비스 회사로, 전 세계적으로 벤처 지원을 받는 스타트업 중 가장 가치 있는 기업으로 꼽힌다. 정문 앞에 주차된 화려한 디디 택시 조형물을 보고 디디 본사에 도착했음을 알 수 있다. 디디는 중국의 공유 경제 분야에 자리 잡고 있으며, 300억 달러 규모의 세계 최대 승차 공유 시장인 중국에서 선두주자다. 텐센트와 알리바바, 애플 등이 출자한 이 비공개 스타트업은 아마도 중국 밖 사람들에게는 2016년 우버와 3년간의 치열한 전투에서 우버에 승리하고 우버 차이나를 인수합병한 회사로 가장 잘 알려져 있을 것이다.

디디는 우버와 중국의 주요 라이벌인 콰이디Kuaidi를 흡수합병함으로써 2020년까지 거의 세 배 규모로 확대될 것으로 예상되는 중국의 230억 달러 승차 공유 시장에서 압도적인 점유율을 차지하면서 일약 승차 공유 업계의 선두 자리에 올랐다. 부정적인 측면으로 디디는 최근 중국의 경기 침체 속에 전체 직원의 15%를 해고했고, 안전 문제에 대한 정부의 면밀한 조사에 직면했으며, 2012년 설립 이후 흑자로 돌아서지 못하고 있다. 몇 년 전에 예상했던 기업공개도 보류되었다. 신기술로의 전환, 텐센트와 알리바바 등 경쟁 업체의 시장 진입 때문에 디디는 현상 유지를 위해서도 더 많은 투자를 해야 한다. 디디는 17차례에 걸쳐 210억 달러를 조달했다.

한물간 자전거 공유 기업, 오포와 모바이크

앞서 다른 사례에서 볼 수 있듯이 온통 뒤죽박죽인 중국 공유 경제에서 연승을 거두기는 어려울 수 있다. 이는 미국에서도 마찬가지이지만, 중국에서는 특히 더 그렇다. 자전거 공유 스타트업 오포와 모바이크는 몇 년 전 거치대가 따로 없는 공유 자전거라는 새로운 비즈니스 모델로 등장해서 거의 하룻밤 사이에 엄청난 유행을 타며 도약했다. 도시의 거리와 보도들은 이 화려한 자전거들로 꽉 찼다. 투자받은 벤처 자금이 넘치고, 알리바바와 텐센트의 지원을 받아 중국 안팎에서 빠르게 몸집을 불린 스타트업들이 성공할 기회는 있지만, 경쟁이 치열하고 적자를 보는 시장에서 이용객들에게 막대한 보조금을 지급하면서 기회를 노리고 있다. 몇몇 자전거 공유 스타트업은 급기야 견디지 못하고 폐업했다.

자전거 공유 시대는 도시의 거리와 인도를 달리던 화려하고 빛나는 자전거에서 길거리에 버려진 녹슨 차체로 퇴락했다. 중국에서 유행은 빠르게 왔다가 순식간에 사라진다. 한편 샌프란시스코 남부의 우리 동네에서는 한때 약 1년 동안 녹색 공유 자전거 대여 서비스가 유행했다. 하지만 그 후 풍부한 자금을 가지고 이 자전거 대여 서비스를 하던 라임바이크LimeBike라는 스타트업이 어느 주말 갑자기 자전거를 모두 수거하고, 시에서 공유 스쿠터로 바꾸도록 노력했지만 실패하고 말았다. 만약 성공했다면 스쿠터가 이 젊은 기업에는 더 이익이 되는 사업이었을 것이다.

알리바바가 최대 투자자로 나서서 매트릭스 파트너스 차이나, GSR 벤처스, 젠펀드, 유리 밀너의 DST 글로벌 등 경험 많은 벤처캐피털 기업과 함께 중국의 선구적 자전거 공유 기업 오포에 무려 22억 달러의 벤처 자금을 쏟아부었다. 하지만 오포에 투자한 이들 벤처캐피털 기업은 지금 곤경에 처해 있다. 오포가 해외시장에서 철수하고, 중국에서 적자를 보고 있는 사업을 되살리기 위해 모금한 고객 예수금을 할인 품목으로 돌려 전자상거래 비즈니스 모델로 전환하는 방안을 모색하고 있기 때문이다. 다행스럽게 모바이크는 오포보다는 조금 더 나은 시나리오가 전개되었다. 이 회사는 텐센트와 중국계 일류 벤처 투자자인 세쿼이아 캐피털, 치밍 벤처, 힐하우스 캐피털 등에서 9억 달러의 투자를 받은 뒤 2018년 식품 배달 서비스 앱 메이투안에 27억 달러에 매각되었다. 이제 모바이크는 새 주인이 운영을 보다 효율적으로 하고 막대한 손실을 줄이려고 하면서, 메이투안 관리팀은 철수하고, 모바이크 브랜드도 메이투안 바이크Meituan Bike로 바뀌었다.

끊임없이 돌아가는 주방, 판다 셀렉티드

중국에서 유래된 또 다른 공유 경제 개념은 중국 스타트업 판다 셀렉티드Panda Selected가 고안한 공유 주방shared kitchen이다. 이 공유 주방은 가정집이 아니라 주로 테이크아웃 레스토랑과 음식 공급 업체를 위한 것으로, 간접비를 줄이고 24시간 수요를 맞추기 위한 것이다. 판다 셀렉티드는 자전거 공유와 식품 배달, 접대, 사무실 공간 공유, 승차 공유 서비스 등과 마찬가지로 전통적인 레스토랑 모델을 파괴하고 있다.

CEO 리 하이펑Li Haipeng이 설립하고 베이징에 본사를 둔 이 스타트업은 최근 DCM, 타이거 글로벌 등으로부터 5000만 달러의 자금을 유치해 총 8000만 달러의 자금 지원을 받았다. 2016년 창업한 지 3년 만에 판다 셀렉티드는 중국 주요 비즈니스 허브의 120곳으로 확장했다. 이 서비스는 모바일 앱으로 음식을 주문하는 바쁘게 일하는 젊은이들을 위한 것이다. 트래비스 캘러닉Travis Kalanick 전 우버 CEO가 로스앤젤레스에 기반을 둔 자신의 스타트업 클라우드키친스CloudKitchens로 이와 비슷한 아이디어를 구현하고 있어 아마도 이 혁신적인 개념이 미국에서 더 잘 알려질 것으로 보인다.

공유 경제는 모바일 앱과 결제의 활용, 그리고 새로운 것을 시험해보기 좋아하는 젊은 소비인구가 늘면서 중국에서 생겨났다. 승차 공유의 매력은 모바일 화면을 터치해서 택시 요금보다 싸게 원하는 곳으로 데려다줄 운전자를 확보하고, 현금 없이 차를 이용하는 기능이다.

디디는 최근 미국에서 우버와 리프트의 주식 공모로 많은 관심을 받는 승차 공유 분야의 혁신 기업임이 증명되었다. 디디의 한 서비스는 당신이 과음했을 때 당신 차로 운전자를 보낸다. 또 다른 서비스는 위험이 발생하면 자동으로 활성화되는 구조 요청sos 기능이다.

오늘날 차를 소유하는 것이 이제 사회적 지위의 상징이 아니라 중국의 혼잡한 도시에서는 골치 아픈 일이다. 교통 체증과 주차 위반, 그리고 비용 때문이다. 중국은 운전자만 3억 명이 넘지만, 자동차를 소유한 사람은 전체 인구 13억 중 20% 정도에 불과하다. 렌터카는 인기가 없다. 여기서 큰 기회가 나온다. 미국에서는 약 4분의 1에 불과했던 데 비해 중국 소비자의 약 3분의 2가 이 승차 공유 서비스를 이용했다.

동방의 승차 공유 왕, 디디

아주 적절하게도 디디라는 이름은 중국 표준어로 '삐삐(호출 신호)'라는 뜻이다. 디디는 5억 명에게 택시와 버스, 자전거 공유 서비스를 제공하고, 3100만 명의 운전자에게 유연 근로 기회를 제공하고, 매일 3000만 명이 쉽게 차를 이용할 수 있게 한다.

디디 본사에 있는 전시장을 돌아보면 택시 서비스를 시작으로 한

표 11-1
디디 개요

위치	베이징
설립자	청 웨이
설립 연도	2012년
상태	비공개 기업
재무 현황	추정 매출 10억 달러, 적자
특이 사항	중국에서 우버에 이김

디디의 기술과 사업 발전 전체상이 그려진다. "2012년 11월 어느 눈 오는 날 베이징의 하루 디디 이용 횟수가 1000회를 넘었는데, 2017년 한 해 743억 명의 여행객이 디디를 이용했습니다." 영어를 유창하게 구사하는 기업 홍보 담당자는 이 이야기로 이 회사의 빠른 성장을 설명한다.

디디의 지속적인 경쟁우위는 보장되지 않는다. 위챗, 알리페이 등 중국 내 신규 진입자들이 앞다투어 이 분야에 진출하고 있다. 전체 디디 승객의 40%가 디디 앱을 통하지만 절반은 위챗과 알리페이 앱으로 예약한다. 택시에 자율주행 기술이 적용될 것으로 예상되고, 자동차 제조업체들도 승차 공유 시장에 뛰어들었다. 2019년 초 디디는 회사 인력 중 15%에 해당하는 2000명을 해고하고 지리적 확장, 운전자 훈련, 안전 대책에 대한 투자를 강화하면서 조직을 재편하고 있다.

디디에 가장 골치 아픈 문제는 이 시장 분야 전반에 걸쳐 국제적으

중국이 세계를 지배하는 날

로 문제가 되고 있는 승객의 안전이다. 중국에서 여성 승객 두 명이 살해된 이후 디디는 2008년 중반 개인 운전자들로 운영되는 카풀 서비스를 중단했다. 이 사건 이후 디디 앱 다운로드가 급감했다. 디디는 중국에서 몇 가지 안전 대책을 도입해 이 위기에 대처했다. 여기에는 얼굴인식 테스트를 통한 운전자 확인, 운전자와 승객 모두를 위한 비상 버튼 설치, 그리고 운전자의 전화를 사용해서 승객의 동의를 얻어 전체 여정을 음성 녹음하고 이 기록을 디디 서버에 기록했다가 1주일 뒤에 삭제하는 등 극단적인 조치도 포함된다. 미국에서 우버가 앞으로 이런 조처를 시험해볼지는 확실치 않다.

트래픽 브레인

일부 다른 영역에서 디디의 전망은 밝다. 이 회사는 중국 이외 지역으로 사업을 확대하고, 인공지능 시스템과 자율주행에 더 많이 투자하고, 실리콘 밸리 연구소에서 연구를 수행하고, 2028년까지 1000만 대 전기 자동차 네트워크를 구축하는 등에 주력하고 있다. 새롭고 설레는 자율주행을 실험하고 있는 우버나 리프트처럼 디디는 중국과 미국의 4개 도시에서 자율주행차를 시험하고 있으며 조만간 자율주행 택시를 출시할 거창한 계획을 세우고 있다. 로보택시robo-taxis는 이미 중국과 미국에서 현실이 되고 있다. 자율주행 고속도로가 점점 더 혼잡해질 것으로 보인다. 중국의 자율주행차 스타트업 포니닷 에이아이Pony.ai는 최근 자율주행 택시 시험을 시작했다. 구글 자율주행 연구팀에서 분사한 웨이모Waymo가 애리조나에서 서비스를 테스트하고 있으며, 우버는 2018년 피츠버그와 애리조나에서의 첫 시험에서 충돌 사고를 일으킨 후 서비스 테스트를 재개했다.

디디에서 나는 시장과 앱 담당 부사장 겸 총지배인인 타이거 치Tiger Qie를 만났다. 그의 임무는 운전자 파견, 카풀, 수급 예측, 인센티브, 경로 계획, 내비게이션, 매핑mapping 기술 등을 총괄 감독하는 일이다. 디디처럼 거대한 조직에서는 다뤄야 할 일이 많고, 따라서 그의 스케줄도 꽉 차 있다.

그에게서 나는 디디 브레인Didi Brain에 대해 배웠다. 디디 브레인은 빅데이터 분석과 머신 러닝, 클라우드 컴퓨팅 기술을 활용해서 우버나 리프트에서 하는 것처럼 교통 시스템의 효율성을 극대화하는 인공지능 시스템이다. 디디 브레인은 알고리즘을 사용해서 특정 시간에 여러 지역의 승객 수요와 운전자 공급 상황을 예측하고 최단 경로를 알려주고, 도시의 교통 혼잡을 완화하며, 개별 승차나 카풀에서 운전자와 탑승자를 연결해준다. 대량의 실시간 데이터로 예상 도착 시각을 기존 컴퓨팅 방법보다 더 정확하게 계산한다.

디디 운전자는 고객의 서비스 점수에 따라 등급이 매겨진다. 높은 점수를 받은 운전자들은 더 많은 돈을 번다. 예약 취소는 인공지능 시스템이 처리하는데, 이 시스템은 예약 취소 책임이 운전자나 승객 중 누구에게 있는지를 100분의 1초 만에 결정한다. 이른바 트래픽 브레인Traffic Brain이라는 디디의 또 다른 시스템은 도로 데이터를 지도와 통합하고, 이를 분석해서 교통 신호의 타이밍을 맞추고 가변 차로를 조정해서 도시 교통을 통제한다. 디디는 중국 20개 도시에서 이 스마트 교통 기술을 출시해서 차량 흐름을 통제하고 교통 체증을 완화하고 있다.

이 교통 두뇌는 또 무슨 일을 할까? 디디는 빅데이터와 지능형 주행기술의 글로벌 연구개발 네트워크를 개발하고, 캘리포니아 마운틴뷰Mountain View 연구소와 베이징 인공지능 연구소를 개설했다. 이 중국 회사는 또한 스탠퍼드대학 및 미시간대학과 혁신 제휴를 맺고 스마트 교통 개발을 가속하고 있다.

디디, 중국에서 우버를 인수하다

우버와 디디의 비교는 중국에서 우버에 일어난 일을 생각하면 전혀 새로운 의미가 있다. 우버 창업자 트래비스 캘러닉은 두 명의 디디 중국 경영진과 경쟁을 벌였다. 알리페이에서 영업부장을 지낸 디디 창업자 겸 CEO인 청 웨이Cheng Wei와 홍콩 출신으로 서방 스타일의 지적이고 세련된 골드만삭스 출신인 류칭Liu Qing(일명 장 류Jean Liu)이다.

캘러닉은 2013년 말 우버 서비스를 중국에 도입하고 시장 점유율을 높이기 위해 승차 보조금과 운전기사 급여에 많은 돈을 썼다. 그는 중국 시장에서의 승리를 호언장담한 것으로 널리 알려졌으며, 사람들은 그가 중국에서 너무 많은 시간을 보내는 것을 두고 중국 시민권을 신청해야 할 것이라고 농담했다.

캘러닉은 3년 동안 중국 시장 공략에 총력을 기울였다. 그는 중국 투자자들로부터 10억 달러 이상을 조달했고, 60개 도시에서 팀을 800명 규모로 늘렸다. 그는 내비게이션 지도 제작 분야에서 바이두

표 11-2
디디와 우버 비교

	디디	우버
설립 연도와 본사	2012년 베이징	2009년 샌프란시스코
벤처 캐피털 자금 조달	200억 달러	140억 달러
이용자 수	월간 이용자 4000만 명	월간 이용자 4000만 명
로케이션	400개 도시	400개 도시
자국 시장 점유율	80%	73%
후원자	텐센트, 알리바바, 소프트뱅크, 애플, 싱가포르 국부펀드 테마섹	소프트뱅크, 바이두, 구글 벤처스, 사모펀드 기업 TPG, 실리콘 밸리 벤처캐피털 기업 벤치마크 캐피털Benchmark Capital
시가	2017년 말 560억 달러 평가로 소프트뱅크와 아부다비 국부펀드로부터 40억 달러 조달, 전 세계 유니콘 3위 기록	2018년 초 720억 달러 평가로 소프트뱅크 컨소시엄으로부터 투자받음, 전 세계 유니콘 2위 기록
공모 계획	공모 계획 지연 및 회사 재편	2019년 공모 예정

와, 그리고 결제 분야에서 알리페이와 제휴했다. 그는 운전자와 승차자를 유지하기 위해 많은 승차 보조금을 지급했다. 그는 승차 공유 사업 표준을 만들기 위해 중국 중앙 및 지방정부 규제 당국과 협력했다. 하지만 우버 차이나는 시장 점유율 1위인 디디추싱을 추월하기 위해 엄청난 현금을 날리고 있었다. 우버 앱은 중국에서 통행료 부과 등 일부 사소한 기능들이 빠져 있어 디디 앱만큼 사용자 친화적이지 않은 것으로 여겨졌다.

한 가지 캘러닉이 예상하지 못했던 사실은 두 최대 라이벌인 디디와 콰이디의 합병이었다. 경쟁이 치열하고 빠르게 변화하는 중국 시장에서 합병은 규모를 더 키워 더 나아질 수 있는 가장 빠른 방법이 될 수 있다. 우버의 두 중국 경쟁사는 2015년 2월 합병하고 브랜드명을 디디 콰이디Didi Kuaidi로 바꿨다. 이 합병회사는 중국 승차 공유 시장의 80%를 차지했다. 이는 미국 승차 공유 부문에서 우버가 차지하는 지배적인 점유율에 필적할 만하다.

하지만 캘러닉은 포기하지 않았다. 그는 벤처 투자자의 조언을 받아들였다. 중국 관료를 존중하고, 시장들을 방문하고, 이들의 주요 성과 지표에 초점을 맞추고 이들을 설득하라는 조언이었다. 캘러닉은 2016년 새로운 중국 중앙 및 지방정부의 승차 공유 서비스 규정에 봉착한 상태에서 거절할 수 없는 제안을 받고 결국 중국 시장을 포기하기에 이르렀다.

중국 사업에서 본 약 20억 달러의 손실에 더해 수십억 달러의 투자가 더 들어갈 것이라는 예상에 직면한 우버는 2016년 8월 중국 사업을 중국 국내 챔피언 디디에 350억 달러라는 엄청난 금액에 매각했다. 이 거래에서 우버와 투자자들은 빈손으로 돌아서지는 않았다. 이들은 디디 지분 약 20%를 얻었고, 중국에서 새로운 주인의 성장으로 인한 잠재적 혜택을 보게 되었다. 우버는 운전자와 승차자를 유지하기 위한 막대한 보조금을 중단했다. 캘러닉은 우버와의 거래가 성사되자 우버 차이나 팀에 보낸 이메일에서 이 거래를 특히 비교적 작은 스타트업으로서는 크고 대담한 거래라고 평가하고 중국을 미지의 땅이라고도 했다. 우버의 투자회사인 NEA의 아시아 투자를 이끄는 카르멘 창에게 이 거래는 승리다. 디디 창업자 청 웨이는 우버의 이사

자리를 얻었고, 캘러닉은 디디 이사회의 옵서버가 되었다.

이 디디 거래에는 두 중국 기술 대기업이 포함돼 있다. 텐센트는 디디를 후원하고, 알리바바는 콰이디에 자금을 지원하고 있었다. 애플도 이 거래에 편승했다. 2016년 5월 새로 합병한 디디 사업에 10억 달러를 투입하고, 중국에서 '꽌시關係'라고 부르는 관계 구축을 위한 움직임으로 여겨지는 이사회의 자리를 얻었다.

다음 목표는 국제화

중국에서 벌어진 우버와의 경쟁에서 승리한 디디는 영어 인터페이스를 제공하고 국제 신용카드를 받는 등 글로벌 사고와 행동에 주력하고 있다. 중국 밖으로 확장하는 데는 자금이 든다. 하지만 중국 내 단속이 더 강화될 가능성을 고려하면 전략적으로 우선순위다.

해외로 나간 디디는 최근 호주의 두 도시에서 시범 운영을 시작했고, 대만 북부에 택시와 이동 서비스를 도입했으며, 일본 소프트뱅크와 합작회사를 설립해 오사카에서 택시 운행 서비스를 제공하고 도쿄를 비롯한 여러 일본 도시로 네트워크를 확장했다. 디디는 또 홍콩 택시 호출 서비스를 개선하고, 국제 신용카드와 위챗페이와 알리페이 등 디지털 결제 옵션을 제공하기 시작했다. 디디에는 라틴아메리카도 그리 멀지 않다.

이 중국 기업은 멕시코 중부의 멕시코 주State of Mexico의 주도 톨루카Toluca에서 시범 운영하면서 멕시코 시장에 진출하고, 중서부 할리스코Jalisco 주의 주도 과달라하라Guadalajara와 북동부 누에보레온Nuevo

León 주의 주도 몬테레이Monterrey 등 대도시에서도 서비스를 시작했다. 브라질에서 디디는 2017년 우버와 경합하는 스타트업 99에 1억 달러 규모의 전략적 투자를 한 뒤, 2018년 이 브라질 기업을 10억 달러에 인수해 남미에서 가장 번화한 두 도시 리우데자네이루와 상파울루에서 우버를 직접 겨냥했다. 이 브라질 계약을 발표하면서 디디 CEO 청 웨이는 세계화가 '전략적 최고 우선순위'라고 명확하게 말했다.

동남아시아로 더 깊이 침투하면서 디디는 싱가포르의 그랩Grab과 인도의 올라Ola 등 지역 승차 공유 선두 기업에 자금을 지원했다. 이들 동남아 스타트업은 일본의 기술 대기업 소프트뱅크의 투자도 받고 있는데, 소프트뱅크는 중국의 디디를 포함해서 각 지역의 승차 공유 기업 한 군데씩에 전략적으로 자금을 지원해왔다.

중국에서의 우버 이야기의 재판으로 2018년 디디와 소프트뱅크, 알리바바의 지원을 받는 지역 리더 그랩이 우버의 동남아 사업을 인수합병했다.

디디가 미국에 들어가 우버의 본거지에서 우버와 겨루리라고는 기대하지 않는 것이 좋다. 우버와 리프트가 이미 미국 시장에서 공고한 위치를 선점하고 있기 때문이다. 그리고 리프트가 몇 가지 곤란한 스캔들에 휘말린 1위 기업 우버 다음으로 35%의 시장 점유율을 차지하면서 고지를 점령하기 위한 싸움은 더욱 치열해지고 있다. 두 기업 다 상장하게 되면 공유 경제 업체의 기업공개가 이어질 수 있다. 하지만 앞으로 가야 할 길이 멀다.

디디는 언제쯤 돈을 벌 수 있을까?

중국의 많은 고속 성장 기술회사와 마찬가지로 비공개 기업인 디디도 수익성 확보가 여전히 어려운 숙제로 남아 있다. 디디는 우버와의 전투가 끝난 후 운전자와 승객들에게 주던 대규모 보조금을 줄였다. 하지만 여전히 보조금과 할인으로 인한 현금 고갈의 소용돌이에 휘말려서 수억 달러의 손실을 입고 있었다. 2018년에 10억 달러에 가까운 순매출로 흑자로 돌아서려던 이 회사의 목표는 그해 손실이 16억 달러에 달하면서 수포로 돌아갔다. 디디가 곧 공모에 나서리라는 기대는 점점 더 멀어져가는 것처럼 보였다.

편승하지 마라

기업 이미지 문제를 극복하고 심각한 안전 문제 해결 방법을 모색하기는 어려운 일이었다. 여성 승객이 피살된 두 번의 비극적인 사건 직후, 디디는 수익성이 좋은 카풀 서비스 히치Hitch를 중단했다. 이 서비스는 저렴한 요금으로 많은 고객을 끌어 모았지만, 불행히도 일부 수상한 구석이 있는 운전자들이 있었다. 디디는 히치 서비스를 운전자들이 여성을 만나는 방편으로 홍보하고, 운전자들이 승객들의 외모를 평가하는 의견을 교환하는 것을 허용하는 선정적인 광고를 했다는 비난을 받았다. 디디는 공개 사과문을 발표하고, 임원 두 명을 해고하고, 안전 개선 작업에 나섰다. 한편 중국 정부는 더 엄격한 안전 조치가 이루어질 때까지 이런 카풀 서비스를 금지했다.

여담이지만 나는 중국에서 택시나 자동차 서비스를 혼자 또는 밤에 이용하는 것을 피한다. 나에게 닥칠 수 있는 안전 문제 때문이다. 베이징 지하철은 여러 사람이 이용하므로 안전하다고 확인했고, 게다가 지하철은 1달러도 안 들고 막히지도 않는다.

이 문제를 처리하면서 디디 경영진은 무지와 자존심, 과열된 시장 경쟁 때문에 자신들이 길을 잃었음을 침울한 마음으로 인정했다. 최고경영진 청 웨이와 류칭은 이날 공동 성명을 통해 디디는 '가장 중요한 성과 지표로 안전을 최우선으로 할 것'이라고 밝혔다. "우리는 이 몇 년 동안 사업 확장과 자금 조달을 위해 쉬지 않고 숨 가쁘게 달려왔다. 하지만 이런 비극적인 인명 손실 앞에서는 이 모든 것이 아무런 의미가 없다."

여기에 중국에서건 어디서건 경쟁이 치열하고, 활력이 넘치는 다른 기술회사의 경영자들이 새겨야 할 교훈이 있다. 하지만 지금 중국에서는 판이 더 커지고 전투가 더 치열해지고 있다.

12장

전자상거래가 소셜 네트워크 서비스라는 날개를 달다

콜린 황Colin Huang은 중국에서 전자상거래 시장이 이미 포화 상태에 도달했을 때 소셜 커머스 앱을 시작했다. 하지만 2015년 이 앱이 출시된 지 불과 3년 만에 핀뚜어뚜어는 맨주먹으로 출발해서 2억 7800만 달러 매출 달성, 3억 명의 사용자와 100만 가맹점 유치, 210억 달러어치 상품 판매라는 성과를 달성했다. 2018년 7월 나스닥 상장에서 초과 청약을 기록하고 16억 달러를 조달했으며, 거의 240억 달러에 달하는 시장가치를 인정받았다. 이는 기술 강대국 중국에서도 대단한 결과다.

핀뚜어뚜어는 두 가지 방법으로 틈새시장을 개척했다. 이 모바일 앱은 현재 중국에서 전자상거래의 원동력인 할인 쇼핑과 게임, 소셜 미디어를 결합한 것으로, 중국의 시골 지역과 저소득층 주민 사이에서 가장 인기가 있다. 이 시장은 인터넷이 베이징과 상하이 이외 지역으로 퍼지면서 생겨난 새로운 시장이다. 핀뚜어뚜어는 알리바바의 타오바오와 징동닷컴에 이어 중국 3위의 쇼핑 사이트로 급상승해 경쟁이 치열한 중국 시장에서 15년 된 이들 거대 전자상거래 업체들에 도전장을 내밀었다.

"모든 사람이 중국의 BAT는 너무 커서 무너뜨릴 수 없다고 생각한다. 하지만 차고에는 언제든지 등장해서 이들을 대신할 준비가 된 회사들이 있다." 핀뚜어뚜어 설립 초기에 1000만 달러를 투자한 라이트스피드 차이나 파트너스의 파운딩 파트너 제임스 미의 말이다.

창업자 콜린 황은 세 번의 창업과 구글 근무 경험이 있는 중국 기업가다. 그는 자신의 스타트업을 유통업체 코스트코Costco

> "모든 사람이 중국의 BAT는 너무 커서 무너뜨릴 수 없다고 생각한다. 하지만 차고에는 언제든지 등장해서 이들을 대신할 준비가 된 회사들이 있다."
>
> **제임스 미, 라이트스피드 차이나 파트너스 파운딩 파트너**

와 테마파크 디즈니랜드의 결합으로 설명한다. 하지만 대충 번역하면 '함께하면 더 많은 것을 얻을 수 있다'는 뜻의 핀뚜어뚜어는 게임과 소셜 네트워킹이 혼합된 그루폰에 더 가깝다. 식당과 여행, 관광 명소용 쿠폰 등을 중심으로 한 그루폰의 공동 구매 모델과 달리 이 중국 앱은 모바일 플랫폼 위에 열리는 거대한 벼룩시장이라고 할 수 있다. 바겐헌터bargain hunter(싸고 질 좋은 물건을 찾아다니는 사람-옮긴이)들은 사고 싶은 물건을 고른 후 친구나 가족, 소셜 네트워크상의 지인들을 초

대해서 함께 온라인으로 쇼핑한다. 공동 구매에서는 신규 구매자가 추가될 때마다 가격이 할인된다. 모바일 쇼핑 원정에 친구를 초대해서 가장 많은 돈을 번 사람의 점수를 대시보드dashboard(한 화면에서 다양한 정보를 중앙집중식으로 관리하고 찾을 수 있도록 하는 사용자 인터페이스 기능－옮긴이)에 나타낸다. 기술 투자자이자 팟캐스트 공동 진행자인 루이 마Rui Ma의 말대로 친구들이 자신들이 돈을 절약할 수 있다는 제안을 거절하기 어려울 수 있다. "심리학적으로 볼 때 이것은 정말 독창적인 아이디어다"라고 그는 말한다.

1시간 한정 특별 행사, 일일 체크인에 대한 현금 보상, 가격 인하, 복권, 행운권 추첨 등 게임형 판촉 방법을 혼합해서 즐거움을 주고 충동 구매를 부추긴다. 핀뚜어뚜어는 고객에게서 수집한 데이터를 기반으로 한 인공지능 알고리즘을 사용해서 쇼핑객이 좋아하는 상품을 예측하고 추천한다.

중국 소셜 마케팅 전문가 토머스 그라치아니Thomas Graziani는 "핀뚜어뚜어를 탈그루폰화된 그루폰이라고 할 수 있을까?"라고 반문하며 "친구들과 함께 쇼핑하는 이 앱은 공동 구매를 통해 물건을 저렴하게 구입하는 전략을 소셜 미디어와 결합한 형태"라고 덧붙였다.

가장 잘 팔리는 품목은 우산, 세제, 휴지, 레몬차와 같은 일용품이다. 같은 품목이라도 가격은 알리바바의 타오바오에 비해 저렴한 편이다. 평균 판매 가격은 6달러다. 이 공동 구매 할인 쇼핑 앱은 중국 소도시의 꽤 많은 저소득층 사람들에게 가장 인기가 있으며, 주요 고객층은 시간적으로 여유가 있는 젊은이들과 중년 주부들이다.

기존 전자상거래 회사인 징동닷컴과 알리바바는 핀뚸어뚸어를 가볍게 일축하고, 오래 살아남을 수 있을지 의심하고 있다. 하지만 이 빠르게 성장하는 스타트업 때문에 알리바바의 타오바오가 수세에 몰리고 있다.

핀뚸어뚸어의 비즈니스 모델 전략은 한마디로 박리다매다. 공장이나 가맹점들은 이 앱을 통해 재고가 과다한 저부가가치 상품을 정리한다. 핀뚸어뚸어의 타이밍이 기가 막히게 좋았다. 이 앱은 중국에서 광범위하게 사용되는 모바일 환경을 활용하고, 인기 있는 소셜 네트워크인 위챗과 연계함으로써 빠르게 확장했다. 이 소셜 커머스 앱의 트래픽 상당 부분은 텐센트의 위챗에서 비롯되며, 고객들은 주로 이곳에서 팀을 이뤄 쇼핑한다. 핀뚸어뚸어는 원클릭one-click(한 번 등록해놓으면 동일 사이트 거래 시 마우스 한 번 클릭으로 자동 결제되는 방식—옮긴이) 위챗 결제와 연결돼 있으며, 결제 대금은 위챗 계좌로 자동 청구된다.

핀뚸어뚸어는 주로 유료 검색어나 광고와 같은 마케팅 서비스에 대한 수수료를 징수해서 돈을 벌고, 나머지 대부분 수익은 판매업자에게 청구하는 0.6%의 수수료에서 나온다.

빠르게 성장하는 다른 중국 스타트업들과 마찬가지로 이 소셜 커머스 스타트업 핀뚸어뚸어도 시작부터 적자를 봐왔다. 이 때문에 매의 눈을 가진 투자자들은 신중하게 생각하게 되었다. 블루 오르카 캐피털Blue Orca Capital의 헤지펀드 투자자 소렌 안달Soren Aandahl은 핀뚸어뚸어의 비즈니스 모델은 근본적으로 결함이 있는 비즈니스 모델이라고 말한다. "이것은 중국 소매 상거래 시장의 찌꺼기를 먹고 살며, 중국에서 가장 가난한 도시의 빈민들에게 싼 물건을 헐값에 팔아넘긴다. 이래서 손해를 보는 것이다."

핀뚜어뚜어에도 루이비통 가방부터 TV, 팸퍼스 기저귀 등 유명 소비재 브랜드의 짝퉁과 불량품을 파는 상인에 대한 항의가 빗발쳤다. 제품 품질은 문제가 될 수 있다. 고객들이 싸구려 제품에 싫증을 느끼고 떠나게 되기 때문이다. 켜지지 않는 전동 칫솔, 너무 작은 안면 보호 마스크, 그리고 배달되지 않은 주문 등에 대한 보고가 잇따랐다. 핀뚜어뚜어는 자사 앱에서 수백만 건의 가짜 상품 판매자 목록을 삭제하는 조처를 하고, 규제 당국과 협력해서 자사 앱의 판매자와 제품을 전수 조사하겠다고 약속했다.

핀뚜어뚜어를 중소업체로 일축하면서도 알리바바는 최근 새로운 경쟁사의 고객층을 겨냥해서 가격에 민감한 사용자들에게 할인 혜택을 주는 앱 타오바오 터지아Tejia나 스페셜 딜Special Deals을 출시하는 등 이를 심각하게 받아들이고 있다.

온라인 쇼핑에 열광하는 중국

아이러니하게도 공산주의 국가인 중국에서 자본주의 성공의 상징인 전자상거래 혁명이 일어나고 있다. 거대한 중국 시장이 빠르게 성장하고 있다. 중국은 2018년 1조 1000억 달러로 세계 최대 전자상거래 시장이 되었으며, 2022년에는 미국 시장 713억 달러의 두 배가 넘는 1조 8000억 달러에 이를 것으로 예상된다. 아직도 잠재력은 충분하다. 현재 온라인 쇼핑 인구는 중국 인구의 38%에 불과하다.

중국이 세계를 지배하는 날

이러한 성장 기회가 기술과 전자 유통 혁신과 시장 쟁탈전을 촉발했다. 시장을 지배하는 알리바바와 징동닷컴은 자신들의 입지를 지키기 위해 싸우고 있고, 신규 진입자들은 전자상거래의 전문 분야를 장악하고 있다. 알리바바는 로봇이 서빙하는 레스토랑, 자동판매기, 무인 매장, 검증된 상품을 파는 중고 시장, 그리고 반려동물 용품 유통 채널 등을 선보였다. 다른 경계를 허물고 있는 알리바바는 최근 항저우 쇼핑몰의 한 여성용 화장실을 디지털화했다. 여기서는 화장실 이용 차례를 기다리는 여성들이 화장품 샘플을 써보고, 스마트폰 클릭 한 번으로 알리바바의 알리페이로 화장 비용을 지불할 수 있다.

브랜드에서 물건을 사들이고 자체 물류 체인을 운영하는 전자상거래 대기업 징동닷컴도 기술 영역을 탐색하고 있다. 징동닷컴에서 새롭게 선보이는 것은 디지털화된 슈퍼마켓 7프레쉬7Fresh다. 나도 가본 적 있는 이 슈퍼마켓에서는 쇼핑객이 얼굴인식으로 물건값을 결제하고, 즉시 업데이트되는 전자 태그의 가격들을 비교할 수 있으며, 블록체인 추적 시스템을 통해 신선식품 출하의 전 단계를 확인할 수 있다. 징동닷컴의 다른 혁신 기술로는 무인 편의점, 온라인 쇼핑객들이 립스틱과 다른 화장품을 가상으로 사용해볼 수 있는 증강현실 거울, 그리고 흰색 장갑을 끼고 잘 차려입은 배달원이 구매 물품을 예약한 시간에 자동차 트렁크 등 지정된 장소로 배달하는 서비스 등이 있다.

전자상거래에 더 깊숙이 파고든 징동닷컴은 자사 가맹점과 다른 소매업자들에게 기술과 물류 노하우logistics smarts를 서비스로 제공하는 전략을 구사하기 시작했다. 이 새로운 이니셔티브에는 로봇으로 운영되는 물류 센터, 상품 판매 빅데이터 분석, 공급망 관리 등이 포함된다. 베이징의 한 창고에서 가동되는 모습을 본 적 있는 이 회사의 물류 운영은 완전히 자동화된 선진 시스템이었다. 이 물류 운영은 농촌까지 미치는 드론, 베이징대학 캠퍼스 내의 자율배송 차량, 선별된 노선을 운행하는 자율주행 트럭까지 범위를 넓히고 있다.

텐센트도 마찬가지로 중국에서 전자상거래 시장을 파고들기 시작했다. 텐센트는 알리바바의 주요 경쟁자들의 주식을 사들이고, 전자상거래 대기업인 징동닷컴의 지분 20%와 2018년에 상장된 2개의 핫 스타트업 메이투안과 핀뚜어뚜어를 인수했다. 텐센트는 또한 가전제품 전자 유통업체 51바이닷컴51buy.com의 지배 지분도 획득했다.

이외에도 많은 활기찬 움직임이 일어나고 있다. 텐센트와 징동닷컴은 힘을 모아 2017년 말 할인 의류 판매 업체인 중국 반짝 세일 사이트 브이아이피숍에 8억 6300만 달러를 공동 투자했다. 텐센트와 알리바바 모두 중국 인기 소셜 커머스 앱 샤오홍슈에 자금을 지원했다. 샤오홍슈는 마오쩌둥 어록과는 관련이 없지만, 이를 뜻하는 리틀 레드북Little Red Book으로도 알려졌다. 리틀 레드북은 2억 명의 고객들에게 화장품과 의류를 판매하고 있으며, 이 앱에는 제품에 대한 사용 후기와 일반 소비자와 주요 오피니언 리더들이 쇼핑 경험을 쓴 리뷰도 있다. 텐센트와 알리바바는 모두 샤오홍슈 쇼핑 앱을 최대한 활용하고 있다. 텐센트가 2016년 샤오홍슈에 대한 1억 달러 투자를 주도했을 때 리틀 레드북은 즉시 위챗에 미니 숍을 선보였다. 다시 알리바바가 2년 후 3억 달러의 자금 지원을 이끌었을 때 이 회사는 리틀 레드북 리뷰를 타오바오 쇼핑 시장에 통합했다. 중국의 검색 리더인 바이두도 전자상거래 경쟁에서 빠지지 않고 쇼핑객들을 징동닷컴으로 유인하기 시작했다.

미국의 선도 기업들도 중국 전자상거래 시장에 뛰어들고 있다. 대형 유통업체 월마트는 징동닷컴 주식을 인수하고, 2016년에는 지분을 약 11%로 늘려 2대 주주가 되었다. 월마트는 징동닷컴을 중국 내에서 월마트 고객 주문을 받는 협력 업체로 등재했다. 구글은 구글 쇼핑 서비스에서 징동닷컴 상거래를 촉진하는 전략적 제휴의 일환으로 2018년에 5억 5000만 달러를 징동닷컴에 투자하고 약간의 지분을 획득했다.

중국과 미국의 전자상거래 대기업들이 치열하게 격돌할 것 같지는 않다. 이들은 별개의 영역에서 사업을 벌이고 있기 때문이다.

아마존의 중국 시장 침투 노력은 대체로 실패했다. 아마존은 2004년 중국 최대 온라인 서점 조요Joyo를 인수하며 중국에 진출했다. 아마존의 제프 베조스 회장은 2011년 조요를 아마존 차이나로 이름을 바꿨지만, 아마존 경영진은 몇 가지 관습적인 실수를 저질렀다. 현지 경영진이 스스로 결정하도록 하지 않았고, 중국 고객이 얼마나 가격에 민감한지 깨닫지 못했으며, 모바일 결제 옵션을 제공하지 못했다. 아마존은 실제로 알리바바의 고객이 되었고, 몇 년 전 알리바바에 운영비를 내고 중국 고객들에게 다가가려는 서구 브랜드들에 인기 있는 알리바바의 티몰Tmall 플랫폼에 매장을 열었다.

한편 알리바바와 징동닷컴은 국제 마케팅 담당자들이 중국 시장을 공략할 수 있도록 국경을 초월한 전자상거래 플랫폼을 제공하면서도 아마존의 본거지인 미국 시장을 뚫지는 못했다. 몇 년 전 알리바바는 숙녀복과 액세서리를 판매하는 온라인 쇼핑 사이트 11메인닷컴11Main.com을 열었다. 이는 틈새 매장 경험을 살려 아마존을 공략하기 위한 것이었다. 알리바바는 물류 지원과 제품의 선택, 품질, 안전에 대한 우려를 과소평가했다. 아마존과 같이 소비자에게 직접 판매하기보다는 구매자와 판매자를 연결하는 알리바바의 온라인 시장 모델은 미국인들에게 익숙하지 않았고 판매도 부진했다. 2014년 창업한 지 1년 만에 알리바바는 미국 소셜 쇼핑 사이트 오픈스카이에 실패한 11메인닷컴을 매각했다.

알리바바는 미국 기업들과 협력해서 미국 기업 상품을 중국 소비자들에게 판매하는 쪽으로 미국 사업의 우선순위를 바꾸었다. 리더 잭 마는 2017년 6월 디트로이트를 방문해서 집회와 버라이어티 쇼, 연수회를 열고 미국 소상공인들이 자사 온라인 시장 플랫폼에서 상품을 팔도록 설득했다. 이는 새로 당선된 트럼프 대통령과 미국에서 새로운 일자리를 만들겠다고 한 약속을 이행하는 것이기도 했다. 자동차의 도시 디트로이트의 코보 센터Cobo Center에서 열린 이 행사에는 3000명 이상이 참석했는데, 이는 알리바바가 미국 시장 문을 여는 행사였다. 대부분 대기업인 약 7000개의 미국 기업이 알리바바를 통해 중국에 제품을 판매한다.

중국이 세계를 지배하는 날

알리바바 vs. 아마존

오늘날 알리바바는 종종 전자상거래 업계의 실력자 아마존과 비교된다. 비록 이들의 비즈니스 모델과 궤도는 서로 다르지만, 아이러니하게도 두 기업의 창업자가 모두 신문사 사주가 되었다. 잭 마는 2015년 홍콩의 유력 영어신문인 《사우스 차이나 모닝 포스트》를 2억 6600만 달러에, 그리고 제프 베조스는 2013년 《워싱턴 포스트》를 2억 5000만 달러에 인수했다.

중국과 미국의 전자상거래 선두주자인 알리바바와 아마존을 비교해보면 이들이 다양한 시장 부문, 그리고 다양한 온라인 쇼핑과 관련 서비스라는 같은 길을 달렸지만 그 기반과 여정, 그리고 장점은 서로 달랐음을 알 수 있다. 아마존과 알리바바의 가장 큰 차이점은 이들의 기본 비즈니스 모델이다. 아마존은 온라인 소매 업체이지만, 알리바바는 고객과 판매자를 직접 연결하는 디지털 플랫폼으로 재고나 창고가 없다.

알리바바는 아마존보다 5년 늦게 1999년 중국에서 기업과 기업 간 전자상거래 사이트로 시작했다. 알리바바의 초기 경쟁자는 아마존이 아니라 이베이였다. 알리바바는 악전고투 끝에 2006년 자사 소비자 경매 사이트 타오바오로 이베이를 격파했다. 아마존은 중국에 진출해서 아마존닷시엔Amazon.cn으로 브랜드를 바꿨지만, 미국에서 자랑하는 거대한 기업의 면모와는 거리가 멀다.

전자상거래 업계 선도기업인 알리바바와 아마존은 모두 금융 서비스와 클라우드 컴퓨팅, 기업 채팅, 결제, 온라인 비디오로 진출했고, 이 모든 분야가 전자상거래의 효과와 효율성을 높이는 데 기여하고 있다. 알리바바는 아마존보다 몇 년 먼저 건강관리, 금융 서비스, 게임, 기업 채팅, 오프라인 매장에 진출했다. 한편 아마존은 전자상거래 클라우드 서비스와 온라인 비디오에서 알리바바를 4~5년 차이로 따돌리고, 2007년 킨들로 하드웨어 부문에서 크게 앞섰다. 알리바바는 온라인 여행에 진출했지만 아마존은 하지 않았다. "알리바바 신규 서비스의 배달 속도와 범위, 품질은 아마존과 같거나 더 낫다." 중국 기업에 자금을 대주는 샌드힐로드의 벤처 투자사가 거의 없을 때 알리바바를 지원한 벤처 투자사 GGV 캐피털의 한스 텅의 평이다.

젊고 돈 많은 기업가

하지만 지금까지 이야기는 신흥 스타트업 핀뚜어뚜어 스토리에 비하면 낡은 뉴스에 불과하다.

이 소셜 쇼핑 앱은 선견지명이 있는 창업자 콜린 황이 중국에서 설립한 네 번째 디지털 스타트업이다. 그는 실리콘 밸리의 구글에서 경력을 쌓고 귀국해 자신의 기업가 정신을 발휘했다. 공장 노동자의 아들로 태어난 콜린 황(39)은 현재 순자산 124억 달러로 최근에 중국에서 가장 부유한 억만장자 대열에 합류한 사람이다. 콜린 황은 항저우에서 자라 저장대학과 위스콘신대학 매디슨 캠퍼스에서 컴퓨터과학 학위를 취득한 뒤 2004년 구글에서 엔지니어 경력을 시작했다. 2006년 그는 구글 차이나 설립을 돕기 위해 중국으로 건너갔지만 곧 구글을 그만뒀다. 소문에 따르면, 검색 결과의 색상과 글자 크기와 같은 사소한 변경 승인을 받기 위해 본사로 계속 날아가야 하는 데 실망했기 때문이라고 한다.

2007년 구글 주식으로 거액을 손에 쥔 그는 독립하기로 했다. 그는 재빨리 온라인 소비자 및 가전 제품 판매 업체 오우쿠닷컴Ouku. com을 시작해서 매각한 다음, 온라인 상품 마케팅 서비스 러취Lequi를, 그리고 2011년 온라인 게임 스튜디오 신요우디Xinyoudi를 시작했다. 핀뚜어뚜어는 콜린 황이 중이염 때문에 병가를 내고 요양하면서 텐센트와 알리바바의 성공 사례를 연구할 때 떠오른 아이디어다. 그의 벤처 투자자 친구이자 전 구글 동료인 제임스 미는 콜린 황의 원래 아이디어였던 손 관리 예약 서비스 앱을 하지 말라고 만류했다. 대신에 콜린 황은 텐센트 사업의 게임과 소셜 네트워킹 요소를 전자상거래 중심의 알리바바 비즈니스 모델과 멋지게 결합하고, 공동 구매 등 일부 그루폰 유형의 특징을 모방했다.

2015년 그는 반얀 파트너스Banyan Partners와 IDG 캐피털, 라이트스피드 차이나 파트너스에서 약 1800만 달러를 조달하고, 게임 업체인 핀뚜어뚜어를 키워 온라인에서 신선식품을 판매하는 또 다른 아이디어를 내놓았다. 곧 핀뚜어뚜어는 신선식품을 포함한 모든 종류의 할인 품목을 파는 본격적인 온라인 시장의 형태를 갖추게 되었다. 이전의 전자상거래 기업과는 달리 핀뚜어뚜어는 주요 도시 밖의 중국 소비자들 사이에서 인기를 끌었다. 이 새로운 시장은 규모가 크고 빠르게 성장하고 있다.

핀뚜어뚜어는 본질적으로 인공지능과 빅데이터 분석에 의존한다.

콜린 황의 팀은 바이두, 구글, 야후, 마이크로소프트 등에서 일한 경험이 있고, 그의 게임 스타트업 동료였던 첨단 기술 및 데이터 마이닝data mining(많은 데이터 가운데 숨겨져 있는 유용한 상관관계를 발견하여 미래에 실행 가능한 정보를 추출해서 의사 결정에 이용하는 과정-옮긴이) 전문가들도 포함돼 있다. 그는 자신의 야망을 보여주면서 바이두 출신의 톈쉬Tian Xu를 재무 담당 부사장에, 텐센트 M&A부 총지배인이었던 린하이펑Lin Haifeng을 이사로 기용하는 등 많은 스타를 영입했다.

핀뚜어뚜어는 두 차례에 걸친 벤처 자금 지원을 받은 뒤 2018년 텐센트로부터 150억 달러로 가치를 평가받고 30억 달러의 투자를 받았다. 이 같은 대규모 수혈로 인해 2018년 7월 나스닥에 상장하기에 이르렀다. 6개월 후 핀뚜어뚜어는 2차 공모에서 14억 달러를 조달해서 회사 성장을 촉진하게 되었다. 금융 정보와 뉴스를 제공하는 블룸버그Bloomberg의 분석에 따르면 핀뚜어뚜어의 매출은 2018년에 5배 증가한 19억 달러로 추산되고 2019년에는 두 배인 41억 5000만 달러로 증가할 것으로 예상되지만, 빠른 확장에 비용이 많이 들어 2018년 12억 5000만 달러의 영업 손실이 발생했다고 한다.

콜린 황의 이사진에는 세쿼이아 캐피털 차이나의 유력 벤처 투자자 닐 선과 이전에 IDG 캐피털에 있었던 가오롱 캐피털Gaorong Capital의 장 전Zhang Zhen이 있다. 콜린 황과 그의 창업팀이 이 회사의 경영을 지배하는 50.1%의 지분을 차지하고 있다.

핀뚜어뚜어 창업자 콜린 황은 전자상거래를 새로운 방향으로 전환하는 이 역동적인 스타트업을 운영하면서 압박감을 느끼고 있다.

표 12-1
핀뚜어뚜어 개요

설립자	콜린 황
설립 연도	2015년
위치	상하이
사업	모바일 쇼핑 앱
상태	2018년 7월 나스닥에 상장해서 240억 달러로 평가받아 16억 달러를 조달함.
특이 사항	공동구매 할인받는 소셜 커머스 개념의 모바일 쇼핑 비즈니스 모델 개척
재무	텐센트가 18.5% 지분 소유

자료: 회사 보고서

그는 2018년 여름 나스닥 상장 축하 타종식에 직접 가지 않고 한 행운권 추첨 행사에서 행운을 얻은 고객 대표를 파견하고, 상하이에서 별도로 기업공개 행사를 열었다. 공모 투자자들에게 보낸 메시지에서 그는 다음과 같이 썼다. "핀뚜어뚜어의 생존은 사용자들을 위한 가치 창출에 달려 있다. 나는 우리 팀이 매일 아침 두려움을 느끼면서 잠에서 깨기를 바란다. 이 두려움은 주가 변동 때문이 아니라 우리가 사용자들의 변화하는 요구를 예측하고 맞출 수 없으면 사용자들이 떠나는 데 대한 끊임없는 두려움이다."

13장

전기차의
디트로이트 시티

중국은 미래 자동차 산업의 주도권을 장악하기 위한 미국과의 경쟁에서 전기 자동차와 자율주행 기술, 그리고 원활한 인터넷 연결로 자동차 산업을 파괴하기 위한 여정에 올랐다. 디트로이트와 실리콘밸리는 중국을 경계해야 한다.

중국의 전기 자동차 혁신 기업 샤오펑 모터스가 100년 된 자동차 산업 대격변의 선두에 서 있다. 나는 마운틴 뷰의 컴퓨터 역사 박물관에서 멀지 않은 곳에 최근 문을 연 이 회사 연구 기지에서 이 활력 넘치는 회사의 설립자를 인터뷰했다. 평범한 저층 오피스 빌딩에서는 중국의 흔적을 전혀 찾아볼 수 없었다. 샤오펑 모터스는 미국 자율주행 협력 업체인 슈퍼컴퓨터 기반 인공지능의 선두주자 엔비디아Nvidia

가 개최하는 행사에서 미국에서는 처음으로 새로운 전기차 모델 전시를 앞두고 있었다. 비슷한 무렵 테슬라와 애플은 샤오펑 모터스 엔지니어 두 명을 자신들의 독점 기술을 훔친 혐의로 고소했다.

샤오펑 모터스는 창업자 허 샤오펑He Xiaopeng의 이름을 따서 지어졌는데, 샤오펑은 알리바바에 자신의 첫 스타트업을 팔아 큰돈을 벌었고, 지금은 자신의 자동차 기술 스타트업을 키우는 데 푹 빠져 있다. 광저우에 본사를 둔 이 회사는 자율주행과 머신 러닝 전문가들을 스카우트하고 있으며, 중국 정저우에 자체 공장을 세우고, 3만 5000달러의 중저가 G3 SUV를 중국의 젊고 기술을 잘 아는 운전자들에게 판매하고 있다. 이 SUV 내부에는 노래방과 단체 셀카를 찍을 수 있는 360도 회전식 루프 카메라roof camera 등 인터넷에 연결된 흥미로운 기술로 가득 차 있다. 3개월 만에 무려 1만 명의 중국 고객이 이 스포티한 차량을 주문했다.

샤오펑은 2019년 상하이 자동차 쇼에서 고성능을 자랑하고 진일보한 자율주행 기능을 갖춘 코드명 E28 쿠페를 출시했으며, 2019년에는 테슬라의 중국 판매량보다 많은 4만 대의 전기차를 중국에서 판매할 예정이다. 샤오펑은 중국 소셜 네트워크 서비스 위챗과 웨이보를 통해 인지도를 높이고, 고객이 주도하는 온라인-오프라인 연결 마케팅online-to-offline(O2O) 방식으로 매출을 강화하고, 잠재 고객들을 초청해 쇼핑몰이나 곧 30개에서 70개 도시로 확대하게 될 주요 9개 직영점의 팝업 스토어pop-up store(짧은 기간 일시적으로 운영하는 상점-옮긴이)를 둘러보게 했다.

샤오펑 모터스의 창업자, 허 샤오펑

자료: Wikimedia Commons

이것은 중국의 속도와 기술 파괴가 하나로 합쳐진 것이다. 지난 20년 동안 나는 중국의 거리가 자전거와 카트, 대중 버스에서 폭스바겐VW, 뷰익Buick, 아우디Audi로 발전하는 것을 보았다. 그리고 다음은 전기 자동차로 발전할 것이다. 불과 몇 년 사이에 중국은 휘발유로 움직이는 자동차에서 신에너지 자동차로 전환하는 국면에서 앞서나갔

중국이 세계를 지배하는 날

다. 중국은 세계에서 가장 크고 빠르게 성장하는 전기차 시장으로 떠올랐다. 바이두와 알리바바, 텐센트는 모두 이 분야의 주요 주자들로 샤오펑, 니오 등 엄선된 스타트업에 자금을 지원하고, 자신들의 기술력과 영향력을 이용해서 재미있고, 인터넷에 연결된 지능적인 미래 자동차를 만들고 있다.

전체 자동차 시장을 전기 자동차화하는 중국

수준 높은 자율주행 연구개발이 이뤄지는 마운틴 뷰의 샤오펑 모터스 연구 기지에서 창업자인 허 샤오펑은 통역의 도움을 받아 나에게 '세계에 큰 변화를 가져올 혁신적이고 영향력 있는 것'을 만들겠다는 자신의 오랜 꿈에 대해 말했다. 그가 생각해낸 한 아이디어는 바다 위에 도시를 건설하는 것이었다. 하지만 그는 전력 공급과 쓰레기 처리 등 기술적인 문제들이 너무 어려우리라는 현실을 깨달았다.

자율주행 기능을 갖춘 지능형 자동차 개발도 해양도시 건설보다 그리 쉬워 보이지는 않는다. 이 회사의 회장 겸 CEO는 2014년 중반 첫 스타트업을 매각하고 불과 몇 달 만에 이 여정에 뛰어들어 자신의 새로운 꿈에 투자하기 시작한 이후 이룬 자신의 성과에 관해 설명했다. 후베이성에서 기술자로 일하던 부모 사이에서 태어난 허 샤오펑(41)은 이전의 인터넷 스타트업 때보다 훨씬 복잡한, 앞으로 닥칠 엄청난 도전과 반대로 아주 차분한 인상을 주었다.

샤오펑의 전기차를 더 흥미로운 것으로 만들기 위해 급속 충전소가 충분해야 한다는 것은 하나의 과제에 불과하다. 샤오펑은 2022년까지 전국에 1000개의 샤오펑 충전소를 설치하고 제3자와 제휴해서 10만 개의 충전소를 만들 계획이다. 샤오펑은 가정용 충전 설비를 무료로 설치해주는 서비스도 제공하고 있다. 샤오펑의 가장 멋진 혁신은 빠른 배터리 교환 기술 시스템이다. 이 시스템은 운전자들이 차에 앉은 채로 3분 이내에 배터리를 교환해준다. 샤오펑은 자체 배터리 셀을 만들지는 않을 것이다. 배터리 셀을 외부에서 조달하지만, 배터리 팩은 사내 기술로 설계했다.

　샤오펑의 설립자는 알리바바와 다른 유력 투자자들에게 함께할 것을 요청했다. 유명한 전략 투자자는 알리바바, 전자제품 주문자 상표부착 생산 업체 폭스콘Foxconn, 중국 승차 공유 스타트업 유카UCAR 등이다. 대표적인 벤처 및 사모 투자자는 모닝사이드 벤처 파트너스, IDG 캐피털, 힐하우스 캐피털, 프리마베라 캐피털 그룹Primavera Capital Group, 매트릭스 파트너스, GGV 캐피털 등이다. 그의 멘토인 유명 엔젤 투자자이자 샤오미 창업자 레이쥔도 후원자다. 잭 마가 후원하는 윈펑 캐피털, 텐센트의 고위 임원이었던 우 샤오광Wu Xiaoguang, 비디오 기반 소셜 네트워크 와이와이의 설립자인 리 (데이비드) 쉘링Li (David) Xueling 등 중국의 다른 인터넷 거물들도 후원하고 있다. 이런 샤오펑 모터스를 보면서 중국의 기술 엘리트 사회도 실리콘 밸리의 배타적인 투자자 및 기업가 사회와 거의 다르지 않다는 생각이 든다.

　무려 15억 달러가 투자됐고, 더 많은 자본이 조달될 것이다. 기업공개가 목전일 수도 있지만, 아직 시간표는 정해지지 않았다. 기업공개는 샤오펑에서 부회장 겸 사장으로 영입한 전 JP모건 아시아 투자 은

행장 브라이언 구Brian Gu의 일이 될 것이다.

기름 잡아먹는 내연기관 자동차에서 자존심에 상처를 많이 입은 중국은 신에너지 모델을 만들어 판매하는 데 박차를 가했다. 중국이 나서면서 미국은 이제 이 시장의 주도적 위치에 있지 않다. 세계의 자동차 생산 수도였던 디트로이트는 입지를 더 잃게 될 것이다. 미국의 자동차 빅3는 모두 자체 전기 자동차 벤처를 중국에 세우고 있다. 실리콘 밸리의 자동차 기술 경쟁력 유지는 불확실해 보인다. 중국은 세계 전기차 배터리의 절반 이상을 생산하고 있지만, 현재 주행거리 최고 기록 300마일(약 490km)인 테슬라를 아직 따라잡지 못하고 있다. 테슬라는 상하이의 자체 공장에서 자동차를 대량생산해서 높은 관세를 우회하고, 몇 년 안에 중국에서 제한적 판매를 시작할 계획이다.

경쟁이 더욱 치열해지고 있는 미국과 중국 두 나라가 전 세계에서 생산되는 전기 자동차의 절반을 차지하고 있다. 주요 지정학적 이슈와 중국의 산업 스파이 행위에 대한 미국의 단속이 강화되고 미·중 무역 전쟁이 계속되면서 압박은 더욱 커졌다. 최근 테슬라와 애플이 중국 전기 자동차 제조업체에서 일하는 엔지니어들이 자신들의 영업 비밀을 훔쳤다고 주장하면서 시작된 소송은 빙산의 일각일 수 있다.

중국이 차세대 자동차 챔피언으로 떠오르기 위해서는 극복해야 할 과제가 많다. 중국 자동차 제조사 길리Geely, 비야디 자동차BYD Auto, 그레이트 월 모터스Great Wall Motors는 세계적으로 알려지지 않았고, 중국제 자동차는 형편없는 싸구려라는 이미지로 고생한다. 50년 전 일본 자동차 회사들도 품질이 의심스러운 소형차를 생산해 비웃음을 샀지만, 오늘날 도로 위를 달리는 토요타Toyota와 혼다Honda, 닛산Nissan 자동차를 보라. 지금이 중국의 새로운 전기차가 도약해서 20세기의 스마트카 시장을 지배하게 될 때가 될 수 있지만, 앞을 가로막고 있는 조건이 많다.

중국의 전기차 산업의 발전은 주요 산업 분야를 육성하려는 중국의 이른바 '메이드 인 차이나 2025' 정책의 한 요소다. 하지만 중국 정부는 최근 제조업체들이 정부 지원보다는 혁신에 의존하도록 유도하기 위해 전기차 판매 보조금을 절반으로 줄였으며, 2020년까지 보조금을 완전히 폐지할 계획이다. 이번 보조금 삭감 조처로 중국에서 2014년 이후 등장한 전기차 업체 중 50여 곳이 사라질 전망이다.

중국 미래 자동차를 선도하는 기술기업들

새로 빠르게 성장하고 있는 중국 전기차 시장의 선두에는 두 중국 자동차 스타트업이 있다. 중국 남부 광저우의 샤오펑 모터스와 2018년 9월 중국 전기 자동차 제조회사로 최초로 미국 뉴욕증권거래소에 상장된 상하이의 테슬라가 되고 싶은 기업 니오가 그 주인공이다.

두 회사의 창업자는 자동차광이 아니라 기술 스타트업 창업자, 그것도 부유한 기업가들이다. 샤오펑 모터스 창업자는 2014년 자신의 이전 스타트업인 모바일 웹브라우저 UC웹을 40억 달러의 현금과 옵션 거래로 알리바바에 팔았다. 이는 중국 인터넷 역사상 가장 큰

표 13-1
니오 개요

설립자	윌리엄 리
위치	상하이
2018 재무 현황	매출 7억 2000만 달러, 적자 14억 달러
중요한 사건	니오를 뉴욕 증권거래소에 상장해서 1억 2700만 달러 조달
특이 사항	니오 전기차는 중국에서 테슬라 킬러로 알려짐

기업 인수 사례였다. 니오를 창업한 윌리엄 리William Li는 자신의 이전 스타트업인 웹 콘텐츠 제공업체 비트오토 홀딩스Bitauto Holdings를 2010년 뉴욕증권거래소에 상장해서 1억 2700만 달러를 조달했다(표 13-1 참조).

이러한 중국 자동차 스타트업들은 자신들의 기술력, 자금줄, 정부 지원, 세계 진출 전망에 기반을 두고 미래 청사진을 그리고 있다. 이들 회사의 DNA는 기술이지, 자동차 제조가 아니다. 1980년대 초반부터 중국은 독자적인 강력한 자동차 산업을 원했지만, 지금까지 중국이 자국의 선도적인 기술기업을 통해 이 목표를 실현할 수 있었던 것은 아니라고 홍콩의 자동차 기술 자문 회사인 조조고ZoZo Go의 CEO 마이클 던Michael Dunne은 말한다.

이제 이런 중국의 기술 중심 스타트업들이 중국을 자랑스럽게 할 수 있는 전기 자동차와 자율주행차에 힘을 기울이고 있다. 이들은 내연기관 엔진과 중국 국영 자동차 제조업체의 아무런 유산도 없이 허허벌판을 달려가야 한다.

마이클 던은 노던 캘리포니아에서 열린 아시아 소사이어티Asia Society 회의에서 "중국의 스마트하고 돈 많은 기술기업들은 세계적 수준의 자동차를 만들 잠재력을 가지고 있다"라고 말했다. "중국은 확고하게 자리 잡은 기존 자동차 제조업체 대신 기술회사에서 지렛대를 찾았다. 중국은 규모의 경제와 규제, 기술, 그리고 수십억의 자금줄로 크게 도약할 수 있다. 미국이 곤경에 처한 것 같다."

지금까지 어떤 중국 전기차 브랜드도 서구 시장에서 돌풍을 일으키지 못했고, 일본이나 한국 제조사들처럼 고객과 신뢰를 구축하지도 못했다. 미국에서 고조되는 보호무역주의와 중국 기술에 대한 불신도 중국 제조업체들의 시장 진입을 더 어렵게 할 것이다.

"통신, 엔터테인먼트, 심지어 부동산 등 다양한 산업 분야에 걸쳐 중국은 소비자 수요에 따라 움직이는 미국의 자유 시장에 진입하기가 어렵다는 사실을 알게 되었다." 이는 블록체인 기술로 보호되는 서비스 가입 전용 전기 자동차 개발 회사인 로스앤젤레스의 카누Canoo에서 대정부 업무와 사업 개발을 이끄는 에릭 미카Eric Mika의 말이다. 카누는 2021년 미국에 이어 중국 출시를 앞두고 있다. "사업 문화 차이와 '메이드 인 차이나'와 '메이드 인 아메리카'에 대한 인식 차이를 고려하면, 나는 중국 전기차 산업의 미국 시장과 유로존 진출은 어려울 것으로 생각한다."

중국의 신에너지 차와 공해 방지 자동차는 바로 자신들의 조국인 중국에서 엄청난 기회가 있다. 적어도 중국의 경기 침체와 경쟁, 그리고 전기차 구매자들에 대한 보조금 지급 중단을 이겨낼 수 있는 강자

중국이 세계를 지배하는 날

에게는 그렇다. 중국 샤오펑과 니오 두 스타트업의 리더는 비록 두 사람 다 서구 시장 진출을 목표로 하지만, 서구 시장에 진출하기 전에 먼저 중국에 초점을 맞추고 있다. 니오는 뉴욕 증시 상장을 통해 글로벌 경쟁 업체로, 그리고 테슬라의 도전자로 자리매김했다.

샤오펑은 2020년까지 홍콩과 싱가포르 시장에 진출하고, 나중에 서유럽과 미국에도 진출할 계획이다. "우리는 우선 지역 시장에서 잘하길 원한다. 너무 일찍 세계 시장으로 진출하면 비용이 많이 증가할 것이다"라고 그는 말했다. "우리는 지금부터 몇 년 후의 미국 시장을 고려하기 전에 우선 중국 시장에서 시작해 우리의 브랜드와 입지를 확립하고, 판매와 지원 서비스를 구축할 것이다. 너무 일찍 세계 시장으로 확장하면 비용이 급격히 증가할 것이기 때문이다."

중국의 전기차 판매량은 2018년 62% 늘어난 130만 대로 급증하고 있다. 미국 전기차 구매 비율이 전체 자동차 구매의 2%에 불과한 데 비해 중국은 전체 자동차 시장의 약 4%에 해당한다. 미국 자동차 회사들은 전기 자동차 기술에 수십억 달러를 투자하고 있으며, 중국은 이들의 가장 큰 잠재 시장이다. 미국 시장은 중국 전기차 판매량의 약 3분의 2에 불과하다. 미국인들은 순수 전기로 움직이는 자동차 아이디어는 좋아하지만 비현실적이라는 생각 때문에 꺼린다. 순수 전기 자동차의 경우 일반적으로 주행거리가 약 200마일(약 320km)로 제한되며, 급속 충전소가 너무 적다. 닛산의 리프Leaf와 시보레의 볼트Bolt가 주로 심부름이나 출퇴근용, 그리고 두 번째 차로 가까운 거리를 운전하는 데 사용되는 대표적인 전기차다.

하지만 전기차의 미래는 이미 도래했고, 시장은 점점 더 커지고 있다. 2022년까지 전 세계적으로 1030만 대의 신형 전기차가 판매될 것으로 예상되며, 중국은 37% 늘어난 360만 대, 미국은 26% 증가한 200만 대에 육박할 것으로 전망한다.

중국의 새로운 전기 자동차 생산자들에게는 자금이 풍부하게 지원된다. 지난 3년 동안 벤처 투자자들은 140억 달러를 쏟아부었고, 중국의 기술 대기업들도 이에 동참했다. 알리바바는 샤오펑의 주요 투자자이며 텐센트와 바이두는 니오의 투자자다.

중국의 미래 차

미래의 차는 단지 한 곳에서 다른 곳으로 이동하는 수단만이 아니다. 미래의 차는 라이프스타일과 소셜 네트워크 기능을 갖춘 편안한 개인 공간이며, 자동차 회사들에는 새로운 사업 매출과 수익의 원천이다. 이런 비전은 2025년까지 자율주차 모델뿐만 아니라 운전자를 핸들에서 해방시켜주는 진정한 자율주행차가 등장하면서 현실화될 것이다. 샤오펑 모터스 창업자 허 샤오펑은 "우리의 장기적인 목표는 세계적인 인텔리전트 모빌리티intelligent mobility 기업이 되는 것이다. 미래 차는 고객에게 다양한 서비스를 제공하는 플랫폼 중심 모바일 생태계의 입구가 될 것이다"라고 말했다.

중국의 전기차 스타트업들은 음성 명령에 따르거나 얼굴을 인식해서 음악, 게임, 가라오케 등 차내 엔터테인먼트 시스템을 활성화하는 것은 물론 에어컨과 좌석, 라디오 볼륨을 주인이 원하는 대로 설정해주는 인공지능 시스템을 내장하고 있다. 이들의 인공지능 인터페이스에 샤오펑은 엑스마트Xmart, 경쟁사인 니오는 노미Nomi라는 이름을 붙

였다. 스마트 운전 기능으로는 아직 진정한 자율주행은 아니지만 자동 주차, 실시간 내비게이션, 충전소 위치 찾기, 속도 제한 센서, 비상 제동, 차선 변경, 충돌 가능성 경고 등이 있다.

구글, 바이두, 포드의 자동차 추격전

중국은 2020년까지 140억 달러에 이를 것으로 예상되는 지능형 연결형 자율주행차 시장의 선두주자가 될 것으로 예상된다. 구글의 자율주행차는 미국 북서쪽에 위치한 캘리포니아와 오레곤, 워싱턴 주를 연결하는 101번 고속도로에서 시험 운행하고 있으며, 2020년 출시를 위해 500만 마일(약 800만 km)이 넘는 도로 주행거리를 기록하고 있다. 바이두는 포드, 볼보 등과 손잡고 중국 출시를 앞당기기 위해 자율주행차를 시험하고 있다. 중국은 로보택시, 시내버스, 무인 자가용 등 자율주행차 대량 도입 경쟁에서 앞서고 있다. 중국의 자율주행차는 2027년까지 중국 자동차 시장의 대부분을 차지하게 되고, 2040년에는 모빌리티 서비스 1조 1000억 달러, 자율주행 자동차 판매 9000억 달러 규모의 시장이 될 전망이다.

중국의 대표적인 전기차 스타트업들이 자율주행 연구 기반 구축에 집중하고 있다. 중국 샤오펑은 100명 미만인 캘리포니아 연구개발

팀을 2020년 초까지 150명으로 확대해서 독점적 기술 혁신에 힘쓰고 있으며, 실리콘 밸리 기술 선도 업체는 물론 대학에서도 인재를 스카우트하고 있다고 샤오펑 모터스 설립자가 마운틴 뷰에서 만났을 때 내게 말했다.

샤오펑은 캘리포니아 연구개발 드림팀 외에도 올해 800명으로 확대되는 인공지능, 자율주행, 커넥티드 카 기술을 연구하는 대규모 연구 그룹을 중국에 두고 있다. 샤오펑은 2019년 말까지 전 세계적으로 1000명이 되는 이러한 첨단 기술 연구개발 인력과 2000명의 파워트레인powertrain 및 자동차 하드웨어 테스트 인력에 기대를 걸고 있다. 현재 샤오펑 직원 중 거의 3분의 2가 연구개발에 종사하고 있으며, 5개의 연구 센터로 나뉘어 있다. 샤오펑은 다른 분야 인력도 충원하고 있으며, 목표는 연구개발 인력을 전체 인원의 50% 수준으로 유지하는 것이다. CEO 허 샤오펑은 "미국 내 연구개발 센터 설립은 미국 시장 이해뿐만 아니라 유럽 등 더 넓은 서구 시장 이해에도 중요하다"라고 말했다. 그는 예컨대 중국에서는 도로 안전에 대한 요구 사항과 규정이 미국과는 매우 다르다는 점에 주목한다.

캘리포니아에서 샤오펑은 자율주행과 인공지능 기술을 연구하는 연구개발팀을 만들기 위해 최고 기술자들을 공격적으로 스카우트하고 있다. 2019년 3월 초 우리가 인터뷰를 했을 때는 테슬라가 샤오펑이 채용한 전직 테슬라 엔지니어를 자율주행 기술 영업 비밀을 훔쳤다고 고발하기 몇 주 전이었다. 샤오펑은 이 소송에서 기소되지 않았지만, 어떠한 불법행위도 인지하지 못했으나 내부 조사에는 착수했다

중국이 세계를 지배하는 날

고 대응했다. 이번 소송은 미국과 중국의 기술 전쟁을 보여주는 명백한 신호이며, 자신들의 주요 자산을 지키고 자신들의 영역을 방어하려는 실리콘 밸리 기술 리더들의 조바심을 나타낸다.

저명한 인재들이 샤오펑을 찾고 있다. 여기에는 이전에 퀄컴에서 자율주행팀을 이끌었던 우 신저우Wu Xinzhou 자율주행사업부 신임 부사장이 있다. 그리고 테슬라의 자동조종 시스템 머신 러닝 로드맵의 전 기술책임자인 구 준리Gu Junli 자율주행 부사장도 있다. 테슬라가 파일과 코드를 훔친 혐의로 고발한 샤오펑 엔지니어 카오 광지Cao Guangzhi는 테슬라의 자동조종 기술팀에서 일했다. 샤오펑의 생산품질 담당 이사 미야시타 요시츠구Miyashita Yoshitsugu는 토요타 출신으로, 린 생산lean production(인력, 생산설비 등 생산능력을 필요한 만큼만 유지하면서 생산 효율을 극대화하는 생산 시스템-옮긴이)과 무결점zero defects 분야의 일류 전문가다.

실리콘 밸리 기술회사들은 자신들의 귀중한 지적재산권이 도용되는 것을 막기 위해 나서고 있는데, 이는 인재들이 이 회사에서 저 회사로, 특히 미국과 중국의 경쟁 회사 간에 이동함에 따른 골치 아픈 문제다. 테슬라는 소송에서 자사의 독점 정보와 이러한 정보를 사용하는 방법에 관한 지식의 반환과 절도 혐의로 인한 피해 배상을 요구한다. 위챗 게시물에서 샤오펑 모터스 설립자 허 샤오펑은 이 소송에는 '의문스럽다'고 하면서 자신의 스타트업과 테슬라는 모두 혁신 기업이라며 기업 간 '인재 영입'은 정상적인 일이라고 지적했다. 샤오펑은 별도로 회사가 지식재산권과 기밀 정보를 존중한다는 내용을 명시한 보도자료를 내고, 기술자의 위법 혐의에 대해서는 알지 못했지만 내부적으로 조사하고 있다고 밝혔다.

앞서 샤오펑과 관련된 사건에서 애플 사가 샤오펑에 합류하기 전에 독점 정보가 담긴 파일을 내려받은 혐의로 고발한 한 하드웨어 엔지니어는 미국 법무부에 의해 형사 처벌당할 위기에 처했다. 그는 중국으로 돌아가는 길에 산호세 공항에서 체포되었고, 이후 샤오펑은 그를 해고했다. 중국의 한 자율주행차 업체가 연루된 또 다른 사건에서 애플은 역시 중국으로 출국하는 한 엔지니어가 자율주행차 기밀을 훔쳤다고 고소했다.

테슬라와 도로 경주를 펼치는 니오

중국 초기 전기차 시장의 또 한 편에서는 프리미엄 메이커 니오가 중국 테슬라보다 훨씬 싼 7만 달러 안팎으로 시작하는 스타트랙 풍의 자동차를 가지고 강력한 테슬라 도전자로 나서고 있다. 이 회사 설립자인 윌리엄 리William Li는 중국의 일론 머스크로도 불렸다. 니오의 슬로건은 '푸른 하늘blue sky이 온다'이다.

니오 전기차는 기술을 잘 아는 중국 고객들을 위해 설계되었기 때문에 고객들은 자신들의 휴대전화를 니오에 연결하고 화면을 눌러 수리와 유지보수를 하고, 배터리를 교환하거나 이동 충전 차량을 통해 빠르게 충전할 수 있다. 샤오펑과 마찬가지로, 윌리엄 리는 중국 기술 대기업 바이두와 텐센트, 베테랑 투자자인 세쿼이아 캐피털, 힐하우스 캐피털, 테마섹 등이 후원하는 이 스타트업에 자신의 자금 일부를 쏟아부었다. 니오의 판매 포인트 중 하나는 중국 주요 도시의 고급 부동산 지역의 사용자들을 위한 클럽하우스다. 니오의 첫 번째 SUV 모델인 ES8은 약 1만 대가 팔렸다. 가격이 5만 2000달러인 두 번째 모델 ES6는 2019년 후반 출시 예정이다.

2018년 9월 뉴욕에서 기업공개를 한 니오는 글로벌 전기차 메이커로서 입지를 다졌고, 미국에서 자동차를 판매할 계획을 세웠다. 하지만 미국 출시에 대한 언급은 아직 없었고, 니오가 목표를 하향 조정하고 있다는 징후도 있다. 2018년 7억 2000만 달러의 매출에 14억 달러의 손실을 기록한 이 회사는 최근 상하이에 자체 공장을 짓겠다는 계획을 백지화했다. 니오는 중국 국영 공장에 생산을 계속 위탁할 계획이다.

몇몇 다른 중국 자동차 회사들은 중국에서 좋은 조건으로 출발해서 미국 시장을 뚫는 것을 목표로 하고 있다. 그 하나가 홍콩에 본사를 둔 바이톤Byton이다. 바이톤은 곧 중국에서 자동차를 판매하기 시작할 계획이며, 2020년 말까지 미국과 유럽에 출시할 예정이다. 이 회사의 전기 스포츠 유틸리티 모델 엠바이트M-Byte는 테슬라 모델과 좋은 비교가 되고 있다.

서던 캘리포니아의 또 다른 중국 소유 카르마 자동차Karma Automotive는 전기-가솔린 하이브리드 세단 리베로Revero를 보강하고 있다. 13만 달러로 책정된 카르마 리베로는 (할리우드 세트를 배경으로 한) 화려한 디자인과 친환경적인 특징으로 인기를 증명했다. 하지만 4기통 가솔린 모터로 보완되는 주행거리가 50마일(약 80km)로 짧아 비현

바이튼의 M-Byte 모델

자료: Wikimedia Commons

실적이라는 비판을 받아왔다.

광저우 자동차 그룹Guangzhou Automobile Group이 만들고 로스앤젤레스에서 디자인한 중국산 전기차 앙트랑제Entranze는 2020년부터 미국에서 판매를 시작할 계획이다.

중국인들은 계속해서 자신들의 세계적인 입지를 다지려는 야망을 품고 있다. 자동차 컨설턴트 마이클 던은 미국에 무려 175개의 중국 자동차 기술 연구소가 있는 것으로 추산한다.

하지만 한때 유망했던 전기차 스타트업 패러데이 퓨처Faraday Future는 과속 방지턱에 걸린 상황이다. 중국의 기술 및 디지털 미디어 혁신 기업 르에코LeEco가 네바다 공장과 네트워크에 연결된 전기차 계획으로 시작한 패러데이 퓨처는 자금난에 직면했다. 새로운 중국 투자자의 도움으로 회사를 로스앤젤레스로 옮겼지만, 패러데이는 계속되는 자금난과 대금을 못 받은 공급자들의 소송으로 어려움을 겪고 있다.

뒤처진 길리와 그레이트 월 모터스

전기차 시장을 제패하려는 중국의 원대한 야망은 중국이 국산 차 생산이라는 목표를 추구하기 시작했던 20년 전보다 많이 발전했다. 당시 중국 자동차 산업의 초석이 된 것은 자동차 제조 노하우를 얻기 위한 중국 국영기업과 외국 자동차 회사들 사이의 50 대 50 합작회사였다. GM이 중국에서 뷰익, 쉐보레Chevrolet, 캐딜락Cadillac을 팔기 위해 상하이 자동차 산업Shanghai Automotive Industry Corp.과 제휴를 맺은 것과 포드Ford가 에스코트Escort를 생산해서 중국인들에게 팔기 위해 장안 자동차Changan Automobile와 손잡은 것 등이 그 사례다. 1990년대 들어 비공개 중국 자동차 업체 세 군데가 성장했는데, 2010년 포드로부터 볼보를 사들이고 빠르게 성장하는 길리, 워런 버핏Warren Buffett과 빌 게이츠가 후원하는 전기차 업체 비야디, 중국 최대 SUV 및 자가용차 업체인 그레이트 월 모터스다. 2000년까지 중국은 연간 100만 대의 자동차를 팔았다. 10년 뒤인 2010년 중국은 1000만 대 판매를 기록하며 세계 최대 자동차 시장이 되었다. 하지만 중국은 여전히 세계적인 자동차 브랜드를 갖고 있지 않았고, 대기오염은 악화일로에 있었으며, 중동 석유에 의존하고 있다.

중국 자동차 기술 컨설턴트 마이클 던은 2014년부터 중국 전기 자동차 제조업체를 진입시킨 중국 정부가 자동차 산업의 완전히 새로운 부문을 주도할 수 있는 유일한 방법은 '보조금 지급'이라는 사실을 깨달았다고 말했다.

전기차 확대에 박차를 가하기 위해 중국 정부는 신규 구매자에게 1만 달러의 보조금을 주고, 1만 2000달러까지 들 수 있는 운전면허 취득에 대해 리베이트를 제공했다. 중국 정부는 또한 2020년까지 800개의 도시 간 고속 충전소와 1만 2000개의 도심 충전소를 건설할 것을 약속했다. 중국 정부는 새로 조성한 470억 달러 규모의 첨단 산업 기금을 전기 자동차 개발에 집중한다. 중국이 시진핑 국가주석의 '메이드 인 차이나 2025' 이니셔티브에 명시된 전기차 세계 강국으로 발돋움하기 위해서도 가스 배출량 감축과 대기오염 해결이 중국의 정책 의제임이 분명하다.

중국 정부는 2022년까지 중국의 모든 글로벌 자동차 회사에 생산 차량의 10%를 전기차 모델로 만들 것을 요구하고 있다. 심지어 중국에서 내연기관 자동차가 금지될 가능성도 있다. 상하이의 대중 버스는 모두 전기버스이며, 우한의 한 공원에서는 자율주행 버스를 운행하고 있다.

중국 기술 대기업들이 이 교통 혁명에 동참했다. 텐센트는 '차량 인터넷internet of vehicles'을 개발하기 위해 장안 자동차와 손잡았다. 바이두는 중국 버스 제조업체 킹룽King Long과 손잡고 자율주행 미니밴을 생산하고 있다.

중국에서 새로운 전기차 모델을 생산하는 것이 GM, 포드, 크라이슬러Chrysler는 물론 닛산, 폭스바겐Volkswagen, 토요타가 앞으로 나아갈 길이다. 2018년에는 불확실한 경제 상황과 대출 규제 때문에

1990년 이후 처음으로 중국 전체 승용차 판매량이 4% 감소했다. 중국 내 포드와 크라이슬러의 2018년 판매량은 급감했지만, GM은 캐딜락 때문에 좋은 실적을 기록했다.

포드는 중국에서 전기차를 생산하기 위해 새로운 합작법인 설립에 들어갔으며, 2023년까지 미시간 주에서 자율주행차 생산에 착수할 계획이다. 또 전기차에 총 111억 달러를 투자할 계획도 가지고 있다. GM은 자사의 플러그인Plug-in(전원 플러그에 전기 코드를 연결하여 충전할 수 있는 축전지를 장착한 전기 자동차—옮긴이) 대량생산 모델인 쉐보레 볼트Chevrolet Volt 생산을 중단하고, 캐딜락으로 규모를 키워 테슬라를 따라잡고 미래 전기차 시장 진출을 앞당기려 하고 있다. 피아트 크라이슬러Fiat Chrysler는 2020년 라인업에 플러그인 지프 랭글러Jeep Wrangler와 SUV를 추가한다. 혼다는 완전 전기차 제작 전담 부서를 신설하고, 중국 업체들과 제휴를 맺고 수소연료전지차hydrogen—fuel cell vehicle 실험에 나섰다. 토요타의 첫 전기 전용차는 우선 중국에 진출하고, 다음으로 미국과 유럽으로 간다.

테슬라의 중국 진출

그렇다면 테슬라는 어떻게 하고 있을까? 나는 테슬라의 고급 세단이 중국 시장에 도착해서 우리 실리콘 드래건 그룹이 상하이에서 열린 우리 행사장 밖에서 선보였던 때를 기억한다. 많은 사람이 모여 아름다운 디자인과 자태에 경탄을 금하지 못했다. 테슬라의 한 임원은 우리에게 새로 재력을 갖추고 지위를 의식하는 중국 소비자들에게 자동차를 판매할 계획에 관해 말했다. 하지만 미국 전기차 판매량의 약 절반을 차지하는 지배적 사업자 테슬라는 미국 시장에서 18만 대의 전기차를 판매한 데 비해 중국 시장에서는 부진한 출발을 보여 지난 2013년 중국에서 처음 출시한 이후 약 3만 대를 판매하는 데 그쳤다.

중국에서 테슬라의 문제는 주로 관세 때문에 높은 가격과 너무 적은 충전소였다. 테슬라의 중국 판매는 중국의 경기 둔화와 미·중 무역 전쟁으로 인한 관세와 가격의 빈번한 변동 등의 여파로 2018년에 감소했다. 이런 상황에서 선견지명이 있는 창업자 일론 머스크가 회사를 구원하기 위해 나섰다. 그는 최근 상하이로 날아가 기념식에서 시장과 악수하고, 테슬라의 캘리포니아 프리몬트Freemont 공장과 같은 연간 생산 50만 대 규모의 초대형 공장을 상하이에 건설하는 계획을 소개했다. 몇 년 후 중국에서 현지 생산이 시작되면 테슬라는 가격이 7만 8000달러에서 15만 달러에 이르는 자사 최고급 세단 모델에 대한 약 25%의 관세를 면제받게 된다.

중국 정부가 중국 전기 자동차 업체들에 대한 보조금을 폐지하고, 테슬라가 중국 생산을 통해 높은 관세를 우회하게 되면서 중국의 전기 자동차 시장은 미국과 중국 경쟁자들에게 훨씬 더 공평한 경쟁의 장이 될 것이다.

14장

드론과 로봇의
천국

아마존 CEO 제프 베조스가 자신의 회사에서는 30분 안에 고객 현관문 앞에 주문한 물건을 배달할 것이라고 해서 드론이 미국에서 화제가 되었다. 이것이 5년 전 일이다. 하지만 이 드론의 비행은 이루어지지 않고 있다. 몇몇 파일럿 프로그램을 제외하고 드론을 이용한 배달을 제한하는 연방 규정 때문이다. 하지만 중국에서는 이미 소매 유통업체 징동닷컴과 배달 서비스 에러머가 비용을 절감하고 시골의 쇼핑객들에게도 다가갈 수 있는 배달 드론을 시험하고 있다.

오늘날 중국의 드론 선두주자 DJI 이노베이션DJI Innovations이 반드시 좋은 의미에서만은 아니지만 주목받고 있다. 조종 미숙으로 드론을 백악관 잔디밭에 추락시킨 일화로 DJI의 드론이 뉴스의 주인공이 되었기 때문이다. 그리고 미 육군이 이 중국 드론 회사가 미국에서 자사 제작 무인 비행체로 데이터를 수집해서 이 정보를 중국에 전달한다는 주장에 근거해 군인들에게 이 회사에서 만든 드론의 사용 금지 명령을 내려서 더 화제가 되었다. DJI는 이 같은 주장을 부인하면서 드론이 워싱턴 시내 25km 반경 내 비행을 막는 소프트웨어 업데이트 소식을 발표하고, 드론에 전송을 막는 프라이버시 모드를 도입해 일부 문제를 완화했다. 하지만 미군의 금지는 여전히 풀리지 않았다.

이는 단순한 안보 문제가 아니라 경제 문제다. 중국은 수입 의존도를 줄이고, 엘리트 인재를 양성하고, 중국의 생산 체계를 개선하기 위한 중국의 '메이드 인 차이나 2025' 전략의 하나로 로봇과 드론을 포함한 여러 기술 분야에서 세계 선두주자가 되기를 열망하고 있다. 중국은 제조와 군사 부문의 수준을 한 단계 높이는 조치로 로봇공학과 드론 산업 발전에서 빠른 진전을 이루었고, 이미 일본을 제치고 전 세계 상용 로봇 3분의 1 이상을 사용하는 세계 최대 산업용 로봇 시장이 되었다.

중국 국영기업들, DJI 등 신흥 기업, 그리고 벤처캐피털 기업들이 해외에서 로봇 기술기업에 투자하거나 이들 기업의 인수에 나서고 있다. 이런 중국의 성장과 야망이 미국의 많은 기술적 우위를 위태롭게 할 수 있다고 미·중 경제·안보검토위원회US–China Economic and Security Review Commission에 제출된 한 보고서는 결론을 내린다. 이 보고서는 미국 정부가 첨단 제조 및 로봇 기술을 장려하고, 중국의 발전을 감

DJI의 팬텀 4 프로 모델

자료: Wikimedia Commons

시하고 양자 간 투자와 협력, 그리고 학술 및 연구 교류 관계를 더 세밀하게 검토해야 한다고 권고한다.

　전 세계적으로 1157억 달러에 달하는 로봇과 드론 시장 규모는 2022년까지 거의 두 배인 2103억 달러로 성장할 것으로 예상된다. 1034억 달러 규모의 전 세계 로봇 시장에서 중국은 약 3분의 1을 지출하는 가장 큰 시장이 될 것이며, 아시아와 미국, 일본이 그 뒤를 잇게 될 것이다. 123억 달러 규모의 드론 시장에서는 서유럽과 중국을 제치고 미국이 약 40%로 가장 큰 시장이 될 것이다. 여기서 중국을 좋아하는 사람들이 반길 만한 뉴스는 향후 몇 년 동안 중국 로봇과 드론 시장이 매년 각각 24.6%와 63.5% 증가하면서 세계에서 가장 빠르게 성장할 것으로 예상된다는 것이다.

로봇과 드론의 유용성에 대한 신뢰가 높아지면서 지난 몇 년 동안 벤처 자금 지원이 몰려들었다. 이 두 게임 체인저는 기본적인 허드렛일에서부터 산업 분야의 일자리, 긴급 대응과 재난 구호, 농촌 지역 의료 서비스 제공, 일기예보, 쓰레기 수거, 건설 계획, 부동산 항공사진, 노인 돌봄까지 다양한 분야에서 인간을 대체하기 시작했다.

로봇공학과 드론 분야 중국 스타트업이 수십 개에 육박한다. 중국 선전의 UB테크UBTech는 최근 이 회사의 인공지능을 탑재하고 사람처럼 보이는 스마트 로봇으로 텐센트가 주도하는 펀딩에서 8억 달러의 자금을 조달하고, 순식간에 50억 달러 가치의 유니콘 기업이 되었다. 이 회사의 로봇은 손님을 안내하고, 울퉁불퉁한 지형을 걷고, 음성 명령에 반응하며, 아이들에게 코딩 방법과 로봇 제작법을 가르칠 수 있다.

또 다른 예로 로봇과 자율주행차용 인공지능 칩 개발 업체인 허라이즌 로보틱스Horizon Robotics를 들 수 있다. 이 회사는 인텔 캐피털Intel Capital과 중국 유명 벤처 투자자들의 자금 지원에 더해, 최근 한국의 대기업 SK 그룹이 이끄는 펀딩에서 6억 달러를 유치했다.

선전에서 스타트업의 성장을 돕고 있는 핵스

DJI 선전 사옥을 둘러보고 취재하기 위해 DJI에 들렀던 바로 그날, 나는 핵스 액셀러레이터HAX accelerato 투어에 참가할 기회가 있었다. 핵스는 소비자와 기업, 산업 시장용 하드웨어와 로봇공학 스타트업에 투자하고 기업을 육성하는 미국 자본 투자자이자 벤처 지원 회사다.

핵스는 24개 이상의 로봇공학 스타트업에 자금을 지원하고 성장을 도왔다. 떠오르는 스타는 로봇공학 엔지니어링용 DIY 로봇공학 키트와 얼굴인식 기술 업체인 메이크블록MakeBlock이다. 이 회사는 세쿼이아 캐피털 차이나 등 주요 벤처 투자자들로부터 7700만 달러의 자금을 유치해 조만간 상장할 수 있게 되었다. 핵스가 후원하는 다른 스타트업들은 화려하지 않은 산업용 로봇 관련 일을 한다. 예컨대 엘러펀트 로보틱스Elephant Robotics는 중소기업 조립 라인용 유연 로봇 팔을 제작하고, 레이셔널 로보틱스Rational Robotics는 자율 도장autonomous painting 로봇을 만들며, 아비드봇츠Avidbots는 상업용 청소 로봇 전문이며, 플래코봇Plecobot은 고층 빌딩 창문을 닦고, 유이봇Yuibot은 차량 안전을 검사한다.

나는 선전의 핵스에서 몇몇 창업자들이 투자 설명회를 여는 날 자신들이 할 발표를 연습할 때 참관했다. 이들은 핵스로부터 구매와 공급망에서부터 시제품 제작, 설계, 엔지니어링 및 제조에 이르기까지 프로젝트를 시작해서 완료하는 데 필요한 스타트업 공간과 전문 지식을 받는 대가로 15% 주식을 제공하고 25만 달러의 종잣돈을 받고, 추가 자본 조달을 위한 준비를 하고 있었다. 핵스는 작은 부스에 여러 중국 전자 부품 제조업체 담당자들이 자리하고 있는 최대 공급 체인인 하드웨어 앨리Hardware Alley 바로 옆에 있다. 핵스 연구소와 워크숍, 멘토링 설비는 선견지명이 있는 기업가이자 투자자인 션 오설리번Sean O'Sullivan이 2012년에 설립했다. 그는 뉴저지 주 프린스턴에 살고 있으며, 구글이 사용하는 맵핑 소프트웨어를 개척한 나스닥 상장사 맵인 포MapInfo를 설립한 사람이다.

기술 스타트업을 지원하는 일에 투자하는 핵스는 선전과 샌프란시스코에서 연간 약 50개의 하드웨어 스타트업을 지원한다. 핵스는 스타트업 전도사이자 투자자인 윌리엄 바오 빈William Bao Bean이 운영하는 타이베이의 모바일 전문 스타트업 액셀러레이터 목스MOX와 상하이의 차이나액셀러레이터Chinaccelerator에 이르는 SOSV 벤처캐피털 조직의 일부다. 지금까지 핵스의 최대 히트작은 우버가 2억 달러에 인수한 전기 자전거 공유 스타트업 점프 바이크Jump Bikes와 로지텍Logitech에 팔린 블루투스 이어폰 제조사 리볼스Revols다.

일하는 로봇

오늘날 많은 로봇이 온갖 잡다한 일을 한다. 예컨대 매장에서 방문객들을 맞이하는 프랑스제 휴머노이드 로봇 페퍼Pepper와 미국 자동 진공청소기 제조업체 로봇 룸바Roomba, 기타 창고에서 상자를 운반하는 로봇 등이다. 어루만지면 감응하는 소니의 강아지 로봇 아이보Aibo도 있다.

이렇게 비교적 단조로운 일을 하는 로봇들은 미국 연방 기관에서 보안에 위협이 되는 것으로 분류하진 않는다. 하지만 많은 로봇이 중국에서 발명되고, 자금을 지원받고 상품화되기 때문에 주요 기술 분야에서 미국 주도권에 대한 경제적 도전이 된다.

중국이 세계를 지배하는 날

잘나가는 중국 드론 제조업체

다음으로 나는 핵스에서 택시로 20분 거리에 있고, 텐센트의 새 본사 건물에서도 멀지 않은 드론 메이커 DJI로 향했다. 성공한 DJI 는 전 세계 드론 시장의 3분의 2를 차지하며 고공행진하고 있다. 아직 비공개 기업인 DJI는 전 세계에 1만 1000명의 직원이 있는 드론계의 거장으로 급성장했다. 서구의 어떤 드론 회사도 지배적인 DJI의 근처 에도 가지 못한다. 이 회사는 중국 기업으로서는 드물게 전 세계 시장을 석권할 수 있는 기업이다. DJI는 정교하게 조율된 혁신과 기술 우위, 속도, 그리고 효율성으로 중국과 서구의 다른 기업들을 뛰어넘 어 이 일을 해냈다.

나는 중국 남부 도시 선전의 비센 소프트웨어 테크 파크Viseen Software Tech Park에 있는 DJI 본사를 방문했는데 정말 기억에 남는 방 문이었다. 그리고 대형 드론과 경량 드론이 주변 회사들 건물 위로 높이 날아가는 시연도 보았다. 이 드론들은 거대한 왕벌처럼 날아다 니지만 실제로는 기내 장착 카메라로 전력회사나 건설 현장, 비행기, 기차 등을 감시하는 비행 로봇이다. 또한 드론은 결혼식 장면을 완벽 하게 포착하거나 뒷마당에서 가지고 노는 취미 생활용으로도 인기가 있다.

이 회사 기업 부문 매니저 데이비드 베노비츠David Benowitz는 나에 게 DJI의 세련된 전시실을 보여주며 유명한 약 1000달러짜리 레저용 드론 팬텀Phantom 등 DJI가 만든 산업용과 소비자용의 다양한 드론을 자세히 보여주었다.

놀랍게도 우리는 둘 다 중부 오하이오에서 자랐다는 사실을 알았다. 우리 고등학교 스포츠팀은 최고의 라이벌이었다. 자신을 공상과학소설 광으로 소개하는 베노비츠는 2년 전 선전에 와서 DJI에서 인턴 일을 하게 되었는데, 자신의 고향이나 경제학 학위를 받은 조지타운대학 시절을 별로 돌아보지 않았다. 그는 중국어를 배웠고, 직원들의 평균 나이가 27세인 이 회사의 청년 문화에도 잘 들어맞는다.

DJI는 설립자 프랭크 왕Frank Wang의 야망을 반영하는 새로운 본사로 곧 옮겨갈 예정이다. 프랭크 왕은 '제품을 먼저 설계해서 내놓고 시장이 어떻게 반응하는지 보라'고 하는 스티브 잡스의 금언을 듣고 영감을 얻은 제품 발명의 천재다. 그는 언론에 나서기 싫어한다. 선전에 새로 지은 호화로운 DJI 새 사옥은 캘리포니아 쿠퍼티노Cupertino에 있는 궤도를 닮은 애플 본사 건물을 설계한 건축 업체와 같은 포스터 & 파트너스Foster & Partners가 설계한 미래형 쌍둥이 초고층 건물이다. 이 고급 빌딩에는 캔틸레버cantilever(외다리 보. 한쪽 끝이 고정되고 다른 끝은 받쳐지지 않은 상태로 돼 있는 보-옮긴이) 바닥과 드론을 시험하는 구름다리, 그리고 로봇 격투장까지 갖춰져 있다.

드론 업계의 애플

DJI는 스스로 드론 업계의 애플로 자리매김했다. 애플이 DJI를 인수해 드론 시장에 뛰어들 것이라는 소문이 돌았다. 마케팅에 천재성을 발휘한 DJI는 전 세계 애플 소매점에서 자사의 소비자용 고급 드론 전시 판매를 위한 전용 코너를 확보했다. DJI의 드론은 아마존, 이

베이, 알리바바의 온라인 소매 서비스 알리익스프레스AliExpress, DJI 사이트, 그리고 소매점 등에서도 판매한다.

애플에서 또 다른 힌트를 얻은 DJI는 멋진 매장을 갖춘 오프라인 소매업에 진출했다. DJI는 홍콩에 애플처럼 화이트 장식을 한 3층짜리 본점을 포함해서 4개의 자체 소매점이 있다. 여기서 고객은 DJI의 사업용 및 소비자용 드론 제품을 둘러보고, 조종사가 드론을 조종하는 시연을 볼 수 있고, 워크숍에서 기술 지원을 받을 수 있으며, 열광적인 항공 팬들이 포착한 사진과 동영상도 볼 수 있다.

DJI 외에 드론 업계에는 여객용 드론으로 돌풍을 일으키고 있는 한 중국 업체를 제외하고는 실제로 변변한 참여 업체가 없다. 이 업체는 바로 지난해 소비자 가전 전시회CES에서 두 지점 간 개인 교통용으로 고안된 최초의 여객 수송용 자율 비행 드론을 선보이며 사람들을 열광시킨 이항이다. 이항은 그 후 미국에서 파산 신청하고 미국 사무소를 폐쇄했으며, 중국 시장과 연구개발에 다시 초점을 맞추었다. 이 회사는 드론 헬리콥터drone copter 상용화를 탐색 중이다. 이항의 공동 창업자 데릭 숑Derrick Xiong은 2014년 크라우드펀딩crowd-funding 웹사이트 인디고고Indiegogo에서 60만 달러를 모금한 크라우드펀딩 캠페인에서 모바일 앱으로 제어하는 고스트 드론Ghost Drone이라는 자신의 초기 발명품에 대해 자금 지원을 받았다. 이어 GGV 캐피털이 이듬해 1000만 달러를 투자했다. 이항이 5억 달러를 조달할 수 있는 기업공개를 노릴지도 모른다는 소문이 있다.

모형 비행기 조립 광 창업자

비행을 좋아하면 이 사업에서 성공하는 데 도움이 된다. DJI의 창업자 프랭크 왕은 항저우 출신으로 교사와 소상공인의 아들이다. 프랭크 왕은 어릴 적부터 비행을 꿈꿨다. 그는 어린 시절 모형 비행기를 만들어 날리고, 추락하지 않는 장난감 비행기를 만드는 방법을 궁리하면서 많은 시간을 보냈다. 2003년 홍콩과학기술대학Hong Kong University of Science and Technology 공대에 재학하던 그는 2005년 2300달러의 연구보조금을 받아 드론을 개발했다. 홍콩 기숙사 방에서 멘토인 리저샹Li Zexiang 교수의 도움을 받아 2006년 DJI의 씨앗이 되는 무인 미니 헬리콥터 비행 통제 시스템을 만들었다.

원래 취미와 학생 프로젝트였던 DJI가 본격적인 사업으로 변신했다. 2013년 초 선보인 DJI의 드론 팬텀은 포장 상자에서 꺼내 1시간 만에 조립할 수 있는 최초의 미니 헬리콥터였으며, 첫 번째 추락 사고에서도 부서지지 않았다. 곧 오락용 드론이 최신 유행이 되면서 프랭크 왕의 행운은 하늘을 찔렀다.

프랭크 왕은 2017년 37세의 나이로 32억 달러의 재산을 모은 아시아 최연소 기술 억만장자로 《포브스》지가 선정하는 '기술 부호Richest in Tech'에 선정되었다. 둥근 안경을 쓰고 턱수염을 기르고 골프 모자를 쓴 매스컴 노출을 꺼리는 CEO 프랭크 왕은 세계 최초로 드론 억만장자가 되었다. 이 재산은 프랭크 왕이 소유한 DJI 주식 약 45%와 회사의 이익에서 나온다.

DJI는 다른 중국 기술회사들보다 훨씬 더 높은 가치 평가를 받았지만 비교적 적은 자본을 조달했다. 이는 일반적으로 스타트업의 건전성에 좋은 일이다. DJI는 최근 100억 달러 가치 평가에 1억 5500만 달러의 자금을 조달해서 유니콘 기업 중 상위 20위 안에 들었다. DJI는 가족 친지의 엔젤 투자로 시작해 거기서 발전했다. DJI는 2015년 1월 세쿼이아 캐피털 차이나로부터 16억 달러 평가에 약 3000만 달러를 끌어들였다. 그리고 2015년 5월에는 바로 페이스북과 드롭박스 Dropbox를 지원했던 회사인 실리콘 밸리의 액셀 파트너스로부터 약 80억 달러의 기업 가치 평가에 7500만 달러를 받았다. DJI는 다음번에 150억 달러에 달하는 가치 평가로 10억 달러 유치를 목표로 하고 있다. 그다음 순서는 기업공개가 될 수 있다.

선전이 기지로 적절하다

DJI가 선전에 자리 잡은 데는 이유가 있다. 어촌 마을에서 애플 아이폰과 나이키 운동화의 세계 공장으로 떠오른 선전은 다시 드론과 기타 인터넷 연결기기 등 첨단 기술 제품을 설계하고 개발하는 도시로 발돋움했다. DJI는 설계자와 부품 공급 업체에 가까이 있어 어떤 개념들이 실제로 성공하는지 알아보기 위한 시제품을 빠르게 제작할 수 있어서 통하지 않는 개념들을 폐기하고, 성공할 제품에 집중해서 완벽을 기할 수 있다. DJI는 드론을 하루 만에 설계하고 테스트해 거의 시간 낭비 없이 출하할 수 있다. 이것이 DJI에 자본과 제조, 유통 비용에서 경쟁 우위를 제공한다.

DJI의 정식 명칭인 다장 이노베이션Da-iang Innovations의 다장은 "위대한 야망에는 한계가 없다"라는 중국 속담에 관한 연극이다. 이 회사는 이 이름에 걸맞게 일련의 혁신적인 드론을 개발했다. 2013년에는 679달러짜리 양산용 팬텀, 2016년에는 최초의 접이식 드론인 799달러짜리 마빅 프로Mavic Pro, 그리고 2017년에는 최초로 손동작만으로 조종할 수 있는 499달러짜리 미니 드론 스파크Spark를 출시했다. 모든 제품이 빠르게 성공을 거두면서 DJI는 1500명의 강력한 연구개발팀에 힘입어 선두 자리를 굳건히 했다.

DJI는 중국에 기반을 둔 많은 기술 스타트업 중에서도 국제적인 업적이 눈에 띈다. DJI는 네덜란드와 호주, 일본, 한국, 독일, 그리고 미국 로스앤젤레스에 사무실을 두고 있다. 수입의 85%는 해외시장에서 나오지만 중국은 좋은 기반이다. 중국의 혁신적인 문화와 새로운 개념을 시도하려는 의지가 광대한 지역의 물류 문제를 개선해야 할 중국 정부의 필요성과 지원이 결합해서 드론 기술의 비옥한 시장을 만든다. 드론 시장의 성장은 미·중 무역 전쟁에 영향을 받을 수 있다고 IDC 월드와이드 로보틱스IDC Worldwide Robotics를 이끄는 징 빙 장Jing Bing Zhang 연구이사는 지적한다. 하지만 2020년부터는 회복할 것으로 예상한다.

중국 드론 제조사 DJI는 드론의 매력에 편승해왔다. CES 전시회에서 드론 전시장 주변에 군중이 몰리고, 부모들은 아이들에게 선물로 취미용 드론을 사준다.

DJI는 현명하게 잠재력이 큰 상업용 드론 시장을 공략하고 있다. 전 세계 총 매출의 약 60%를 차지하는 상업용 드론은 농약 살포, 전력선 검사, 지도 제작 등의 용도로 사용된다. 미국에서 DJI의 기업 고객으로는 아메리칸 항공American Airlines, 유니언 퍼시픽 철도Union Pacific Railroad, 대형 철도 회사인 벌링턴 노던 산타페BNSF: Burlington Northern Santa Fe 철도, 그리고 미국 서부해안의 비행 통제 소프트웨어 개발 업체 오토모달리티AutoModality 등이 있다.

짧은 역사를 통해 DJI는 침입자들을 물리쳐야 했다. DJI가 싸웠던 한 경쟁자는 실리콘 밸리에 본거지를 둔 미국 액션 카메라 제조사인 고프로GoPro였다. 고프로는 2016년 말 드론 카르마Karma를 출시했지만, 카르마가 주목을 받지 못하자 2018년 초 드론 사업을 접었다. 고프로는 시장 진입이 너무 늦었고, 게다가 비행시간이 길어진 DJI의 가볍고, 작고, 저렴한 드론에 맞설 수 없었다. DJI는 또 다른 핵심 라이벌인 캘리포니아 주 버클리의 3D 로보틱스3D Robotics도 시장에서 쫓아냈다. 이 회사의 공동 창립자들은 전 《와이어드Wired》지 편집자 크리스 앤더슨Chris Anderson과 드론 팬텀의 성공에 누가 가장 공이 큰지를 두고 설립자 프랭크 왕과의 논쟁에 휘말린 DJI의 전 북미 지사 대표 콜린 긴Colin Guinn이었다. 프랭크 왕은 2013년 콜린 긴의 DJI 지분을 사들이고 전 사업장을 중국으로 옮겨 그해 1억 3000만 달러의 매출을 올리며 2014년 흑자 전환에 성공했다. 2016년 경쟁사인 3D 로보틱스는 드론 제작을 중단하고 소프트웨어로 사업을 전환했다. 한편 프랑스 드론 제조사인 패럿Parrot의 판매는 곤두박질치고, 주가는 하락하고, 이 회사의 대주주는 드론 사업의 매각에 착수했다.

DJI는 테슬라와 스페이스X의 베테랑들이 설립한 캘리포니아에 본사를 둔 임파서블 에어로스페이스Impossible Aerospace 등 더 많은 드론 업체의 도전을 받고 있다. 2018년 말 테슬라 버전 드론이 베일을 벗고 실리콘 밸리 투자회사인 베세머 벤처 파트너스와 이클립스 벤처스Eclipse Ventures에서 1100만 달러를 조달했다. 임파서블 에어로스페이스는 경찰서와 소방서, 수색구조대 등에 판매해온 2시간 비행 가능한 전기 드론 모델로 현재 판도를 뒤집는 것이 목표다.

중국의 혁신이 드론 전쟁에서 테슬라를 이길 수 있을까? 지금까지 서구는 고공비행하는 중국 드론 제조사 DJI와 상대가 되지 않는다는 것이 증명되었다.

테크 패권의
이동

역사의 부침 속에서 경제력은 한 나라에서 다음 나라로 옮겨간다. 나는 지금 미국과 중국이 이 시점에 있다고 믿는다.

중국에서 게임 판도를 바꾸는 기술이 빠른 속도로 발명되고, 전 세계로 뻗어나가고 있다. 미래의 가능성은 주로 첨단 기술 분야에서의 새로운 경제 돌파구에 달려 있고, 이런 첨단 기술이 우리가 사는 세상을 바꾸고 있다.

중국이 주도권을 쥘 가능성이 있다. 거대한 온라인 시장과 새로운 기기를 써보길 열망하는 젊고 기술을 잘 아는 인구 때문이다. 중국에는 구식 개인용 컴퓨터나 전화 접속dial-up 인터넷의 유산이 없다. 시종일관 모바일이며, 5G 초고속 연결 시대가 도래하고 있다. 중국 기술 기업가들은 비정상적인 작업 일정 감수, 내면의 성취 충동, 끝없는 야망과 열정 등으로 활력이 충만하다.

이들에 비하면 실리콘 밸리 기업가들은 조는 것처럼 보인다.

세상을 바꾸는 중국 기술 부문은 주요 기술을 세계 1위로 밀어 올리려는 중국 정부 지원의 혜택을 보고 있다. 중국 기술기업들은 또한 자신들의 새로운 아이디어에 자금을 지원하고, 나스닥과 뉴욕증권거래소에서 수십 개씩 공개되는 세계적인 기술 선도 기업으로 육성해주는 실리콘 밸리 벤처 자금의 이점도 누린다. 하지만 많은 미국 인터넷 회사는 중국에서 계속 차단되고 있다. 미국이 중국과의 경쟁에서 수세에 몰리고 있고, 이 두 초강대국 지도자들 사이의 무역과 기술 전쟁을 놓고 긴장이 고조되고 있는 것은 놀랄 일이 아니다.

벤처캐피털과 기술기업은 이 두 초강대국 간 국경을 넘어 투자하고 정보를 주고받는 자신들만의 세계에 산다. 중국이 선도적인 기술로 계속 부상하면 주도권과 배타적 기술을 둘러싼 마찰로 인해 인공지능과 자율주행, 전기 자동차, 로봇, 통신 등의 발전에 이바지해온 흐름과 시너지가 깨질 수 있다. 중국은 아직 몇 가지 기반 기술이 부족하지만, 광범위한 국가 정책 주도로 이를 의무화함으로써 진전을 이루겠다는 확고한 의지를 보인다. 특히 중국인의 독창성과 기업가 본능, 새로운 기술에 빠리 적응하는 디지털에 정통한 밀레니얼 세대를 고려하면 중국은 충분히 자급자족할 수 있다.

그렇다. 아직 많은 격차와 사회적 병폐가 남아 있지만, 중국은 빠르게 발전하고 있다. 불과 10년 전만 해도 나는 경제 전반에 걸쳐 중국이 이렇게 빠르게 발전할지, 그리고 바이두, 알리바바, 텐센트가 이렇게 빠르게 성장할지 상상도 못 했다. 이제 창업을 이어가는 기업가들이 이끄는 기술적으로 진보한 새로운 중국 기업들이 자신들만의 혁신 방식을 가지고 부상하고 있다. 다음 10년 동안 일어날 일을 상상해보라.

중국은 두 번 다시 굴욕을 당하고 싶지 않다. 권력과 돈이 중국 문화에 스며들어 있다. 지금이 중요한 순간이다. 그리고 미국의 정책 입안자들과 실리콘 밸리의 기술 리더들은 시대의 흐름이 바뀌고 있음을 잘 알고 있다.

중국이 세계를 지배하는 날

1판 1쇄 인쇄 2020년 1월 30일
1판 1쇄 발행 2020년 2월 06일

지은이 레베카 A. 패닌
옮긴이 손용수
펴낸이 김기옥

경제경영팀장 모민원 | 기획 편집 변호이, 김광현
커뮤니케이션 플래너 박진모
지원 고광현, 임민진

표지디자인 포비 최우영 | 본문디자인 제이알컴
인쇄·제본 민언프린텍

펴낸곳 한스미디어(한즈미디어(주))
주소 121-839 서울시 마포구 양화로 11길 13(서교동, 강원빌딩 5층)
전화 02-707-0337 | 팩스 02-707-0198 | 홈페이지 www.hansmedia.com
출판신고번호 제 313-2003-227호 | 신고일자 2003년 6월 25일

ISBN 979-11-6007-455-0 13320